守望者的凝思
读懂学校
读懂校长
系列论丛

教育部哲学社会科学研究重大课题攻关项目“我国学校教育创新研究”成果

“守望者的凝思：读懂学校、读懂校长”系列论丛

主编 裴娣娜

构筑生命之基

GOUZHU SHENGMING ZHI JI

——深圳市大新小学教育创新研究

吴希福 著

教育科学出版社
·北京·

构筑生命之基

——深圳市大新小学教育创新研究

基于学校教育变革性实践的反思与建构
——中国基础教育改革创新之路

裴娣娜

学校教育创新是目前世界各国基础教育改革中一个具有战略意义的重要问题。如何变革学校教育观念，培养具有创新精神和实践能力的高素质人才，是世界各国共同关注的问题。事实证明，以创新挑战危机，谁最先把握了时代发展变化的需求，谁就掌握了发展的主动权。

“守望者的凝思：读懂学校、读懂校长”系列论丛，是“十一五”期间教育部哲学社会科学研究重大课题攻关项目“我国学校教育创新研究”的研究成果，是对改革开放三十多年来中国基础教育阶段学校教育创新发展的思路、策略及方法基本脉络的全面系统的反思梳理。这套论丛有着独特的时空定位，限定在我国改革开放以来学校办学层面的改革与创新，采取自下而上的分析思路，是对学校已有的基于变革性实践的学校现代发展经验的总结提升。系列论丛中一本本研究性的专著翔实地记录了这些学校的校长基于不同的办学实际带领各自团队所走过的学校发展之路，这些学校的办学理念及经验经过了时间积淀和实践的检验，是富有鲜明特色、带有中国本土气息的原创性实践。

反思总结来自实践的学校创新经验，从中解读并汇集学校教育创新力指标，从而为进一步探讨学校教育创新发展理论模型与实践模式的建构、形成有较强的实践操作策略奠定坚实的基础。因此，我们的研究，以反思与建构为主线，聚焦“两个读懂”：读懂学校、读懂校长。这套系列论丛所呈现的不仅是每个学校独特的“我”，更重要的是通过一个个独特的“我”集合形成的具有一定典范意义的学校变革性实践的基本认识。

一、学校教育创新理论反思与现实建构的战略性意义

进入21世纪，面对世界各国对于经济社会可持续发展目标的诉求以及日益激烈的国际竞争对高素质人才提出的更高要求，面对工业社会和信息社会发展的要求，面对极不平衡的区域性社会经济发展以及多元文化价值取向、伦理道德问题、文化生态危机等一系列严峻挑战，中国基础教育的改革与发展进入一个十分关键的时期，正是社会转型凸显了中国学校教育创新发展的主题。

教育创新是学校教育发展的根本动力。学校需要变革，学校必须变革，变革的目的在于坚持“以人为本”的科学发展观，办好让人民满意的学校。学校教育创新研究的重要意义在于以下三个方面。

（一）为构建优质高效的学校办学模式提供一种理论分析框架

学校教育创新研究旨在对中国学校教育创新发展进程中的若干重要问题作出理性的思考和科学的回答，探索适应社会发展和人的自身发展需要的、优质高效的学校教育发展模式与育人模式。通过教育学、心理学工作者的跨学科研究，跨校际的教育工作者协同研究，以及理论与实践工作者的合作研究，为有中国特色的基础教育改革和发展提供思路，为构建优质高效的学校教育提供一种理论准备和分析框架，为促进青少年儿童全面发展提供一种新的教育方式，为教育行政部门和教育机构的相关决策与措施的制定提供科学依据。因此，这一研究成果是中华民族的，也是世界的；既有本土性，又有国际的普遍意义。

（二）通过典型个案研究，呈现我国当前具有特色的和有代表性的学校教育创新发展实践模式、评价指标、推进机制及成功经验

系列论丛的内容强调以下三点。

一是以学校教育改革与发展为中心线索，阐明项目学校从学校教育价值观念的重新定位到学校教育体系的全面更新，从改造教育过程到改

变教育教学各个环节中的方法与手段，从全方位地营造育人环境到创造性地开拓各种教育教学模式，从而提升学校整体的综合实力，形成学校教育创新的思路和特色的历程。

二是尝试揭示学校教育创新主体的培育与生成过程。论丛力图在深层次上揭示创新主体如何建构一种创新的观念、思想与目标，从而进一步生成为具体的办学行为的复杂过程。

三是表明学校创新发展是基于学校自身条件的特殊性，展现我国中小学校现代发展的多样化发展形态，同时也展现我国中小学校长追求持续发展和创建一流教育的特色与智慧。

（三）通过解读，将学校办学理念与行为提升到自觉和自为层面，进一步促进学校教育创新的实践探索

通过对不同学校教育创新力形成与发展过程的审视，有效促进科学的质量意识、特色意识的确立，提升对学校办学特色和学校潜在的创新能力的认识。

当然还应看到，项目研究成为高师院校集教育科研、人才培养、为基础教育改革提供咨询服务三种职能于一体的重要平台，从而对参与研究的高等院校在凝练学术方向、汇聚学术队伍、开展高水平学术交流等方面同样发挥重要作用。

通过研究，我们认识到，尽管学校发展存在差异，但有一点是共同的。那就是随着国家教育体制改革的推进，学校作为办学主体，面临前所未有的生存和发展的压力。实质是，变革的时代要求学校通过变革进行根本性的转型。我国的中小学校，正是顺应时代发展的潮流，不失时机地抓住发展机遇，凭借校长的胆识和战略思想，挖掘学校的优势和潜力，形成应对变革的自我更新机制，提升学校整体的综合实力，从而走出竞争中的劣势处境，构筑起了学校新的竞争优势。创新已成为学校发展的内在生命力。

论丛的撰写是一个大工程，不仅推动了学校对自我办学理念、举措的反思，而且为项目研究在理论的概括提升上提供了丰富厚实的思想资源。研究具有开拓意义，而且是原创性的，是项目研究重要的标志性

成果。

二、项目研究的共识与思考

作为一项国家级的高端科研项目，论丛从实践研究层面反映了研究成果的创新性及实践效益，我们概括为以下几个主要方面。

（一）回应了我国社会转型时期政治、经济、文化变革关于教育的现实诉求

一个具有强大生命力的思想和理论的孕育形成与发展，关键在于它对所处时代改革中重大的理论和实践问题的回答。始于20世纪末的中国社会转型，将现代化、市场化、社会主义改革三重重大的社会变革浓缩在同一时空，构成了一场极特殊复杂又波澜壮阔的社会变迁。正如有的学者所指出的，社会变迁的核心在于人的生存方式的变化。

正是当前中国社会的现代转型，从根本上决定了中国基础教育学校创新发展的主题，而回应中国社会的现代化发展与基础教育改革提出的新矛盾、新问题，在很大程度上又进一步决定了中国学校教育创新发展过程中关注和研究的问题。

现代教育的本质在于解决人自身的发展与价值问题，是人的发展的潜在可能的现实实现，而不是把人作为社会的被动客体来塑造。人的个体与群体的发展是现代教育的出发点和归宿，是使学校实现跨越式超常发展的生命力，是激发教育工作者潜在创造力的原动力。将这一主题置于中国社会的特殊语境中，置于中国基础教育现代化发展的历史进程中，置于多元文化的多种价值选择并存的环境中，从而形成了目前研究的论域（范畴）和主线。这就是在学校教育中，关注学生的文化生存环境和活动方式，关注学生的生存状况和生命价值，尊重学生的主体地位和主体人格，培养学生自主性、主动性和创造性，使他们在掌握人类优秀文化基础上学会学习、学会创造。这一价值目标定位，从根本上反映了学校教育创新发展研究主题从工具理性到价值理性的转化。

学校教育的创新发展，不仅是对工具化的教育追求、人的发展目标偏离、主体缺位的反动，而且是对迷茫的教育理论、观念的价值澄清。正是敏锐地抓住了时代的挑战，回应了时代发展的需求，才形成了学校

现代发展的视阈，导致学校教育进行结构性调整而实现了功能、形态上的根本性转变。

（二）形成我国学校教育创新的基本理论分析框架

1. 学校教育创新是学校教育主体，通过新的创意、新的构想、新的思维和行为方式、新的教育技术和手段，对原有不合理的理论观点、思想方法、技术手段进行突破和超越，在学校变革与发展中更有效地实现教育目的的一种创造性活动。这一定义强调通过创新性活动，构建有变革创新能力的学校教育，从而突破种种阻碍学校改革与发展的限制，使学校实现根本性的变革。

2. 学校教育创新的基本内涵是以科学发展观为核心的现代教育理念，是一种勇于变革的实践活动，是一种先进的学校文化，是一种在不断回答每一时代提出的重大问题的过程中获得发展的内在生命力。创新是一个过程，创新的实质在于变革、超越和发展。

3. 学校教育创新的目标是促进高素质人才的培育成长和学校的现代发展。(1) 培养学生的自主性、主动性和创造性，使他们具有正确人生观、价值观，基础扎实，有创新精神、独立思考和实践能力，从而最大限度地实现每个人的个性与才能的发展。(2) 形成锐意改革、张扬个性、鼓励探索、宽容失误的有特色的学校教育创新文化。(3) 创建具有生成性的学校生态制度与管理系统。(4) 营造内外部良好育人环境。(5) 塑造具有“生成”意识、“理论”气质、“变革”能力的校长。

（三）初步构建学校教育创新力评价指标

学校教育创新力评价指标，旨在用统计体系构建学校教育创新的内涵与本质。通过研究，我们初步构建了由四个要素组成的学校教育创新力评价指标体系：办学理念、办学目标组成的价值目标系统；课程开发、课堂教学、班级建设组成的育人模式系统；人事制度、组织管理制度组成的制度与管理系统；战略性谋划能力、领导者品格组成的校长领导力。通过四个子系统以及系统的优化组合，学校不断调整内部结构，扩大自组织的功能，成为一个自我更新、自我发展的有机体，成为一个具有强适应能力的教育生态系统，以期达到提高质量、增长效益、有序运行的效果。

（四）形成学校育人模式创新的基本思路和举措

立足于读懂变革性实践，我们将“优质高效的学校教育发展模式及育人模式”作为探讨的重要内容。汇集众多学校的实践探索，形成的基本思路是：依据学校的培养目标及办学方略，重点在育人模式的创新。

1. 学校课程系统的创新

取得的主要突破如下。

第一，以人为本的课程目标的创新以及课程功能的创新。

基础教育的课程功能，由普及功能与选拔（筛选）功能、个体功能与社会功能、适应功能与超越功能之间的矛盾关系所构成。然而应试教育在将“课程考试化”的同时，也造成基础教育课程功能关系的错位、扭曲和失谐。学校课程开发首先要正确处理不同功能之间的矛盾，课程的设置应关注学生学习能力、实践能力和创新能力的培养，并坚持能力培养的层次性。

第二，课程领导力的提升以及基础教育课程结构与形式的变革。

课程领导力指学校按照一定的办学定位、培养目标进行课程开发建设，全面提升学校教育质量的能力。课程领导力的内涵，指校长领导教师团队创造性地实施国家课程计划的能力，合理开发和整合教育资源建设校本课程的能力，组织学校课程实践的决策、引领和调控能力。

针对以学科课程为主课程形态的弊端，我们探索新的课程结构体系的构建，使分科课程与综合课程、必修课程与选修课程、普通教育课程与职业技术教育课程相结合，并设置旨在指导学生进行专题研究性学习的综合实践课程、地方自主选择的课程，体现灵活性、多样性和选择性，从而为不同地区、不同学校以及学生发展提供更大的选择余地。

学校课程结构与形式的变革，大致呈现为以学生素养发展目标为依据，按照课程功能和学习领域知识的重新整合来构建学校课程结构，以及基于学校办学特色的体现对国家规定的课程进行重组和改造几种不同的思路，展现了中国课程存在形态的丰富多样性。

课程建设的创新，还表现在面向社会、生活实践的课程内容的创新以及校本课程开发中的创新。

2. 学校教学系统的创新

学校教学创新发展研究聚焦于从多视角讨论学科教学本质，学生的学习与创造性思维的培养，发展性教学策略，教学内容改革，课堂教学质量观与有效教学的水平评估，教师专业化发展等问题，并形成了若干有创意的认识。

第一，确立现代教学观，关注学生的文化生存环境和活动方式，实现学生的发展。

第二，学生的学习具有选择性、研究性、体验性和反思性，教学设计应体现学生学习的内在机制及学习特点。

第三，教学内容的选择与设计，重在理解和掌握知识，加强学科知识的整合，面向生活实际，体现教学的实践性以及文化性。

第四，通过教与学的行为分析，实施以主体参与、合作学习、差异发展、体验成功为内涵的发展性教学策略。

第五，确立体现学生发展的课堂教学质量观，进行有效教学的水平评估，促进教与学方式变革，使学生会学习、会创造。

第六，揭示现代课堂教学的基本特色，形成教学的不同流派与风格。教师应有发展意识、反思意识、效率意识、特色意识。教学系统要创新就要读懂教师，要培养一批学科带头人并形成教学风格与特色。

3. 学校德育系统的创新

主要包括以下几点。

第一，对德育功能的重新理解。

以“人在社会中生活”为主线，揭示德育的正义功能、意义功能与幸福功能。旨在培养具有独立人格、民主意识、人权理念和公共责任的公民基本特质。对意义的追寻，构成了人之独特的存在方式。通过人性化、个性化和创造性，使人的自由本性得以充分展呈。

第二，构建了“经验—体悟”定向的德育创新体系。

强调通过经验和体悟过程来培养受教育者的价值取向体系，并通过行为实践经验及内在的自我调整和重构的体悟过程，形成稳定的行为驱动体系，并在此基础上逐步养成稳定的行为习惯，形成固化为内在的自觉价值取向体系和外在的习惯化行为方式的稳定品德特点。

第三，在分析当今中国德育实践及其根本性挑战基础上，形成学校德育创新的几个基本命题：

(1) 批判德育中的工具论立场，确立“人是目的”的核心理念；

(2) 道德教育的逻辑起点、核心是价值取向与行为习惯；

(3) 通过对道德教育内容与形式加以审美化改造，实现“价值引导”与“道德主体的自主建构”的统一；

(4) 德育实践需要创造性地拓展有促进意义的资源，引导学生积累经验与重构性体悟（体验）。

项目研究实现了15所高校的跨校际、10个专业方向的跨学科整合，以及高校理论工作者、地方教育行政领导干部、中小学实践工作者多方研究力量的整合，组成优势互补的科研群体协作攻关①，从而使研究体现原创性、过程性和整合性。

三、论丛撰写的特色

论丛从历史、现实和未来三个视角把握总体，每一部专著内容框架由三部分组成。第一部分是学校发展历史及传承文化传统的审视，第二部分是全书主体，以学校教育创新力指标为依据，对学校办学的目标与价值系统、育人模式系统、制度与管理系统以及校长领导力几个方面的改革创新进行全面系统总结，第三部分是学校未来发展的设想。

每部专著的撰写前后历时2—3年，是一个再研究再思考的过程。我们深感每所学校、每位校长本身就是一个故事，而每部专著的问世也

---

① 15所高等师范院校分别为北京师范大学、西北师范大学、哈尔滨师范大学、南京师范大学、华中师范大学、河南大学、东北师范大学、天津师范大学、广西师范大学、首都师范大学、山东师范大学、四川师范大学、上海师范大学、浙江师范大学、江西师范大学鹰潭分院；3所科研机构分别为中央教育科学研究所、天津教育科学研究院、四川省教育科学研究所；7个区域性教育行政部门分别为北京市海淀区、湖北武汉市武昌区、四川成都市、河北石家庄市桥东区、深圳市南山区、甘肃省兰州市、四川阿坝藏族羌族自治州理县的教育行政部门；参加项目研究的中小学共有95所。

是一个故事。要保证著述的质量，关键在于如何对每所学校多年积淀的丰富鲜活的实践研究成果进行筛选、整理与提升，而不仅是对事实材料的罗列。

反思论丛撰写的全过程，在以下几方面呈现出其独特性。

1. 起点高位。立论于“中国具有进行原创性研究的优势，这种优势潜力的挖掘，主要在于充分调动深厚的本土资源、经验和智慧”这一论断，立论于学校的现代发展实质是变革性实践的判断，所以采用从变革实践的经验中提升的研究范式，定位于读懂学校、读懂校长、读懂变革性实践。

2. 立足研究。每本书的问世，是一系列的选择、提炼、重组、建构的过程。经过多次研讨碰撞，几上几下的反复修改，凝结的是每所学校对变革性实践的基本认识，同时也渗透了热情参与和关注基础教育改革发展的有识之士的心血，它是用“心”写出来的。

3. 理性思考。遵循“问题—思路—举措”这一叙事逻辑，尽可能处理好反思与建构、理论的概括提炼与实际问题的阐述解释、继承与超越、共性与个性的关系，认真搜索和挖掘创新点，在这个过程中不断提升研究意识和研究能力。

4. 个性特色。教育研究需要宽容、尊重和理解。二十余所学校有不同的身份和角色，每位校长也有不同的成长背景和工作风格，正是每个独特的“我”带来了丰富和生动，而在每个个别中展现的是学校锐意改革、开拓创新的可贵精神，因为高尚的心灵都是相通的。

本论丛是教育部哲学社会科学重大攻关项目的研究成果，我们在此谨对教育部社科司批准立项，对社科司杨光司长、张东刚副司长，基础教育司王定华副司长，以及社科司的同志们给予本项目研究的关怀和指导表示衷心感谢。以德高望重的顾明远教授为首的项目指导专家组——谈松华、郭振有、卓晴君、张民生、文喆、谢维和、朱小蔓、周满生、吕达、曹志祥、杨银付等专家，他们四年来对项目研究发表了富有启发性的重要见解并对项目研究寄予了殷切的期盼，他们的很多重要思想和观点对项目研究产生深远影响，我们将铭记在心。

论丛出版之际，我们还要特别感谢教育科学出版社，感谢李东总编辑以及教育科学出版社的所有编辑出版人员。教育科学出版社热心奖掖学术与创新，他们不仅为论丛的出版付出了辛劳，更难能可贵的是对论丛出版予以无偿支持，从而使我们的成果远离了“文化包装”之嫌而保持了学术研究的纯洁，他们的支持和鼓励是我们做好这一论丛的重要动力。

对中国基础教育学校创新发展这一具有战略性、全局性问题的探讨和研究还刚刚起步。《国家中长期教育改革和发展规划纲要（2010—2020年）》（以下简称《教育规划纲要》）描绘了未来10年我国教育改革发展的宏伟蓝图，特别强调“改革创新是教育事业发展的强大动力”。我们将遵循《教育规划纲要》的指示精神，继续不懈地探索，以求在学校教育创新问题上不断取得新的认识。我们深知，在中国基础教育改革的大潮中我们是“之一”而不是唯一，若干重要的理论与实践问题还需要进一步的展开、充实、挖掘和进行深层次的理性思考。我们坚信，在这条教育改革创新之路上，我们会越走越踏实。

目　录

CONTENTS

在平凡中追求卓越

经过一年多的思考、写作，呈现在读者面前的这本书终于画上了句号。与其说这是对自己在大新小学办学实践的整理过程，毋宁说这是个人成长经历中的又一次嬗变过程。因为对于我们这些习惯于在实践中锤炼提升的基层教育工作者而言，整理思维、闭门写作就是一次艰难的历练。从这个意义上说，写完这本书，我似乎又回到了思维的原点，重新思考我对学校、对教育的认识。

“管理必须从需求出发，从实际出发。”这是我做校长十几年来的经验，再高深的理论、再先进的经验、再科学的方法，如果不考虑需求、不考虑实际、不被员工所接受，那么都只是一纸空文。八年前，我是带着各界期盼与怀疑的目光走进大新小学的。八年来，我以校为家，以身作则，率先垂范，亲力亲为，把学校当做自己的家，把师生员工看做自己的兄弟姐妹，想学校所想，急大家所急。从需求入手，以解决问题为目标，大刀阔斧地进行改革，破除诟病，使学校焕发出生命活力。如今，我担任大新小学校长已有八年时间，遇到过挫折，也面临过挑战，但更多的是收获了教师的笑容、学生的成长和社会的认可，学校各方面呈现和谐、有序、积极、进取的局面。目前的大新小学已经步入了良性发展轨道。从一定意义上说，学校的发展过程就是我锻炼提高、不断成长的过程。从这个意义上说，在大新小学工作的八年，就是我职业生涯中最有意义的八年。八年来，大新小学从一个不知名的城中村学校蜕变为区域小有名气的特色学校，辛酸苦辣历历在目，个中滋味难以言表。我不敢说自己作出了多少贡献，但却可以说没有辜负大新小学师生和家长的重托与信任；我不敢说有多少学术贡献，但却可以说逐渐形成了自己独特的管理风格。

记得《中国教育报》资深记者李建平曾以《聚起改变的力量》为题，发表了采写我和大新小学的文章。她在文章中道出了薄弱学校转变的力量源泉，那就是通过校长的道德领导，让每一个利益相关者（教师、家长、学生）都成为推动学校变革的重要力量。2006年9月6日，时任深圳市委书记李鸿忠（现任湖北省委书记），在视察以外来务工子女为主的大新小学后，对学校全面提高学生综合素质的做法给予了充分肯定。他深有感触地说，能把优质学校办好那叫本事，能把薄弱学校办好，那叫真本事、大本事。有句话叫“有教无类”，我们办教育的就应该面向千千万万个学生，要立足于让每个孩子成才。每每想起这些，我总是百感交集，这也许就是我们教育工作者所应该追寻的东西。

本书的主要内容虽是我在大新小学工作期间的积累和升华，但却包含着自己从事教育管理的感受和经验。虽然是以我的个人著述来记载大新小学的变化过程，但却是全体大新师生思想和智慧的结晶。

在写作过程中，我试图把自己对教育管理的认识和体会融汇在大新小学的鲜活案例中，以便让更多的读者在感知一所学校的蜕变案例中思索学校转变的规律。基于上述原因，在构思本书的过程中，我尽量多地选取学校生活中真实、鲜活的案例，试图让教育理论回到教育现实这个原点。书中的案例都是我们学校教师、家长以及学生的亲身经历或感悟，语言质朴真实，虽然只是片言片语，但字里行间中表达他们对学校的深厚情感。作为一所学校的管理者，看着这些鲜活的案例，内心的满足感无以言表。每个案例的摘选都是经过教师本人的同意，个别细节有所删减、修改，希望能还原大新这几年来最本质、最真挚的那一面，尽量展示大新小学的教师们给我的感动。

在本书写作过程中，得到了课题组总负责人北京师范大学裴娣娜教授的悉心指导，她在百忙中给予了全面的关注，从提纲的敲定到内容的把关，她都亲力亲为，体现了一位教育专家求真严谨、务实创新的学者风范。我还要感谢学校班子成员和全体老师，没有他们的支持和帮助，本书是无法完成的，对于他们我永远心怀感激和崇敬。还有很多的专家学者在书稿提纲的确立及后期修改中都提出了许多宝贵意见，做了大量的工作，在此一并向他们表示诚挚的谢意！

几载风雨几载歌，未来的憧憬与蓝图正在徐徐展开，对于大新的进一步发展，我将上下求索，持之以恒。

漫漫长路，与君共度！

吴希福

于深圳大新小学

2011 年 7 月

第一章 四十不惑：一所名校发展的历史轨迹

深圳市南山区大新小学始建于1968年10月，迄今已过“不惑”之年。40余年前的大新小学建立在一片荒芜的滩涂之上，周围布满了狭窄的村庄巷道。然而就是这样一所年轻的学校，却在今天成为了“学生喜欢、家长满意、社会认可、领导放心”的广东省一级公办学校、深圳市文明单位、全国德育实验学校……甚至还一度吸引了深圳前市委书记李鸿忠亲自来学校视察。《中国教育报》《中国教育学刊》等国家级报刊都曾对其办学思想和育人成绩进行专文报道和介绍。究竟是什么原因使得大新取得了如此骄人的成绩？这使我们情不自禁地首先想了解大新小学的办学历史。

一、贫瘠渔村的文化薪火
（20世纪60年代末—70年代末）

大新小学原名蚝民小学，创办于1968年10月。当时创办学校的目的主要是方便附近村民的孩子就近入学，同时也试图通过办学来普及小学教育，提升本地村民的素质。

学校创建初期，正面临开始不久的“文化大革命”。按照当时中央的指示，实行贫下中农管理学校，每个生产大队派贫下中农代表进驻校园，校长受贫下中农代表的领导和管理。当时学校没有新建校舍，学生在一幢叫做郑氏祠堂的建筑里读书，条件十分艰苦。只有5个教学班，学生50多名，教师2名。学校除了接受南头公社教育办的管理外，还要征求贫下中农的意见。那时的学生由居民、农民和蚝民三部分组成。

1970年以后，中央下发文件，要求每个生产大队都要办一所学校。于是，又把南头中心小学分成三部分：居民小学、农业小学和蚝业小学。当时的蚝业小学也叫耗民小学，也即大新小学的前身，归属蚝业大队管理。教师由原来的2位增加到3位。全校有6个年级，分成三个教学班，实行复式教学，教师实行包班制。学校所设置的课程主要有语文、算术、地理、历史、音乐、体育和图画。当时教师少，负担重，每年都要开一次运动会，“六一”要举行文艺演出，还要经常参加公社组织的乒乓球、篮球等比赛。全公社每学期要举行一次统考，并按考试成绩对学校进行排名，教师的压力很大。然而就是在普通生源最差、师资力量比较薄弱、最高学历是初师水平这样一种环境之下，在广大师生的共同努力之下，蚝业小学的教学成绩和单项比赛成绩却在全公社处于中上等水平。

1971 年以后，根据学校的发展规模和办学水平，又补充了 5 名教师。1971—1972 年，为了响应国家号召，减轻国家经济负担，加快普及初中进度，达到早出人才、快出人才的目的，规定初中不出大队，高中不出公社。于是，当时的蚝业小学还附设了初中班（这种初中一直到 1980 年才被取消，交给政府办）。这时的蚝业大队变成了大新大队，蚝业小学也随之改为大新小学。

当时学校与生产大队干部、学生以及学生家长的关系非常融洽。每到暑假，学校便和社员们一起参加生产劳动，教师们就和社员一起到公海里去打鱼，吃不完的便拿到集市上去卖，并用卖鱼的钱来补济学校经费。大队干部也非常关心学校、教师的生活和学生的学习。他们充分发挥坚强堡垒作用，支部中的同志们非常关心教师的成长，经常主动与教师谈心，帮助教师们解决工作和生活中的困难，积极介绍优秀教师加入党组织。这使得大新小学的教师很早就形成了一种强烈的责任心和吃苦耐劳、无私奉献的精神。这种学校与家长、社会的融洽关系也积淀为大新小学早期家校合作的办学传统。

二、特区深处的蓄势待发（20 世纪 80 年代初—21 世纪初）

1980 年 8 月，国家正式批准建立深圳经济特区。同年 12 月，中共中央和国务院发出《关于普及小学教育若干问题的决定》，该《决定》提出了在 80 年代全国基本普及小学教育的具体任务。为了适应深圳经济特区建设的需要，进一步提高教学质量，同时也考虑到当时的大新小学师资力量薄弱、生源质量较差、校舍条件简陋等因素，深圳市根据整合教育资源提升教育整体水平、最大限度地满足社会需求的构想，决定把大新小学与南头中心小学（也就是今天的南山实验学校）合并。当时的南头中心小学是当地最好的学校，其教学质量、师资水平、特色教育等都走在南山乃至全市的前列。彼时的南头中心小学为进一步提升办学水平，主要采取了以下三项重要举措：一是整合各种资源服务教学，对行政机构设立、教师工作分配、教学设施保证等都进行了优化配置，对学校教学工作，则配备了三个教导主任协助学校和教育股狠抓教学质量；二是苦练教师内功，通过上课、听课、评课、赛课等多种形式提升教师水平，还通过转正民办教师、提高教师待遇来稳定教师队伍；三是注重学生全面发展和特色教育，学校的乒乓球等传统项目也在各级比赛中屡屡折桂。改革开放初期，南头中心小学的这些重要举措使其办学水平得到进一步提升。

1990 年 8 月，深圳市政府决定复办大新小学，同年 9 月借用现荔香中学北楼校舍上课。当时的大新小学办学规模比较小，学生只有 300 多人，教职工仅 15 人。1991 年，大新小学迁至现址，并成为一所由南山区教育局管辖的全日制公办小学。当时的大新小学虽然刚从全区最好的学校分离出来，在教学思想、管理体制、教师素质等方面都具备了一定的优势。但是，学校的重建意味着一切必须从头开始。要得到社会的认可，需要寻找自己的增长点，特别是面对生源状况极差的局面（大新小学地处宝安老县城中间地段，复校初期，周边还是海滩洼地，稀落的几个村子），需要对学校的发展出路进行重新定位。当时学校的领导班子在邓小平同志提出的“教育要面向现代化，面向世界，面向未来”的方针指引下，确定应从孩子们的兴趣入手，引导和发展他们的个性和特长，提高他们的素质，提出了“艺术、个性、智能”的办学模式。即以社会和时代的发展需求为依据，以提高智能为核心，以发展个性、培养健全人格为目的，以艺术为先导，统揽基础文化课教育、语言特色课教育、各类活动课教育和隐性课教育。按学生的心理特点和认知规律，分年龄、分阶段，层层递进，逐步形成“整体构建，分步实施，专题突破，全面落实”的总体思路，以体现素质教育的基础性、整体性和全面性。当时学校主要采取了以下重要举措。

第一，坚持课堂教学改革，夯实素质教育之基。课堂教学是学生发展之主渠道。为了更好地实现学生的素质发展，学校先后开展了“丁有宽教学法”“异步教学法”“史丰收速算法”“多媒体作文指导”等教学实验，特别是汉语、英语、日语三语教学实验，深受赞誉。

第二，大力开展第二课堂，拓宽素质教育之径。第二课堂即活动课程，它的出现是儿童教育的革命，其基本出发点是儿童的兴趣和动机，其主要特征在于动手“做”，手脑并用，通过学生亲身的生活和社会实践体验，获得直接经验。当时大新小学的活动课程有以下几类：一是偏重于行为规范、理想情操、社会责任感的德育活动；二是偏重于艺术和体育方面的活动；三是偏重于学生喜好的特色活动；四是偏重于走向自然、走向社会的实践活动；五是偏重于智能开发的智力活动。这些活动课程具有方法的实践性、内容的广域性、选择的自主性、形式的灵活性、过程的创造性等特点。

为了使第二课堂活动一开始就走上规范化、专业化的正确轨道，学校选拔、引进了一批专业教师，并配有专用教室和专门设备。学校设立了鼓号队、合唱团、口才班、舞蹈队、电子琴班、琵琶班、古筝班、手风琴班、字画班、电脑班、史氏速算班、奥数班、写作班、小记者班、科学实验小组等10多个兴趣活动小组。这既拓展了课堂教学空间，又使学生的个性禀赋与特长得到不同程度的发展。

第三，加强学校德育体系建设，巩固素质教育之本。学校尝试德美并重、德美结合、以美载德的新思路，把爱国主义教育、“两史一情”教育、“五自”教育、法制教育、安全教育等与丰富的教育实践活动结合起来，狠抓少先队工作和学生行为规范管理，构建了“学校、家庭、社会”三结合的德育工作体系。生动活泼的德育工作，推进了素质教育的全面实施，促进了良好校风的形成，使学校育人环境有了质的飞跃。1996年1月，《光明日报》曾以《强化教育艺术，培养学生个性》为题刊载了学校素质教育成果。1996年2月，《人民画报》也以《高速高效发展小学教育的成功范例》为题，报道了学校的素质教育办学模式和办学成果。

1999年8月，罗任重同志担任校长。上任伊始，他便在调研中发现：学生的学习主动性不够，教师的教学方式比较落后，教师的责任感和使命感不太强，家长对学校办学也不太满意。产生这些问题的重要根源之一在于教师的教育思想问题。于是，学校首先在管理理念和办学模式上进行改革。在“艺术、个性、智能”办学模式的基础上，进一步提出了“人本、校本、范本、真本”的办学理念，并具体构建了“整体育人，全体育人、个体育人、主体育人”的育人模式，力图通过提升教师职业道德水平，通过课程改革，来推进素质教育的全面实施，探索减负增效之路。在这一阶段，学校主要采取了以下措施。

第一，加强教师队伍建设。

首先是强化教师职业精神。学校以“范本”理念强化教师作为人类灵魂工程师这一职业所应有的基本素质，不但组织教师学习有关教师职业精神的材料，而且结合学校和自身实际开展大讨论和大改进活动，树立“教师第一”思想，强调教师的进步需要过程、需要土壤、需要激励、需要自我反思。

其次是普及现代教育技术，变革教学方式。为了提高教师的现代教育水平，学校在教师内部进行电脑及信息技术全员普及性培训，同时规定教师每个学期使用信息技术开展教学的节数，搜集整理了教师制作和使用的优秀电脑课件。教学手段的改进改变了教师的教学思想和教学方式，学生的学习兴趣更浓，拓展知识的渠道更宽，从而有效地推动了学校办学水平的提高。

第二，坚守以学生发展为核心。

为了贯彻新课改精神，学校全力开展“以学生为中心”的学习方式的变革，强调课堂教学应当以学生为中心，判断一节课好坏的基本标准就是看学生是否成为学习的主体。学校从改变教师观念、提高教师素质做起，开展了模式课交流、青年教师优质课评比、教学沙龙、教学比武等活动，以提高课堂教学的实效性。同时，在校内开设文化导读、奥数思维、电影课、活动课、综合课、长短课等系列课程，激发学生的学习兴趣，拓展学生的知识范围。正式启动全员育人计划，即每位教师在任课班级内选择5—6名同学作为重点培育对象，从心理健康到学习功课，定期、定时、定点予以辅导，实现了教师对学生的全方位关怀。

第三，改革德育模式。

为了丰富学生的课外知识，开阔学生的视野，学校坚持每年在学生中开展趣味运动会、科技节和军训活动，外请南头派出所警官到学校作法制报告，及时与辖区民警取得沟通和联系，对学校德育管理起到了很好的推进作用，为深圳市推行学校聘请校外法制副校长、校外法制辅导员作了有益的探索。

第四，加强艺术教育。

学校大力加强艺术团队建设，合唱团、舞蹈团、古筝团、电子琴团等都是学校的艺术特色项目。其中，学生管乐团的成绩最为突出。为了保证乐队高起点、高规格地发展，学校聘请了江苏省歌剧院国家一级演员、首席小号手黄铭发教授师徒两人为指导教师，专门购置了管乐器材，在四至六年级中选拔人才，开始了最初也是最艰苦的训练。在此后的几年里，学生管乐团在两任校长的大力支持和全体教师和家长的理解、配合下，得到了长足发展，已成长为一支出色的在区内外有广泛影响的艺术团队。

三、教育强区的乘风破浪（21世纪初至今）

深圳南山区是全国教育强区，也是新中国第八次课程改革的首批国家级实验区。作为课程改革的“先锋”，南山教育秉承深圳人勇于实践、敢于探索的开拓精神，在教育理念、师资队伍建设、课堂教学、校本教研、考试评价等诸多方面进行了积极的探索，并取得了令人瞩目的成绩。相比之下，大新小学在前几任校长的领导下，虽然取得了一些成绩，但由于学校环境特殊、生源组成特殊、家长素质特殊、教师结构特殊，学校发展始终没有取得实质性的突破。

2003年8月，我作为深圳市南山区教育局引进的特殊人才走进大新小学并担任校长。作为全国首届小学骨干校长高级研究班学员，我有着丰富的教育管理经验。在担任大新小学校长之前，我有一个学期的调研时间，结果发现教师中生病不能正常上班的现象很普遍，工作积极性不高，出现了严重的职业倦怠，学生行为习惯和学业成绩都不尽如人意，家长对学校不够信任，上级部门对学校的支持力度也不够。学校时为区一级学校，校舍破旧，设备、设施陈旧简陋，不能为社会提供优质教育。

基于当时大新小学的这种现状，为了实现学校的快速发展，大新小学紧紧抓住南山区全面推进课程改革实验的契机，提出了“在学习中成长，活出生命的意义”的办学理念，把“关注儿童生命质量，促使儿童全面发展，为儿童终身幸福奠基”定为学校的办学宗旨，把“自强不息，永不言败”作为学校的奋斗精神，把“三礼”（礼仪、礼节、礼貌）教育作为德育工作的品牌战略，以此构建学习型学校。在这一办学思路的指引之下，学校主要进行了以下几项举措。

第一，进一步夯实硬件基础，致力于学校的可持续发展。硬件条件是学校和学生发展的基本条件。学校从2003年下半年起，便设计了校园规划整体方案，在7年的发展过程中，先后花费940余万元对校园硬件设施进行全面改造升级。目前，学校建有两个标准的灯光篮球场，150米环形跑道，配有多个儿童小篮球架和相关的体育设施；校舍布局比较合理，绿树成荫，绿化覆盖率达85%以上。按广东省规范化学校的规定标准建设了28个功能室，包括综合电教室、电脑室（3间）、美术室、书法室、科学实验室（2间）、英语阅读室、体育器材室、电教及其他教学器材室、舞蹈室、合唱室、管乐团训练厅、乒乓球训练厅、职工活动室、师生阅览室、电子阅览室、心理咨询室、生物园、网络主控室、大队部、机器人创意室、档案室（2间）、医务室、家长义工联办公室、校史室等。为每位教师配有液晶电脑，为每间办公室配有空调、饮水机及相关的办公设备，学校档案管理和教学活动基本实现信息化。每个班配有电脑、63英寸背投电视、实物投影仪、图书柜等，并在室外安装大型电子显示屏。在加强硬件设施建设的同时，学校还组织内部班子和教师，加快学校形象设计和建设步伐。学校第一次拥有属于自己的系列标志，从校徽、校旗到路牌、班牌，从信封、信纸、请柬、规章制度到全体师生统一着装，处处体现出和谐与统一。

第二，开展“三礼”教育，致力于学生真实发展的破解。教育当以育人为本，而德育则应为先。这不仅是当前国家大力推进的素质教育的核心要义，而且也是教育的本真意义——教育首先要教会学生做人。鉴于这种理解，要真正地实现学生真实的而不是各种形式主义的虚假发展，首先就必须将德育目标落到实处。大新小学85%以上的学生是外来务工人员子女，他们由于自身特殊的家庭状况，生活在社会的边缘，野性而顽劣，在礼仪礼貌方面的教养十分欠缺。这也是流动人口子女教育所面临的首要问题，是他们融入城市的最大障碍。学校曾作过一个关于日常礼仪礼貌方面的问卷调查，发现很多孩子不是不想讲礼貌，而是不懂得应该怎样去做、该做什么。面对这种情况，学校在大量调研和充分论证的基础上，经过认真研究，于2003年9月，提出了“三礼”教育，即“礼仪、礼节、礼貌”教育，并把“三礼”教育作为改变师生及家长行为的突破口，试图通过“三礼”教育来帮助学生养成良好的行为习惯，进而改变家长和家庭的行为习惯。

第三，构建学习共同体，致力于教师的自主发展。大新小学努力将教师打造成一个名副其实的学习共同体。在学习共同体中，借助共同的主题内容，通过平等交往和对话，教师们将公共知识转化为个体知识，从而突破思维定式，反思自身教育实践，唤醒专业自觉性，激发专业自主发展的主体性、责任感和成就感。为了让教师们拥有更多更先进的教育思想、教育理念，学校先后有计划地邀请了国内外著名教育专家来校讲学，指导学校教育教学和科研工作。

第四，构建家校合作系统，致力于学生发展新型模式的再探索。家校合作指的是以促进学生发展为目的，家庭和学校两种力量互相配合、支持和协调的教育互动性活动。学校作为一个社会子系统，与外界环境有着千丝万缕的联系。现代社会要求实现学生以主体性品质为核心的全面发展。要实现这个培养目标，就需要学校、家庭的紧密配合，最终实现“教师用心、家长关心、学生开心”的三赢。基于以上理解，大新小学重新成立了家长委员会，其成员由学校领导、社区代表、法制辅导员、家长代表、教师代表和学生代表组成，同时聘请学校所在的大新村和田厦村的党支部书记为学校名誉副校长。各班以班级为单位组建了家长委员会，并制定了家长委员会守则。为了加强家校联系，学校定期召开家长会，进行教师家访活动，每个月举行一次家长开放日、家校问卷调查等。

在深圳，大新小学是一所典型的“城中村”学校，其生源大多是一些易受世人遗忘的民工子弟。他们出身寒门，家庭贫困，家长对他们也无所大求……然而，在大新小学的教师们看来，他们同样是一个个活生生的生命，他们也有自己内心的渴望和需求，他们甚至更需要体面地生存和生活。正是凭着这种理解，大新小学多少年来一直在以自己的方式和理解践行着教育的公平和公正，也正是凭着这种教育理想和信念，一所崭新的大新小学悄然呈现于世人的面前。追求教育的公平与公正，这便是当代大新人孜孜以求的。

放眼国内外众多的百年甚至千年名校，刚入不惑之年的大新小学可谓年轻，办学历史短，底子也薄。但是，处于改革开放前沿阵地的大新小学，多年来始终秉承深圳经济特区改革开放中所积累下来的勇于探索和创新的精神，年复一年、持之以恒地努力将曾经的大新小学推向未来的大新小学。大新小学善于借助改革开放的东风、勇于把握课程改革的契机，能够脚踏实地地从大新小学本身的历史和条件出发，谋划大新小学的创新发展，大到办学理念、办学目标，具体到教师观念、课程设置、德育模式、学习方式等。这既是大新人对创新的追求，也是大新人的务实所在。

附：2004—2011 年深圳市大新小学所取得的部分成绩

1. 2004 年，舞蹈《OK，烹调课》获得全国“蒲公英杯”大赛金奖。

2. 学生管乐队 2004 年获得深圳市金奖，2006 年参加南山区教育系统新年音乐会演出，受到宋强副区长的高度评价。

3. 2005 年，获得全国科普知识竞赛优秀组织奖，并被中国少年科学院确定为“全国少年科学院科普基地”。

4. 2004 年，少先队四（4）中队获得“全国特色中队”。

5. 2004 年，鼓号队获得深圳市一等奖和深圳市“十佳”鼓号队称号。

6. 2004 年和 2005 年，学生参加两届中国深圳（南山）国际儿童艺术周绘画比赛，有两人获得金奖（每届只有 10 名金奖获得者）。

7. 2004 年，获得深圳市 50 万元办学效益奖。

8. 2005 年、2007 年、2009 年三次被评为南山区教育先进单位。

9. 2005 年，被授予“广东省小学综合实践活动课程样本学校”。《移民城市背景下小学综合实践活动课程开发的校本研究》2006 年获得南山区一等奖，2007 年研究成果获得广东省一等奖。

10. 2004 年，获得深圳市“学生体质先进单位”、南山区第二届体育节先进学校、南山区广播操评比优秀学校。

11. 2005 年，获得由教育部颁发的书法、绘画组织“先进单位”。

12. 2005 年，校园文化建设获得南山区校园文化先进单位和中国校园文化设计金奖。

13. 2006 年，被评为深圳市“绿色学校”。

14. 2006 年 12 月，被授予“全国小学德育实验学校”（是深圳唯一一所获此殊荣的小学）。

15. 2007 年 6 月，学校被中国作家协会授予“全国作文强校”先进单位。

16. 2007 年 5 月，“三礼”教育在南山区教育系统推广，2008 年 2 月获得广东省德育创新成果二等奖。

17. 2007 年 7 月，被评为深圳市“先进职工之家”。

18. 2008 年 2 月，被评为深圳市“文明单位”。

19. 2008 年 12 月，《本初子午线》校报获得中国学校报刊评比一等奖。

20. 2009年1月，由教育部主管、中央教育科学研究所主办的《教育文摘》以《大道浸濡，新雨润物》为题整版报道学校办学情况。

21. 2010年3月，《中国新闻》（两会专刊）以《为儿童终身幸福奠基》为题介绍大新小学以“生命化教育”走内涵发展之路的经验。

22. 2010年8月，朱艺同学获得2010年度广东省少年组国际象棋大赛冠军，全国国际象棋少年组冠军；熊明锴同学荣获2010年全国“蒲公英杯”萨克斯独奏金奖。

23. 2010年10月，少先队大队荣获“广东省优秀少先队红旗大队”。

24. 2010年12月，《本初子午线》校报获得第五届全国中小学优秀校报一等奖。

25. 2011年7月，通过深圳市德育示范学校评估，荣获深圳市“德育示范学校”称号。

第二章 生命·学习·发展：办学目标、理念与方略

学校发展的过程，是一个传承与变革的过程，并深受经济社会发展的影响。伴随着世界全球化、信息化的整体发展态势，当前我国社会正经历着两种根本变革：一是从计划经济体制向社会主义市场经济体制转轨，二是从农业社会向工业社会、由传统社会向现代社会转型。这一变革必然会带来社会、文化、教育等一系列的变革①，也势必要求教育作出回应，努力实现从传统教育向现代教育的全面转型。顺应这一宏观社会背景，地处中国改革开放最前沿城市——深圳的大新小学，把培养学生终身学习能力作为教育的重要任务，并确立构建学习型学校的办学目标。

一、办学目标：人人真实发展的学习型学校

随着社会主义市场经济的逐步深入，产业结构从最初的劳动密集型生产方式逐渐向更高生产力的模式演变，这导致了产业结构的非均衡调整，也使得劳动力结构和人口结构发生相应变化，因而对人才素质提出了新的要求。劳动者需要具备更全面的生存技能以适应社会的变化，并从相对固定的劳动模式中解放出来，以更加充分地适应职业上的流动。这便向劳动者提出了更高层次的要求，劳动者要在产业结构的变革中不断地进步和发展，必须学会学习和终身学习。

（一）人人获得真实发展

这里所指的人人，不仅仅指的是每一个学生，还包括教师乃至普通教职员工，甚至包括家长和社区居民；发展的外延，绝不局限于以往所要求的智力因素，而应是智力因素与非智力因素的和谐统一；发展的内涵，大新小学把它定位在真实发展上。

发展是一个略带宏大叙事意味的概念。依据不同的标准，发展可以被划分为不同的类型：全面发展与片面发展、可持续发展与眼前发展、

① 裴娣娜．现代教学论：第一卷［M］．北京：人民教育出版社，2005：29－31．

主动发展与被动发展、真实发展与虚假发展、个性发展与均衡发展、一般发展与特殊发展、和谐发展与畸形发展、正常发展与超常发展等。大新小学认为，教育的根本目的在于促进学生的真实发展。这里的“真实”，是基于人是在一定社会历史条件下从事感性活动这一认识之上的，也就是说，“真实”是实践活动基础上的“真实”，正是人的自由自觉的实践活动，才产生一个个的“真实”。“真实”意味着人的“小写”，意味着人是“一切社会关系的总和”，意味着人的“意义”的有效生成。这里的“发展”，区别于自然的成长和个体潜能的自然发挥。真实发展具有以下特性。

自主性。发展首先意味着个体的发展，且是个体基于其自身条件之上的，通过活动与实践、合作与交往而实现的自主建构的过程。这一特性又可进一步演绎出学生发展的年龄阶段性和个体差异性。

社会性。个体不仅属于他自己，还属于其赖以生存的族群和周遭世界。个体的发展必然会呈现出一种社会教化与自主建构共存的生存样态。

有限性。社会条件的局限性与人的自由发展形成一种客观存在的悖论，所以从总体上来说，学生的发展同样遵循着马克思所说的“群体主体性—个体主体性—类主体性”这样一个发展规律。学生的发展总是在一定的社会条件之下的有限发展，且经常不得不以符合社会发展要求这样一个外显形式存在，甚至以优先发展某些素养为前提，而以牺牲发展其他素养为代价。

信息化社会日见端倪，学习型社会、学习型社区、学习型学校、终身学习等代表着历史发展的必然走向。为适应这种变革，每一个个体都必须学会学习，并在学习中学会发展。

（二）构建学习型学校

当今的世界是知识爆炸的世界，到处充满着竞争与挑战。从宏观上来说，我们的国家要实现现代化，要实现物质文明、精神文明和政治文明，要赶超世界发达国家的水平，需要学习和创新。从微观上来说，学校以及学校当中的每个人为更好地适应社会的发展和生存环境，也需要不断学习。

2002年，南山区教育局明确提出教育战线要抢占“课程改革，国际化人才培养，信息化教育”三个制高点。2003年，深圳市委、市政府明确提出要把深圳建设成国际化城市。要实现这些目标，就需要我们具有国际化的视野，掌握丰富的科学文化知识，懂得多个国家的语言，学会与世界沟通，培养高尚的道德情操和良好的行为习惯，这些素质的具备离不开学习，甚至对学习的效率、广度、深度等方面提出了更高的要求。

从学校发展情况来看，由于学生来源、家庭背景、管理策略、教师对本职工作的认识程度、社会支持等方面的主客观因素的影响，学校发展相对滞后。大新小学从1990年复办至2003年年底，还是区一级学校，为社会提供优质教育的能力还很弱。怎样使学校的发展跟上城市发展、社会要求的步伐，这是摆在学校新一届领导班子和全体教职员工面前的头等大事。正是基于以上考虑，大新小学新一届领导班子明确提出构建学习型学校的办学目标。

1. 学习型学校的基本特征

（1）倡导实现自我超越

精通“自我超越”的人，能够不断实现他们内心深处最想实现的愿望，他们对生命的态度，就如同艺术家对于艺术一样，全心投入，锲而不舍，并不断追求，不断超越自我。有了这种精神动力，个人的学习就不再是一蹴而就的，而是一个永无尽头的持续不断的过程。

（2）主张改善心智模式

“心智”是大脑的产物，是行为的导航仪，它主导了人们对事物的感知过程，也深刻地影响了人们的行为选择。心智模式每个人都有，无论你是否意识到它的存在，它都一直在那里，让你透过它来看这个世界。缺乏心智修炼的人任凭经验架构一切行为，他们只会凭直觉办事、凭冲动办事。所以，既然人的行动受到心智模式的指引，那么就应该改善它。改善心智模式，就要把镜子转向自己，发掘自己内心世界深处的秘密，并对自己的优缺点进行客观地审视，从而寻找自己的闪光点和存在的不足，再通过深入学习和感悟来扬长避短。世界上任何一个国家的繁荣、任何一个组织的成功、任何一个人所取得的成就，都是不断学习、不断改善自己心智模式的过程。学校和学校里的每个成员，都同样需要不断地学习，不断改善自己的心智模式。

（3）拥有共同愿景

学校组织中的成员以追求建立共同的愿望、理想和目标为最高境界。只有拥有衷心渴望实现的共同目标，成员才会发自内心地努力工作、努力学习、追求卓越，从而使组织欣欣向荣，使自己的人格不断完善、学识不断渊博、经验不断丰富，从而把人做好、把事做好。反之，一个缺乏共同愿景的学校必定人心涣散，相互拆台，难成大器。

（4）形成团队学习

一个学校、一个班子、一个班级、一个教研组、一个社团等，都是一个团队。团队中的成员互相学习，取长补短，不仅使团队整体的绩效大幅提升，而且使团队中的成员成长得更快。团队学习首先从“对话”开始，团队中的所有成员都需要敞开心扉，进行心灵的沟通，从而进入真正同一思考的方法或过程。这样的团队将在学习、交流、鼓励、促进、关爱、谅解、奋进中成长，团队中的每个成员将自觉不自觉地适应和跟上团队总体发展的步伐，进而为这个团队作出更重要的贡献。

（5）实现系统思考

一个组织（学校、班级、教研组、活动小组、社团等）与人类社会一样，都是一个“系统”，它是由一系列微妙的、彼此息息相关的因素所构成的有机整体。这些因素通过各不相同的模式或渠道相互影响，“牵一发而动全身”。身为系统中的一小部分，往往不由自主地倾向于关注系统中的某一片段（或局部），也就是说，在处理组织中的某件事情的时候，往往对暂时的、关系自身团体利益考虑得多一些，细一些，而忽略了团队（组织）的整体发展，对整体缺少把握。大新小学建设学习型学校，就在于通过组织学习，不断扩大人们的视野，对问题进行系统思考，让人们“见树木又见森林”。

（6）体验生命的意义

通过个人学习，尤其是团队学习，学校对学习有了新认识，对组织有了新寄托，对生活有了新理解，对事业有了新目标，对问题有了新思考。组织中的成员便会认识到生活在这个组织（学校）中的意义，从而提升自己的生命价值。

2. 学习型学校的内在构成

（1）学习型领导

成功的学习型领导应该具有的最优秀品质是，关注学校长远目标，不受眼前利益的干扰。

成功的学习型领导应该能够对学校的共同利益有比较清晰的认识，在共同利益的基础上，构建学校的价值体系。为了使这个体系能够自发地被贯彻，还必须将它上升到哲学思想的高度，形成一种教育信念，让学校中最有价值的员工和同事认同它、维护它、丰富它、发展它。一旦这些员工的头脑里有了共同的教育信念，他们才会与学校同呼吸、共命运，才不会过分患得患失。

成功的学习型领导应当建立自己的学校文化，这种文化是学校中所有人的思想、行为、态度、价值判断，以及表现出来的生活与工作方式。如果一所学校文化在要素上没有明确的定位，领导班子的想法不一致，教师的观点不统一，那么对学校的发展是极其不利的。

成功的学习型领导是一个优秀的学习团队。通过各种学习形式，如集体读书、专题交流、参与其他团队活动、演讲、教学活动、撰写教育论文、参加社会实践等，使自己的政治思想和理论业务水平得到提升。校长不仅是学校的行政领导，更应该是学校的业务领导，能够带领教师一起参与到对课程的应用与研究当中，促进教师读书研讨风气的形成。

（2）学习型教师

如果说学习型领导是学习型学校的领头羊，那么学习型教师就是学习型学校的主力军。

构建学习型校园应该是学习型教师所认同的共同愿景。而在整个学校这个团队的价值观念与态度中，只有形成一致愿景，才能为学校的共同利益一齐奋斗，才能把这种努力形成一个具有凝聚力、一致的学习型团队。

学习型教师应该具有以下“五种意识”。

学习型教师应该具有发展意识。在追求教育目标的同时实现人生价值，这种人生观和价值观应当引导教师在教学组织、班级管理、科学研究上形成正确的方向和合力，在发展学生、发展学校的同时发展自己。

学习型教师应该具有反思意识。教学是个遗憾的艺术，教师应该在教学实践中学会自我诊断，既要看到自己的优势，更要审视自己的短板，敢于正视工作和思想中存在的问题和困惑，并寻找改进和提高的路径。教学反思主要指教学准备反思、教学过程反思和教学结果反思。教学准备反思包括对教材的理解，对学生的了解，对教学重难点的把握，对教学手段的使用，对教学过程的设计等。教学过程反思渗透于每个教学环节之中，引领着教学过程朝着更有效、更完美的方向发展。教学结果反思包括成功的经验，下次可以继续灵活运用的地方，也包括失败的体验，思考原因之所在，探寻新方法、新路径，作出新尝试，从而达到对问题的解决。

学习型教师应该具有效率意识。效率是指最有效地使用社会资源以满足人类的愿望和需要，或者说是指在给定投入和技术的条件下，资源没有被浪费，在教学上表现为如何在有限的时间内实现教学效果最优化。这是教师教育教学工作的最实际的表现，应当成为学校管理的核心。以教师的教学效率为例，应当在教学目标、时间把握、知识储备、技能运用、思维方式、班级管理等方面着手，关注每一个教学细节，强化每一个训练环节，把学习的主动权留给学生，一切以学生为主，特别注意培养学生的求知欲望和良好的学习习惯，结合教学实际和学生发展需要选择教法、运用学法，实现教学效果最优化。

学习型教师应该具有团队意识。学习型团队主要表现在这个团队中的每个成员是否具有“团队目标、团队角色、团队关系、团队运作过程”四个方面的能力。团队中拥有不同技巧的人员，大家致力于共同的工作目标和共同的相互负责的处事方法，通过协作的决策，组成战术小组达到共同目的，人与人之间的相互关系都对他人的成长起到了帮助作用。在学习型团队中，大家相互帮助、相互促进、相互竞争，以形成积极向上的团队风貌，进而促进团队形成紧张而和谐、有序而活泼的团队氛围，这是大新小学在构建学习型教师团队总结出来的经验，也是增强教师可持续发展能力的重要方面。

学习型教师应该具有特色意识。一个有经验的优秀教师之所以取得成功，最关键的一点，是他在长期教学实践中逐渐形成了自己的教学风格，也叫教学特色。教学特色表现为理智型、情感性、幽默型、典雅型、直观型、奇异型等。教学特色的形成还与教师的知识因素、能力因素、心理因素、经验因素、主观因素和客观因素等密切相关。因此，学习型教师应当是精通业务、掌握本学科专业知识的业务骨干，同时具备继续学习、驾驭新知识、掌握学习方法的能力。不仅要在课堂教学、班级管理方面是行家里手，还要在科研方面有自己的方法与特色。教师不仅具备掌握知识、传授知识的能力，更重要的是能够正确掌握获取新知识的技能，并且能够把这样的技能传授给学生。

（3）学习型学生

学生是学校的主体，也是教育使命所在。学习型学校的构建最终要打造的是学习型学生。无论是构建学习型领导还是学习型教师，其核心都是为学生服务。

学习型学生应该有明确的学习目标。掌握知识文化从来就是自发的，教师的一个重要方面就是要引领学生去掌握知识文化，并且激发学生的各项潜能，正如韩愈所讲：师者，所以传道授业解惑也。在学习文化知识的过程中，学生通过不断地反思，最终明确自身为什么而求学，求学的目标是什么。而素质教育就是要注重多元评价。

学习型学生应该有获取新知识的技能。教师在传递文化的同时，更重要的是传递如何筛选信息的能力，使学生通过不断地摸索，在犯错误与改正错误中学会获取知识，且掌握获取知识的技能。

学习型学生应该有浓厚的学习兴趣和爱好。学校不要求每个学生都看同样的书，喜欢同样的学科，朝同一个方向、模式发展，但却要培养学生形成自己个人的兴趣爱好。通过在学校中开展各种特色活动，不断地激发学生的各种兴趣和爱好，丰富学生的精神世界，为其营造学习氛围；通过读书、听课、发言、作业、办报、讨论、值日、收藏、参观、旅游、调查、访问、义务服务等丰富多彩的教育教学活动，让学生在做中学、在学中悟、在悟中创新、在创新中成长、在成长中体会生命的意义。

学习型学生应该有强烈的荣誉感和团队精神。培养学生的集体荣誉感，对学生学习兴趣的提高，人生观、价值观的形成，思维创造能力的培养，有着重要的意义，并且能更好地形成浓厚的学习氛围。团队合作使学生走向成功，走向成功必须具有相应的素质，而这些素质又往往被当前的教育所忽视。

二、教育理念：在学习中成长　活出生命的意义

（一）在生命关注中孕育理念

人口流动性大、独生子女较多、学生学前教育薄弱，是大新小学面临的现实问题。大新小学地处南山区的商业区和老城区交界地带，那里环境复杂，生源特殊，近85%的孩子属于非常住户口，学生家长大多是从外地到深圳打工的农民。其中不少学生的家庭经济条件不好，家长文化水平不高，家长中具有大专及以上学历的不到12%。生活在特区底层的这些外来工子女更需要来自生命本源的关怀和呵护，更需要学校以火热的生命激情去温暖，更需要学校引导他们用心地学习、丰富自己的生命。

2001年，适逢国家新一轮课程改革率先在南山区实施。新课程的核心理念就是关注每个生命个体，关注每个生命个体的情感和生命质量，提倡、注重孩子的多元智能，促进每一个孩子的全面发展。

在多年的学校教育实践中，大新小学体会到，教育的根本弊病之一在于缺乏对教育中的人的关注和对个体生命质量的关注。学校教育在相当程度上抑制了学生多方面的生动活泼地发展。解放儿童，给他们创造更多的学习和锻炼机会，便成为现实背景下学校教育的必然趋势。

由此，基于南山区成为国家首批基础教育课程改革实验区的背景，结合大新小学的现状，遵循基础教育的规律，一个尊重生命、关怀生命、珍惜生命的教育理念逐渐成为学校教育的关键词。

（二）教育理念的解读

1. 在学习中成长

在学习中成长，表达的正是学生通过学习而获得一种真实发展的基本理念。学生的学习是获得真实发展的基本途径。对于学生的学习，大新小学是如此诠释的：

学习是一个系统工程。主要表现为在学习内容方面，不仅要学习知识和技能，还要学习做人；不仅要学习书本上的知识，还要学习实践中的知识；不仅要学习课堂上的知识，还要学习社会上的知识；在学习类型方面，不仅要通过读书来学习，还要在实践中学习；在学习手段方面，能够借助先进的科学技术成果，运用网络条件进行学习。

学习还是一种终身行为。在当今时代，不会主动发现新知识或不会把学到的知识应用于实践的人就是新时代的文盲。在知识经济时代，学习将变得至关重要。这种学习不只是为了追求学历、晋升、提职，更多的是为了提高自身的素质。这种学习也不是一劳永逸的一次性学习，而是终身学习。

学习是一种自主性的活动。学习是一种主体基于自身经验积极自主建构的过程。当今学生学习的渠道越来越多元化，需要自己的自主调控和选择，发挥积极的主观能动性。这便需要学生在教师的指导下，通过能动的学习活动，实现自主性发展。其中，教师的指导是前提条件，学生是教育的主体、学习的主体，学生能动的学习是教育教学活动的中心，实现自主性发展是教育教学活动的目的。

学习是一种合作的过程。合作学习，是一种以小组学习为形式，旨在促进学生合作从而达到最佳学习效果的学习方式。学生的学习既是一种个体行为，又是一种社会性的群体行为，需要人与人之间进行合作；合作学习有别于传统意义上的小组学习，必须具备混杂分组、个体责任、积极互动、共同参与等特征。小组成员的性格、学习水平和担任的角色等虽然各不相同，但他们的目标是一致的，身份是同一的。在学习过程中既要做到“我为人人，人人为我”，并牢记“利益与共”的道理。

学习是一个不断探究的过程。学习是一个灵活运用知识、多方寻求解决问题答案的一种探究性活动，是沿着前人指引的路子和方向去获取已有知识的过程。这要求学生在学习过程中具有问题意识，大胆质疑，善于提出问题，变被动接受为主动探究，不断在解决问题的过程中获取知识。

2. 活出生命的意义

教育是生命的教育，学校是生命的学校。只有知识传授的教育是残缺的，教育是因为人的生命而存在的，生命的成长需要是教育的基本诉求。教育因生命而存在，教育因生命而精彩，教育因生命而绚烂，教育因生命而充实。生命是教育之本。离开了生命，教育便失去了最基本的栖居之所。因此，关注生命、尊重生命是教育的基本要义。

学校始终强调学生不仅是教育的对象，而且是教育的主体，他们是有独立人格的人、有个别差异的人、有巨大潜能的人、是成长中的人。教师要尊重学生的人格和个性差异，开发他们的潜能，启迪他们的智慧，润泽他们的生命。

每一个学生生命个体都是完整的，每一个生命个体都内在地蕴涵了更健全的可能性。大新小学的教育就是要培植每一个个体对生命的珍爱，引导人们对更美好的未来充满期待。

学生生命是独特的。大新小学强调的正是对生命个性的正视。学校肯定人的天性，肯定人的独特性，在每一个人身上寻找最佳突破口。在强调个性的背后，其实就意味着教育需要对人的各不相同的特性的由衷尊重，对每个生命的耐心、包容、理解、成全，这也就是教育所应有的最基本的立场。

学生生命具有巨大的发展潜能。教育是对生命本性的善待，它需要把人的禀赋中属于他个人的、别人不可替代的、有独特性的、“内在而真实的力量”培育出来。它坚信每个人心中都有善端。好的教育，就要顺应人的善端，让人美好的潜在特质尽可能地发挥出来，把人从自然状态引导到应然状态。这一切，当然都要用自然、恰当的方式来达成。教育也强调方法，但强调的是方法要随顺人性，方法要针对生命的个体。它不是一个机械的教学策略和方法，更重要的是心灵的觉悟，是人生意义的感悟。从这个意义上说，所谓的方法一定是开放的、灵动的、因人而异的。

三、发展方略

大新小学经过近些年的成长与历练，已经由蹒跚学步的小孩慢慢走向成长和成熟。学校办学质量连年提高，得到深圳市、国家和社会人士的肯定。中宣部原常务副部长徐惟成、全国政协原副主席张怀西、深圳前市委书记李鸿忠等领导先后视察大新小学，并对学校工作给予了充分的肯定。著名教育专家谈松华、郭振有、裴娣娜和叶斓以及资深教育媒体人士刘仁镜、翟博、鲍东明、李建平等先后多次莅临学校，对学校办学质量大加赞赏。这些成绩，离不开学校对发展方略的谋划。

（一）积极创新育人模式

大新小学是一所以农民工子弟为主的学校。外来工子女对于圈子以外的富裕家庭子女、常住户子女怀有本能的抵触情绪。经济的拮据、生活的重压、地位上的不平等，让挣扎在城市边缘的外来工子女感受到成长的辛酸、被歧视的痛苦和愤怒，甚至对城市、对社会产生抵触情绪。这种危险情绪若得不到有效的疏导，必将对人格的形成、未来社会的安定造成极大的负面影响。正是基于对大新小学这种现实的考虑，近些年来，学校在育人模式的改革方面坚持以下基本思路。

1. 全员参与育人

为更好地教育好这些孩子，学校积极动员了能够动员的力量，提出全员育人。学校认为，人人都是教育工作者。学校规定每位教师每学期需负责对5—8名学生进行全方位的指导与关照，并有义务进行课外学业辅导，听取学生思想汇报，为学生答疑解惑，排解情绪，充当学生的知心人、领路人，利用一切闲暇时间和学生进行交流沟通，并作好详细记录。学生则定时向教师汇报学习思想情况，提出疑难问题，要求教师解答指点。同时，工作也要求教师定期或不定期地就学生的教育问题进行交流、探讨。

2. 构建民主平等的师生关系

师生关系是学校育人体系中各种关系体系中最基本的组成部分。它影响着教育过程，制约着学生对教育的接受程度，并在很大程度上决定着教育的质量和效果。民主、平等的师生关系能为学生发展提供一个必备的心理自由与安全，在情感上易使学生通过“亲其师”而达“信其道”。大新小学张艳老师在她的一则教育日记中形象地诠释了民主平等的师生关系在育人方面的教育价值。

在传统教育中成长起来的我，始终认为教师在学生心目中的形象应该是“高大、严肃、充满了神秘感”。

所以，当我做了老师以后，就时而自我提醒：“我得让学生怕我。”于是，除了上课学生有了精彩的表现，我很小心地露出一点儿微笑外，多半时间是一副严肃的面孔。这一度让我很有成就感：所教的班级成绩不错，孩子们真被我制服了，只要我往教室一站，再热闹的场景也会马上安静下来……

然而，有一件事却从内心里深深地触动了我：每周一，学校都会评出纪律、卫生、安全“三礼”明星班，当别的班得到这个称号时，孩子们都会狂呼“耶!”（表示高兴、自豪、自信等），来庆祝自己的胜利。而我们班的孩子们却只会怯怯地看着我，把自己兴奋、激动的心情压抑起来。

在接下来的日子里，我变成了“瞎子”“聋子”，学生怕见到我，班干部不敢汇报班上的真实情况，我与学生的距离越来越远。这不由得让我陷入深深的苦恼之中。

星期五的班会课又到了。今天是期中成绩检测公布的日子。我所教的班级又得了全年级第一名。虽然不愿在同事面前张扬，但心里还是挺得意的。于是，走进教室时竟忘记了自己是“老师”，忘记了在学生面前摆出的惯有的严肃面孔。我第一次面带微笑踏进了教室，使我意想不到的是，同学们个个都是异样的表情，竟茫然不知所措。我轻轻走到一位同学面前，问班上发生了什么事，这位同学悄悄告诉我：“老师笑了。”看得出，她是腼腆的、胆怯的，也是幸福的。这让我顿时觉得，老师的一个不经意的笑，对学生来说，是多么重要呀！我把提前准备的“约法三章”放下，站在讲台上，整了整衣领，给了全班同学一个甜甜的笑。没有想到，同学们竟然给了我长时间的掌声。我被感动了，也大彻大悟了。

这节课，我没有按计划教学，而是让同学们给我提意见和建议，自己坐在下面像小学生一样，认真地听，认真记笔记。开始，只有偶尔的低声议论，慢慢地开始热烈起来，我知道，要想使大家由“言听计从”转型到“民主平等”上来，还需要老师的开导和鼓励。我试着先让平时发言大胆的同学说，有一个开头的，大家一下子活跃起来了。有的同学说：“希望张老师以后能像今天一样，面带笑容进教室给我们上课。”有的同学说：“希望张老师在批评我们做错事以前能听听我们的解释。”还有的同学说：“欢迎张老师永远做我们的好朋友。”……那一刻，我深深地体会到，只有“严”是远远不够的，只有把“严”和“爱”和谐地结合在一起，班主任工作才会更有成效。……正视了这一点，你便能在对话与交往的互动中实现学生的真实发展。

构建真正意义上的民主平等的师生关系，教师应以爱为先导。只有热爱学生才可能无微不至地关怀学生的成长，也才可能教育好学生。苏霍姆林斯基曾说过："教育技巧的全部奥秘就在于如何爱护儿童。"①"许多研究已证实，教师对于学生的爱不仅可以成为一种教育的力量，不仅可以鼓舞教师去做好本职工作，而且还可以感染学生、激励学生、调动学生的积极性和增强他们的进取心，从而更有利于学生的发展。"②大新小学多年来一直倡导教师对学生的爱。

刘××同学是李春霞老师班上的一名学生。他既帅气又特殊，说他"帅气"，细高的个子，睫毛又长又黑，一眨一眨的大眼睛上还戴着一副眼镜，显得文质彬彬；说他"特殊"，他不理会任何人，我行我素的行为让人感到震惊。原来，这孩子一年前在深圳市福田区某学校读四年级时就患了"忧郁症"。为了不让孩子受到伤害，家长才把他转到大新小学，隐瞒病情是希望孩子能过正常生活。

自从这个孩子来到李春霞老师的班上以后，班里的一切都发生了变化，变化最大的是李老师的教育方法和她对教育的新理解。李老师再一次讲起了这个故事：

自从刘××同学来到我们班以后，我发现这个孩子除了不爱学习，上课不遵守纪律外，有个特别之处，就是特喜欢篮球和汽车。他每天来学校的任务就是带两本杂志：一本是《篮球世界》，另一本是《世界名车集》。不论上课下课，他都一味欣赏自己的东西，根本不管老师的安排。奇怪的是，讲起汽车和篮球的时候，他却滔滔不绝起来。于是，每到课间，他的周围都有好多观众和听众，因为他能把篮球世界说得那么神奇，那么动听！特别是姚明和 NBA 的巨星们，被他雕琢得简直完美无瑕！班上的孩子开始崇拜他了，每天围着他转的人越来越多了，刘×

---

① 转引自：王顺兴，韩永昌．教育学［M］．济南：山东教育出版社，1985：44.

② 董操，等．新编教育学［M］．北京：教育科学出版社，1998：126.

××也变得神气起来了。

一次，我把刘××带到办公室，和他聊天，问他是怎么和同学相处的？在学校开心吗？他回答很干脆："老师，我很开心！"看着他可爱的脸蛋，我拉着他的手说："刘××，我知道你是个聪明的孩子，你告诉了老师和同学很多课本以外的知识，老师和同学都很开心。但如果我们每天只讲篮球和汽车，那成绩怎么办啊？老师希望你上课时能认真听讲，下课了再给同学讲篮球和汽车，这样你和同学既能学到课本上的知识，又能增长课外知识，多好啊！"他似懂非懂地说："好。"旧问题解决了，新问题又来了，这孩子上课能坐稳了，但却不愿意写作业，一旦让他写作业，他马上告诉老师："老师，我头很疼。"班上有个别调皮的同学看到他不写作业也提出不写作业，还说李老师偏心，凭什么给刘××这个特权？听大家这么说自己，刘××同学觉得受到极大的伤害，突然间很伤心地哭起来，还不停地用双手捶打着自己，并跑到教室外的栏杆前，要往上爬，往下跳。眼前的这一幕可把我吓坏了，于是，我赶紧冲上前去抱着他，不停地安慰他，并用手揉他的胸口，安慰他，开导他……1个多小时后，不知是他闹累了，还是他听懂了老师的话，才渐渐恢复了理智，一双早已麻木的手臂才有了知觉。为了隐瞒刘××同学的病情，我私底下把那几个调皮孩子找来，语重心长地告诉他们："刘××同学这段时间身体不太好，一直在调理着，医生说暂时不让他有太大的压力，这样他的身体很快就会康复。我们班的孩子都是非常优秀的，知道如何去帮助别人、关爱别人，你们几个也不例外吧！"那几个孩子终于被我给说服了。

在以后的日子里，我对刘××的教育更耐心了，方法更丰富了，效果更突出了，刘××也慢慢恢复了，能和大伙一起学习、一起参加各项活动，哪怕他多不情愿，我都让他尝试去做，作业可以写少一点，活动可以少参与些，但每件事都必须参与到这个集体来。渐渐地，这个孩子开朗起来了，每天放学都看到他和同学在篮球场上奔跑着。最让我感动的是有一天，他突然带了一对篮球护膝和护腕送给我说："李老师，你马上要参加园丁杯篮球赛了，这些送给你，打球时就没有那么容易受伤了。”捧着孩子送的礼物，听着孩子真诚的话语！回想着孩子一天天的转变，拍着他渐渐宽厚的肩膀，我知道孩子在逐渐地摆脱忧郁症带给他的痛苦……从对刘××同学的帮助中，我坚信：爱是教育的最高艺术！

3. 积极发挥德育的引领作用

德育是课堂教学的应有之义，也是学校教学顺利进行的基本前提之一。因此，大新小学长期坚持德育为先的原则，主张通过“三礼”教育来实现德育的针对性，进而达到育人的目的。“三礼”教育以尊重为基础，以诚信为核心，辅以美好的外表，最终造就健全的人格。其基本思路如下。第一，将“三礼”教育内容细化为学生的日常规范；第二，利用校会、班会、家长会的形式，通过检查学生每天穿戴情况、学生礼貌礼节情况、课堂表现情况，通过组织好每周的升国旗仪式、形式多样的少先队活动、教师的“三礼”教育活动，让学生知礼、明礼、行礼；第三，通过开展读、讲、赛、评等一系列活动，深化“三礼”教育；第四，通过家庭、社区教育与学校教育一体化，形成“三礼”教育合力。

4. 在家校平台上引领家庭教育

家庭是孩子观看世界的第一个窗口。家长因亲缘关系对孩子的影响深远。如何保持家庭教育与学校教育的一致性，是当前学校教育必须要面对的问题。然而，家庭教育往往处于人们自觉关注的边缘。对于大新小学，关注家庭教育更具有特殊的必要性。大新小学的大部分学生家庭教育问题重重：家长奔波于生计，对孩子的变化缺乏关注；家长缺乏对孩子教育的大方向，不能明确孩子为何读书，为何学习，无法有效地跟孩子进行沟通，更谈不上对孩子进行指导。这些家长的文化水平较低，具有大专及其以上水平的不到12%，且没有固定收入和固定生活居所，所以家庭教养方法简单，缺乏科学精神和灵活方式，多数家长采用放羊式、自由式教育。家长语言粗陋，骂子女的较多，引导明理的较少。父母早出晚归，没有时间与孩子沟通，很少过问孩子在校情况，也不完全了解孩子心理需求。激励手段简单，对优秀的多以物质奖励为主，对表现差的多以打骂为主。部分家庭文化低俗，网络、影视、媒体、生活方式等给孩子产生直接负面影响。这样导致的结果可能是：家庭教育在教育价值取向方面与学校教育相背离。

基于以上缘由，大新小学积极搭建家校平台，与家长一起共同探索孩子们的教育问题，主要采取的方式如下。

一是建立家校联系制度。学校建立了相对完善的家校联系制度，在最大程度上获得家长的支持，弥补外来工子女教育问题上家校联系沟通的不足。联系制度分为两部分。一部分为校方规定的，包括家长会、家长开放日、家校问卷调查，按年级分批进行，保证效果。每次活动由学校进行统计，未按时到会的家长，班主任需在5个工作日内负责全部联系到位，作好记录。尤其是问卷调查制度，使家长打开了参与学校教育的有效途径。每个学期由学校参照教师、学生意见制定调查问卷，就学校教育等各个主要方面设定问题，由学生和家长答卷后回收，进行统计，向有关部门及全体教师反馈信息，继而提出相应改进措施，并付诸行动。另一部分是教师的不定期家访，每学期末每位教师都必须登记家访记录以及家访前后学生的行为变化，家访取得什么效果。同时，学校开通“校讯通”家校联系网络平台，教师可以随时通过网络与家长反馈学生在校学习情况，家长也可以利用“校讯通”与教师进行深层次交流。这种家校联系互动的便利性增加了学校与家庭的教育默契。除此，教师还以电话、书信、电子邮件、家长回访等方式，与家长或监护人协同教育，并为每位学生建立个人成长档案。总之，利用多种沟通方式来实现学校与家庭教育的一体化。让“5+2≥7”（5天的学校教育加上2天的家庭教育，效果大于等于7天的收获）。

二是开展亲子交流活动。外来工担负着这个城市最底层、最繁重的工作，早出晚归，异常辛苦，许多孩子经常独自在家生活，难以有效地和父母进行交流，和爸爸妈妈在一起交流与分享成为他们的一大心愿。针对这一情况，大新小学开展了亲子交流活动，包括亲子阅读、亲子晨会、亲子典礼、亲子汇报演出，等等，为亲情的交流不断创造机会和条件。一（1）班丁心语同学的家长关于《亲子阅读课的感受》描述了亲子阅读的情景：

大新小学亲子阅读情景

看着家长们引导着孩子们走进故事的海洋，看着家长们和他们的孩子头碰着头轻声地交谈着故事里的喜悦，你可能以为你走进了图书馆的少儿阅览室。不！这是大新小学一年级一班开展的一堂别开生面的亲子阅读课，一堂特别而有意义的课！

很长时间没有静下心来和女儿一起阅读了，时常都是从图书馆给女儿借了几本书让她自己去翻、去看。这次学校组织的亲子阅读让我有时光倒流的感觉，感觉又回到了女儿三四岁的时候，我们俩经常头碰着头一起看书，我给她讲完了她又给我讲，听着她稚嫩的声音给我讲童话故事里的大灰狼、小山羊……那种快乐幸福的感觉我想很多家长都曾经体会过。和女儿一起阅读，让她阅读的喜悦和快乐与我的喜悦和快乐融合在一起，我们之间将不存在任何的沟渠，不存在大人和小孩认识上的差距，我们一起融进了故事里，我们一起前进着。

然而，家长到底应当怎么教育孩子，却是这些流动人口父母的大难题。不恰当的教育，往往适得其反。基于此，学校专门开设了家长学校，请专家给家长们作报告，答疑解问；开设家庭教育大讲堂，进行定期辅导培训；向家长发放简明亲子书刊、画报；还召开家长咨询会，接受家长咨询；利用校报、网站、博客、校讯通、电话、邮件、信箱等开设家教平台，为家长出谋划策，让这些为人父母的外来工掌握基本的教育原则，摒弃粗暴落后的育子方式。大新小学在引导家长教育孩子方面主要立足以下几个方面内容：

（1）珍惜孩子生命，关心他们的身体健康

教给孩子远离危险的基本常识，让孩子具有基本的安全意识，知道远离危险地带：水边、火里、马路上、网吧等。关注孩子身体发育的微妙变化，诸如孩子什么时候换的第一颗乳牙？女孩子什么时候来月经？男孩子什么时候变声了？小家伙什么时候不知不觉又长高了，等等，家长都应该细心地留意，并给予一定的引导和帮助，告诉孩子这些是生命成长的正常现象，应以正确的心态去面对。教育孩子爱护自己的身体，养成清洁身体的良好习惯，早晚刷牙、饭前便后洗手、勤剪指甲勤洗头等。督促孩子经常参加体育运动，让孩子从小养成热爱运动的好习惯，节假日带孩子出去爬爬山、逛逛公园、打打球等。

（2）理解孩子心理，呵护他们的心灵成长

关注孩子心灵成长是中国家庭教育最为缺失的方面。关注孩子心灵的成长要从了解孩子的心开始。孩子在不同的年龄段以及随着环境的变化，他们的心理需要都有显著的不同与差别。家长要学会倾听孩子的心声，要随时了解孩子喜欢什么，孩子最崇拜的人是谁，孩子的好朋友是谁，孩子最喜欢学习的科目是什么，孩子最喜欢读什么书，耐心对待孩子的闷闷不乐，仔细观察孩子的神采飞扬，全面了解孩子的学习进步，共同分析孩子的学习困难；要关注孩子的细微情感变化，注意观察孩子的表情、行为，认真及时地发现、解答孩子的困惑与疑难，鼓励孩子说出自己的喜怒哀乐，帮助他们解决问题和困难，分享他们的快乐；对于欢快中的孩子，父母要尽量避免干预，对于伤心的孩子，父母绝不可掉以轻心，即使他们一时不愿倾诉，等他们平静下来，仍要与他们交谈。

（3）营造良好环境，发展他们的心理品质

良好的家庭氛围可使儿童性格活泼、开朗、大方、好学、诚实、谦逊、合群、求知、好奇、爱劳动、爱清洁、守时守信等；不良的家庭氛围，可使孩子胆怯、多疑、自私、忌妒、孤独、懒惰、放任、不懂礼貌、言语粗俗，因为儿童在适应家庭环境的过程中，常以家长为最亲近、最直接的模仿对象，形成自己的心理定式和性格特征，家庭氛围的好坏是儿童心理、行为健康水平的重要因素。为此，家长应为孩子营造一个良好的生活环境。尽管每个家庭因经济水平、住房条件各有不同，其布置标准不可强求，但居室应做到整洁、色彩素雅协调，使孩子能生活在一个舒适、宁静、温暖的家庭中，使孩子形成一个良好的作息时间和生活习惯。

在休息、吃饭、娱乐、工作、学习方面，家庭所有成员都要自觉养成好习惯，家长更要发挥示范带头作用。一家人坐在一起，关掉电视，围绕着一盏台灯，坐在一张书桌旁，每人手捧着一本书，聚精会神地阅读着……这就是大新小学所倡导的“亲子阅读”情景。家长们可带上自己的孩子，以及他们的小阳伞、小水壶，一起去书店，就像每次带他们去游乐场一样兴致勃勃。一起在书籍的花园里长时间地寻觅属于孩子的那份惊喜。告诉孩子哪本是自己以前读过的，哪些是你们曾经谈论过的，哪些又是自己以前读过，特别喜欢还一直惦记着的。在书店与孩子的谈话一定要开心、快乐，让孩子体会到去书店是一件多么有趣的事。帮孩子购买时，家长一定不要忘了给自己也买一本，以便孩子阅读时，自己也能有重温书籍的机会。在温暖的灯光下，在午后的树荫下，当孩子拿起书本的时候，家长可以让他静静地看，他会在图画中吸取快乐。但孩子要求家长给他读故事时，家长应该放下手中的活，靠近他，大声地为孩子阅读，帮助他们通过自觉学习获得成功。

（4）注重习惯培养，促进他们全面发展

家长要抓住教育关键期，认真培养孩子各个方面的习惯。针对学校孩子的实际情况，家长应重点关注孩子以下学习习惯的培养。

一是培养孩子自主学习的意识。要利用各类兴趣活动提高学生的悟性，培养他们的学习意识；利用日常生活（如认识街上的广告牌、阅读说明书等）提高学习兴趣，增长课外知识；通过亲子活动（如读书、游览、聚餐、互助等）培养学生高雅的爱好；通过各种教育方式（如目标教育、激励教育、赏识教育、理解教育等）引导孩子成人成才等。

二是培养独立完成作业的习惯。具有辅导能力的家长总是不放心孩子的学习，每天孩子写作业时，总是坐在一旁监督提醒孩子，孩子作业写完后不是让孩子自己去检查，而是先帮孩子检查。长期下去，孩子明白了一个道理，作业马虎点有错误没有关系，反正家长要检查的；孩子遇到不会做的作业更不要紧，有家长辅导呢。这样的家庭辅导会使孩子越来越不愿意动脑筋。大新小学在家长辅导能力弱和家长辅导能力强的孩子之间作过调查，发现家长辅导能力弱的孩子比家长辅导能力强的孩子独立完成作业的习惯和能力要好，原因很简单，就是家长辅导能力强的孩子有“靠山”，而家长辅导能力弱的孩子没有“靠山”，只能“自食其力”。此外，现代科学技术的发展在我们的工作和生活中起到了巨大作用的同时，也为学生的学习带来负面影响。比如，学生放学回家写作业时遇到难题了，不是自己通过钻研或者查找工具书来完成，而是电话“请教”，有时甚至就是“变相抄袭”，有时遇到写作文之类的作业，自作聪明的孩子干脆在网上下载范文应付老师，有时遇到动脑筋的练习题，繁多的辅导资料又帮了忙，不管答案是否正确或者完整，反正书上是这样说的。对于这些不利影响，家长应该明白，应帮助孩子养成独立完成作业的习惯。

三是培养孩子积极探究的习惯。在家庭教育中，不要事事都告诉学生，而要事事多给孩子一些空间，多给他们设计几个“为什么”，或者让他们自己去多问几个“为什么”，然后鼓励他们自己去求证。比如一些知识性、实践性比较强的问题，完全可以让学生通过字典、词典、课外读物、网络、测量仪器等自己去寻找答案。

（二）努力建设优良的校园文化

校园文化是指校园中的物质文化和精神文化的总和，硬件方面包括校园环境设施和教学、生活管理制度，软件方面包括校风、教风、学风、校园文体活动等。这里的校园文化，主要指的是校园的自然环境和人文环境。

校园文化是一所学校的灵魂，它会激励着学校向着可持续发展的、生机勃勃的、具有丰富内涵的高层次方向发展。它能创造出一种潜在的、弥漫的、浸染于整个校园中的精神风范，极大地影响学校每一个成员的价值选择、人格塑造、思维方式、学术氛围、道德情操以及行为习惯。具体来说，校园文化具有以下四个重要功能。第一，导向功能。校园文化一旦形成，必然会对广大师生员工产生巨大的导向作用，形成一种强大的“文化效应场”，师生员工必然受到影响和熏陶，知道应该做什么、为何而做、如何去做，从而使个体行为和作风从“无序”逐渐变为“有序”，自觉或不自觉地适应学生精神的要求。第二，激励功能。先进的校园文化作为校园内价值系统的精华，作为学校发展的一种潜在力量，无疑是一种巨大的激发因素和原动力，是推动人们积极进取、育才成才、战胜困难、开拓创新的强大精神力量。第三，品牌功能。校园文化体现了一所学校鲜明的文化个性和内涵。第四，凝聚功能。校园文化是学校师生共创和认同的价值观念，具有无形的不可低估的凝聚力和感召力。认识并体验到彼此具有共同的理想追求、价值观念、道德情操和行为规范，会使生存于同一所学校的人们彼此之间产生强烈的认同感进而升华为强烈的校园归属感、责任感和荣誉感，从而把师生员工紧密地联结在一起。

多年来，大新小学在校园文化的建设上坚持了以下基本思路。

首先，塑造规范的文化标识。为了提高师生的整体文明意识，营造浓郁的文化氛围，学校设计了系列文化标志：6个手拉手的可爱娃娃代表学校有6个年级的学生，每个图案以大新小学的“大”为基本元素，他们手拉手围成一圈恰似一簇盛开的鲜花，体现小学生活泼可爱、充满生命活力，象征着学校团结、进取、合作的精神内核，也象征着由人组成的齿轮，载着历史的重任滚滚向前。这些标识出现在大新小学的校旗、班牌、宣传标语、信封、信纸和作业本上，洋溢着浓郁的文化氛围，随着历史的进程和学校的快速发展，这种文化标识的精神内核已经成为师生员工的自觉行动，并被社会所接受甚至认可。

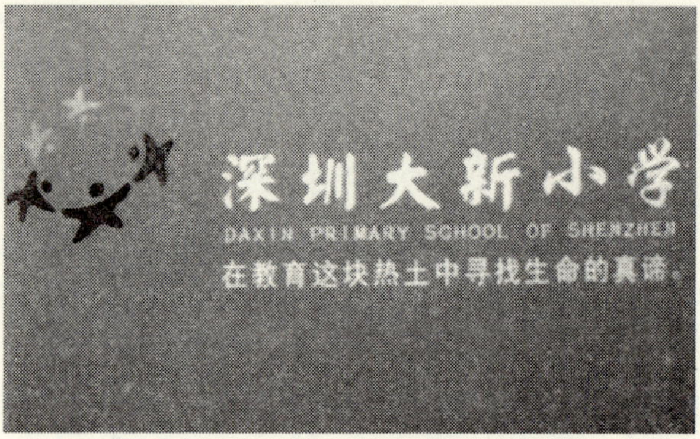

在教育这块热土中寻找生命的真谛

其次，创建优美的自然环境。优美的校园环境首先给人以良好的第一印象。干净、整洁的校园是师生安心工作、愉快学习的前提。健康的环境造就健康的大新人。为建设一个绿色的生态校园，学校在早几年就提出绿化每一寸土地的口号，把校园每一块空地种上花草树木。目前，除了运动场以外，学校对每一个地方都作了精心规划，使校园常年保持郁郁葱葱、五彩缤纷的景象。目前，整个校容校貌焕然一新：校门口西侧的花坛里有20余种植物，还修建有休闲场所，大熊猫、长颈鹿等动物塑像掩映在绿树红花之中，是师生学习、休闲、交流的好去处；校门正前方，有两排大王椰树矗立在通道两旁，这些参天大树不但给师生遮风挡雨，还象征着同学们一定会在老师的教导下成为祖国的栋梁；校门左前方有一个大型电子显示屏，每天从这里向全体师生传递着上百条新信息，这是向学生传递文明信息的现代化平台，屏幕背后还有一个设计精致的花园，新鲜的空气、美丽的景色为校园增添了无限生机；学校操场四周的大榕树、校园外墙上的鲜花、操场西边的体育文化宣传长廊、每个楼道里的盆花以及富有大新特色的校园文化使校园充满温馨。

再次，营造充满书香的人文环境。走进大新小学，一股浓郁的“校园文化”就会扑面而至，每一面墙壁都仿佛会向你讲解大新小学校园文化的精髓，每一方土地都仿佛会向你展示大新校园文化的特色，让你随时随地都能沐浴着校园文化的氛围，随时随地都能领略到校园文化的灵魂。

从书本中学习，在生活中学习，小组互助学习，学习和思考，成为每一位大新人必不可少的精神生活，与书本为友，与大师对话，创建书香校园。不仅如此，包括学校员工、学生家长、社区居民在内的几乎所有人都被带入到这种热烈、温馨的学习氛围中。教师专业成长计划、校本培训、青年教师沙龙、模式课，相约课堂、专题研讨、年级单元备课等活动，将教师推向学习阵地的最前沿。全员读书、亲子读书、每月读书汇报活动，将学生和家长一起调动起来。家长学校、家教讲座为忙于生计的家长们提供有效的教育思路和方法。学校随处可见的开放式书架为学生读书开辟了广阔的空间，电子阅览室、图书馆、网络教室等 20 多个功能室全天候对学生和家长开放。为了培养学生的阅读兴趣和阅读习惯，鼓励他们博览群书，大量积累和运用，学校语文老师定期为学生推荐书目，由课内带动课外，通过读书笔记交流和读书考级活动，提高了学生的读书兴趣和综合素质，尤其是“读书考级”活动大大激发了学生的读书热情。为了鼓励教师和学生阅读，学校从 2003 年开始，每学年赠送每个教师一本好书，为每个教师订阅 1 份报纸，为每个办公室订阅有关报纸杂志，规定每个教师每月撰写读书笔记或教学体会不少于 5 篇，在网上建立师生阅读博客，开展读书交流会，不定期举行教师朗诵会等。每年“六一”期间，学校专门把适合学生阅读的图书作为送给孩子的儿童节礼物，学生和家长特别欢迎。

（三）全面构建开放式的管理系统

以前的大新小学，没有实现与家长、社区的有效沟通、协作，家庭、社区难以有效地参与、配合学校的管理工作，学校也很少介入社区的文化建设，俨然一个“孤岛”。这对学校的发展非常不利。针对这一问题，近几年学校提出学校管理从封闭走向开放，让家长、社区参与到学校管理当中，形成了开放式管理机制。

1. 家长参与学校管理

家长是影响孩子成长的重要力量，家校结合对学校管理具有重要意义。在学校管理中，学校采取家长问卷、家长会、家长班、家长委员会、家长开放日等形式把家长请进学校，吸引家长参与学校管理。家长问卷是听取家长声音的有效方式，学校结合学校发展的阶段，不定期、有针对性地征求家长意见和建议。比如2004年春，正处在重大变革初期的学校，进行了全校性大调查，涉及家长对学校管理、教师工作的具体看法，并将结果给予反馈和公示。这次调查为学校变革中的许多重大决策提供了一个很好的参照。

从2003年下半年开始，学校就成立了全校性的家长委员会。家长委员会由家长代表、社区代表、办事处代表、公安派出所代表等组成。学校每学期至少召开两次家长会议，向家长委员会汇报学校的工作情况，征求他们对学校的意见和建议。

目前，大新小学还建立起一支庞大的“家长义工”队伍。该队伍是热心家长自发组织起来的，协助学校做一些力所能及的日常工作。这支家长义工队伍在学校发展和孩子成长中发挥了巨大的作用。家长义工有自己的章程、组织机构和管理制度，学校为其提供了专门的办公室，配备了成套的办公系统。

这些家长义工每天有5人参与学校管理工作，他们护送学生放学、上学过马路，搜集家长意见和建议为学校工作提供参考，协助学校组织大型活动，帮助学校管理课间秩序和环境卫生，协调家长管理学生学习和生活，等等，目前已经有1000多人次参加义工队活动。

同时，学校的家长会也是家长了解学校的重要途径。家长会每学期至少举行一次。家长会形式不拘一格：可以由学校统一召开，各班收看视频转播；可以由班主任负责分班召开；可以由年级组长负责分年级召开；可以由学校组织分年级集中召开。家长会上可以是校长作报告，可以是任课教师反馈学生的在校情况，可以是学生家长代表交流育子经验，可以是学生代表汇报学习体会等；家长会实行家长现场签名制，对于无特殊原因未到会的家长采用个别交谈的方式进行弥补；通过召开家长会这种家校互动的模式，使学校管理集思广益。每次家长会都有专题内容。

课堂是学生发展之原点，课堂教学是学校教育的主渠道。为更好地实现学校课堂教学效率的提升，大新小学充分发挥家长的作用，引导家长参与到学校课堂教学改革之中，参与的路径主要有以下几种。

第一，研制课堂教学改革方略。学校的教学改革方略都会通过家长委员会通知到每位学生家长，让家长一起讨论学校教学的改革。同时，学校还向家长发放调查问卷，寻找教学中存在的问题。

第二，共同诊断课堂教学。为了提高学校工作的整体水平，办社会满意的学校，从2003年下学期开始，学校制定了办学承诺书，其中包括每月一次的“家长开放日”活动，家长通过听课、参观学校来诊断学校的课堂教学。

第三，与家长分享教学成绩。孩子在学校取得的成绩不仅是孩子努力学习的结果，也不仅是教师教育的成果，而且也是家长相互配合取得的成效。所以，当孩子取得成绩时，学校会第一时间通知家长，并邀请家长一起参与学校的活动，与家长分享学校的教学成绩。

为使家长更好地参与教学管理，学校分期分批地按年级开展“家长教学开放日”活动，获取家长对学校日常教学工作的合理化意见和建议，促进学校教学管理水平的进一步提高。在家长教学开放日活动中，学校提出“三个六”方案，即开放“六个项目”，教师“六条要求”，家长“六点希望”。

开放“六个项目”：

一是观察学生“早餐课”，共同关注学生饮食卫生和习惯；

二是和学生一起参加升国旗仪式，共同接受爱国主义教育；

三是听本班任课教师上课（以当天的课表为准），共同遵守课堂纪律；

四是参观学校功能室，共同关心学校发展；

五是向班主任及任课教师咨询学生的有关信息，共同体验学校生活；

六是向学校领导反馈各类情况，为学生和学校发展献计献策。

教师“六条要求”：

一是接待家长衣冠整洁，态度诚恳；

二是努力提高业务水平，上好“开放课”；

三是不断强化思想素质，为家长作表率；

四是当好“导游”，主动介绍学校、学生情况；

五是做好服务，重视家长反映的各类情况；

六是关注每个学生，让家长感受到自己的孩子是受重视的。

家长“六点希望”：

一是遵守学校作息时间和规章制度；

二是衣着庄重，打扮得体；

三是不在校园里抽烟，不在教室里接听电话；

四是与教师交谈语言文明；

五是向学校领导反映情况实事求是；

六是通过参加“家长开放日”活动，使家校教育更和谐。

学校每学期还定期举行一次全校的家长会。在家长会上，先由学校领导向家长汇报学校近期取得的成绩，然后以班为单位，由各科教师向家长汇报孩子的表现，同时把孩子的各种学习作业拿给家长查阅，与家长交流教育方法；每个月一次的“家长开放日”，邀请家长全程参与听课评课活动；相关大型活动期间，邀请家长参与其中，如读书节期间，请家长介绍读书经验，向家长征集作品，参观学校成果展览等；每学期向家长写信10多次，就安全、学习、有关决定、教育方式等，与家长沟通。

2. 社区参与学校管理

学校大型活动都会邀请社区代表参与，向他们征求意见和建议，如省市级学校评估、教育均衡化评估、校园读书节、开学典礼、教代会、家长会、行风评议、教育现代化评估、党风廉政建设等。

学校德育处、少先队大队也经常性地组织教师和学生参加社区实践活动。教师、学生进社区已经成为学校参与社区活动的重要内容，他们先后到深圳市儿童福利院为孤儿送去善款、书籍、食品、手工作品等，为他们表演节目；在老师的带领下进社区为社区居民送去贺卡、与残疾人一同联欢、为社区打扫卫生、宣传环保知识，为社区表演节目、与他们谈心交流，开展辩论、演讲等活动；结合节假日、开学典礼等开展“孩子连着你和我”“回收废旧电池，构建节约型社会”“‘三八节’送给妈妈的礼物”“快乐的六一节”“老师，您辛苦了!”“京剧进校园”“配戴安全帽，学生更安全”“国旗下的演讲”等主题活动，提高了学生适应社会、适应环境的能力，他们的素质也得到了全面发展。

第二章 全面育人：彰显特色课程建设

课程在教育活动中处于基础和核心地位。它是教育理念和目标的直接体现，是学生发展的凭借。课程建设的价值是不言而喻的。大新小学在课程建设上始终坚持：一方面努力做到全面育人，即以课程为凭借实现人人的全面发展；另一方面，努力彰显自己的特色，即基于学校的校情、南山区的区情以及深圳的市情努力开发出适合大新小学学生的课程。本章将首先梳理学校课程开发的历史沿革，继而阐释学校课程理念、课程研制、课程评价，最后展示大新小学在综合实践活动课程上的特色。

一、课程开发的历史沿革

课程开发的基本前提之一在于学校对课程具有一定的开发权。在以国家课程为唯一课程形态的语境之中，学校无课程开发权可言。对于大新小学而言，具有现代课程论意义上的课程开发源于20世纪80年代初的第二课堂。因此，本章在梳理学校课程开发的历史时，也始于该时期。

（一）发展智能阶段（20世纪80—90年代）

伴随着国家对第二课堂的倡导，大新小学在20世纪80年代开辟了第二课堂。第二课堂通常是指那些在教学大纲、教学计划范围之外，有目的、有计划、有组织、有重点地开展的学生课外活动，如阅读活动、科技活动、文体活动等。这些活动有利于扩大学生知识领域、丰富和充实学生的精神生活、发展学生特长和智能。

随着第二课堂的开设，学校有选择地引进了一批专业教师，并配备专用教室和专项设备，使第二课堂活动走上了规范化、专业化的正确轨道。学校耗资几十万元购置相关乐器，聘请专家，设立“艺术教育中心”，组建了两团（口才艺术团、合唱团），两队（鼓号队、舞蹈队），此外还有古筝班、琵琶班、小提琴班、电子琴班、电脑班、字画班、史丰收速算班、写作班、奥数班、小记者班、科学实验小组等10多个艺术活动班和兴趣活动小组。

在杨佛祥同志担任大新小学校长期间（1991 年 5 月—1999 年 8 月），曾主张以艺术发展个性，达到发展智能的目的，并由此提出了“艺术、个性、智能”的办学模式，强化艺术教育，以美育为突破口，将艺术教育渗透到课堂教学和课外活动之中。第二课堂成为大新小学改善学生心智模式的一个基本思路。

（二）减负增效阶段（20 世纪 90 年代末—21 世纪初）

随着“应试教育”愈演愈烈，许多主要课程实质上被异化为应付考试的一个工具。1999 年，罗任重校长到任后，在“艺术、个性、智能”的办学模式上，进一步提出“五个四”的系列思路，即一、学生发展：学会求知、学会做事、学会共处、学会做人；二、育人目标：常能、智能、艺能、体能；三、育人模式：整体育人、全体育人、个体育人、主体育人；四、师资建设：学历、能力、努力、魅力；五、管理理念：人本、校本、范本、真本。力图通过课程改革，探索“减负增效”之路，实施素质教育。

2000 年以后，学校推进“以学生为中心”的学习方式的变革，继续开展教学沙龙和模式课研究，在校内开设文化导读课、电影课、活动课、综合课、长短课等，并正式启动全员育人计划。该计划一直实施到 2003 年 7 月罗任重校长调往育才教育集团。

在这一阶段，适逢国家开始基础教育课程改革，对学校课程设置提出了挑战，也为学校进行新一轮课程改革创造了机遇。学校借助学校课程改革，通过开展校本教研，来促进教师教学方式和学生学习方式的变革，进而实现减负增效之目的。为此，学校进行了校本课程开发，积极促进学生学习方式的变革。文化导读、管乐队、奥数思维、乒乓球传统项目基地建设、“我能行德育 20 分”等课程成为这一阶段学校校本课程开发的主要内容。

（三）凸显特色总体构建阶段（21 世纪初至今）

2003 年 8 月，我被南山区教育局党委任命为学校校长和党支部书记，主持学校工作。大新小学从教育国际化、人才全球化、策略校本化的角度，提出了“在学习中成长，活出生命的意义”这一办学理念。在这一阶段，学校确定了以综合实践活动为抓手、彰显生命意义的课程总体开发基本思路，旨在通过综合实践活动课程的开发，面向学生的生活世界，关注学生的生存方式，满足学生不同的内在需求，转变学生的学习和活动方式，从而最大限度地关注学生生命，并最终通过学校课程总体建设达到实现学生生命体真实发展的目的。

学校在2003年初便把综合实践活动作为学校课程改革的重要内容。为了保证综合实践活动课程的有效实施，学校成立了专门的领导组织机构，申请了全国教育科学“十五”重点课题“综合实践活动行动研究”，制订了详细的实施方案，聘请了全国课程专业委员会常务理事、深圳大学教科所所长李臣之教授，深圳市教研室综合实践活动课程研究员吴江老师，南山区教科所刘新生所长，南山区综合实践活动教研员刘道溶老师等组成专家指导小组，对学校综合实践活动课程进行指导和引领。同时选派10多位教师参加了全国及省市区的综合实践活动课程培训，提高教师的理论和实践水平，保证了课程的有效实施。在实施过程中，学校本着实事求是的原则，组织学生开展活动，教给学生基本的研究方法。指导学生从生活环境和社区中选取材料，在全校先后作了200多个小课题的研究。诸如“小小美食家”“我们的管乐队”“读书考级活动”“让作文向生活开放”“我们在军训中成长”“远离‘非典’我能行”“来源于生活，提炼为数学，应用于实际”“儿童常见病预防”“我和动物交朋友”“不挑食，做个健康儿童”“关于独生子女与非独生子女的调查”等课题，都是从学生的实际出发。让学生在亲身经历中受到教育，得到锻炼，从而使其学会学习、学会认知、学会合作、学会创造，并使其生命价值得到最大程度的彰显。

二、课程理念的时代诠释

在课程建设方面，大新小学明确了自己的课程理念：在观照生活中实现学生真实发展。学生是一个个独特的生命体，其真实发展实质上表现为差异发展。差异发展指的是基于学生原有的个体差异，通过有差异的教学活动在共同发展的基础上实现自身独特发展的过程。这一理解实际包括两个不同层面：首先，差异发展具有独特性和个体性；其次，差异发展与全面发展不对立，个性建立在共性的基础之上。实现差异发展首先是尊重学生差异的过程，与此同时，基于课程观的视野，课程应回归学生的生活世界。而回归学生的生活世界本身也可使尊重其差异落到实处。

（一）尊重差异

尊重差异，即尊重每个个体独特的生命。学校对每个学生的差异发展可以用“上不封顶，下要保底”这句话来予以形象概括。对于有发展潜能的学生，学校会为其提供最大的帮助；而对于学习有困难、发展较为缓慢的学生，学校也不放弃，要保证其至少达到国家规定的基本标准水平。

在大新小学看来，尊重学生的差异意味着其教育的全纳性。为此，学校明确提出“不让一个孩子掉队”的口号。大新小学目前共有 24 个班，1190 多名学生，学生的家庭背景和自身素质有很大差异。对一些后进生和学习有困难的学生，学校从不歧视，更不轻言放弃，在保证上好每一门基础课程的前提下，利用各种办法进行帮助。诸如“一帮一结对子”活动、“开心屋”里开心姐姐咨询服务活动、“校讯通”每日与家长的沟通活动等。除此之外，还开设各种拓展课程班，如电脑班、舞蹈班、合唱团等，让这些学生都能找到一门适合自己发展方向、切合目前发展现状的课程，培养他们的兴趣和特长。

尊重学生的差异，意味着学校的一切活动需要注重满足学生的差异性需求。大新小学正是本着这一理念来开发和实施课程，主要包括两个基本思路：首先，开足开齐国家的基本课程，围绕国家基本方针设置课程，是学生发展的基本要求；其次，学校要开发多种课程、开展各种课内外活动，满足不同层次学生的发展需求。为适应社会对个性和精英的需求，学校本着“人无我有、人有我优、人优我特”的思想，为学生开设各种特色课程，并力图把它做成优质的、特色鲜明的品牌课程，为学生们提供最优质的教育。在选修课方面，学校通过开设多种拓展性选修课、课外活动、综合实践活动等为其提供极具个性化的发展。目前学校开设的选修课有：舞蹈、合唱、篮球、乒乓球、田径、管乐、机器人训练、小记者班、主持人班、学生礼仪队，等等。在综合实践活动课方面，学校也是力求活动内容的丰富多彩，主要有队列训练、内务训练、激光射击、强化广播操、学农认知、茶艺初步、陶艺制作、软陶制作、电脑制作大头贴、数码摄影、数码相片处理、布艺贴画、中国结编织、生肖串珠制作、丝网花制作、汽车模拟驾驶、高尔夫初步、放风筝、图书阅览等，并对活动进行形式多样的考核。这些活动摆脱了以往过于追求划一性内容和标准的窠臼，为满足学生的差异需求提供了良好的平台。

在大新小学，只要学生存在某种发展的需要，无论客观条件有多困难，学校都会克服，努力创造条件为学生的发展提供服务。不让一个穷孩子落后于其他孩子的发展，不让一个大新小学的孩子落后于其他占有优质资源学校的孩子的发展，这是学校对每一个孩子的承诺。例如成立于2001年的学校管乐队，宗旨就是要发展学生的一技之长，为有这种管乐艺术发展需要的学生提供成长的空间。但是这种艺术课程的开设成本很高，仅购买管乐器材就是一笔不小的开支。组建一支管乐团，首次投入最少需要人民币20万元，还不包括聘请专业教师。如果让学生自己购买乐器，很多学生家里无法承担。但是，学校并没有因为开设成本方面的问题而扼杀了学生这方面的发展需求，而是紧缩其他方面的开支，为学生购买了管乐器材，并提供了全免费的课程培训。

（二）观照生活

观照生活意味着学校课程回归学生的生活世界。生活世界是相对于科学世界而言的，它是一种直观的属人世界，是人生活于其中的世界，也是人实践活动的对象领域和环境。回归学生的生活世界并不是简单地回到日常生活之中，而是通过纠正以往教育中过于强调课程与生活的分离，将人作片面的抽象化、技术化、功利化理解的不当局面，从而对人以及人的生命予以足够的关注。大新小学在课程回归生活世界方面主要采取了以下两大举措。

1. 主张课程内容回归生活

大新小学不把学生看成一个仅来学校学习知识、接受教育的学生，而是把学生看成一个生活中的人，关注学生的生活世界，重视学生生命的绽放。大新小学的课程开发注重走进孩子的生活世界、注重课本知识与生活的联系、注重生活中可供学校探究的素材、注重学生对课程的体验和感悟。譬如，从2002年以来，数学教学开始让学生记录数学成长日记，就是把学生在数学课堂中学习到的知识运用到学生生活实际当中，并让孩子们通过类似于语文中的小作文形式记下来。记录的方法是叙事性的，记录的内容揭示的主要是数学中的算理。这样的文章富有较强的逻辑性，把书本知识应用于实际，在生活实际中巩固知识、积累知识，获得成长。

2. 倡导学生亲历的实践活动

长期的教育实践告诉我们：纸上得来终觉浅，绝知此事要躬行。听来的忘得快，看到的记得住，动手做的更能学得好。所以，让学生从生活中长智慧、从实践中明道理，是当今教育的有效途径之一。以国家新设置的综合实践活动课程为契机，为学生构筑一个参与、锻炼、体验的实践活动平台，让学生参与其中，去实践、去体验、去调查、去访问、去分析、去思考，从实践中收获成功，从实践中形成正确的情感、态度和价值观。这是大新小学长期坚持开展这项活动的出发点，也是让教育走进孩子生活世界的有效途径之一。

本着在回归生活中实现学生差异发展的课程建设理念，学校近年来形成了基础课、特色课、拓展课三大课程板块。基础课程全部为必修课，有充分的时间来保证其实施，主要是国家课程规定的语文、数学、英语等学科，这是学校的核心课程。特色课程主要是学校的综合实践活动课程以及“三礼”教育。综合实践活动也是国家课程之一，学校根据国家要求，每周在三至六年级开设两节课，每周利用班队会和兴趣班时间在全校组织一次实践活动。综合实践活动课程内容由具体任课教师设计实施，内容丰富多样。拓展课程主要以每周1节的社团活动形式呈现。每个任课教师都开设一个社团活动，每个学生根据自己的兴趣参加，打乱原来的班级结构，学生可以根据教师的课程内容以及自己的兴趣、需要进行学习。授课形式活泼多样，学生参与的热情非常高。拓展课程是对学生课内知识的延伸、拓展和丰富，适合学生多样化需求。

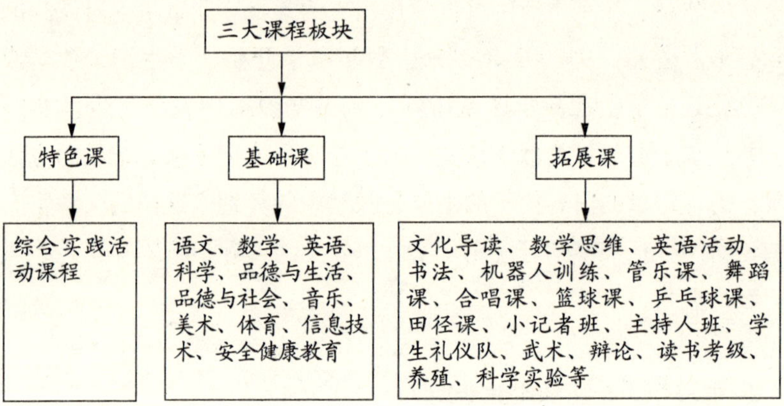

图3－1　三大课程板块

三、全员自主参与课程研制

课程研制是一种规范行为和激励行为，它能有效地促进课程的开发和实施。大新小学在课程研制方面着重从以下几个方面入手。

（一）学校全员参与

课程研究不是个别领导的“专利”，大新小学每位领导、中层干部和普通教师都是课程的研究者，部分家长、学生甚至也可参与到课程研究中来。

课程研究不存在所谓最科学的研究模式，只存在有效的研究策略和有效的操作方式。有效的管理单靠外在的制度约束是不够的，必须依靠内在的理解和自觉自愿。学校领导、中层干部亲自上课，亲自去参与到课程开发与实施的过程中去，和教师一起体会新课程，一起去面对教学实践当中存在的一系列问题。就大新小学而言，这种做法算不上所谓“最科学”，但却是行之有效的“成功经验”。

在大新小学，不仅校长“下水”参与课程研究，学校主要领导和班子成员无一例外也都跟随校长一起“下水”，他们除了要承担一门基础课程，还亲自开设一些拓展课程，并积极投身到综合实践活动的开发和实施中去。学校副书记赖煜荣亲自给学生上综合实践活动课，在三年的课程开发和实施过程中，他积累了 10 余万字的研究资料，尤其是在开发“我是小小美食家”和“压岁钱的调查报告”等课程中取得了突出成绩，其成果被课题组评为二等奖，他和李春霞、李汉华、覃海生等老师一块研究开发的主题活动“不挑食，做个健康儿童”2003 年 12 月 30 日被《深圳青少年报》专版刊登，在学校综合实践活动课程课题研究中发挥了重要的作用。另外，学校领导班子里的其他成员，像刘勇良、费华、张苑、黄灵、苏国发、覃海生、杨斌等中层干部，也都积极投入到课程开发研究过程中。有了领导的参与，教师的热情就自然被调动起来了。目前，一个研究型团队基本形成。

（二）教师赋权增能

在课程研制方面，一方面是学校领导身先士卒，另一方面是对教师“赋权增能”。教师从事课程开发研究工作需要自由的空间，有空间才能体现差异，有差异才能有个性，有个性才能有创新。只有为教师“赋权增能”，才能“创造空间”，才能鼓励教师“追求卓越”。所谓“赋权”，即为教师创造一种适宜于创新的工作环境，以激励教师确立课程研究的主体意识、自主投身于基础课程和综合实践活动课程的校本开发研究工作中。所谓“增能”也就是通常所说的“充电”，即提高教师课程研究方面的专业知识与能力。

在课程研制实践中尊重“自由”并还教师以“自由”。尊重自由就是尊重差异，也就是尊重个性。大新小学的教师虽然受过同样的教育，从事同样的工作，但由于他们的兴趣、爱好、专业水平、能力各不相同，所以，不应该用同一个模式来要求与规范他们，而是应该为他们多创造一些个性自由发挥的空间。需要指出的是，这里所说的“自由”并非“放任”和“为所欲为”，而是建立在一种“理性”基础之上的“自由”，即根据个人对课程的把握，以及对课程理念和原则的理解，充分发挥个人优势及个性特长，依托学校所提供的资源，从事创造性活动，包括对基础课程的创造性实施，对拓展课的开发和对综合实践活动的开发实施等。对学校而言，这样的创造性活动可以说是愈多愈好。

为教师的创造性活动开辟“空间”，学校在这方面做了很多工作。

1. 改进思维模式

教师是课程最直接的实施者，课程的开发和创造性实施都离不开教师。那么对教师提出的要求就是争做一名研究型的教师，将课程的开发和实施作为一项科学研究和创造性的活动。科学的创造性活动首先是一种理性的活动，这就意味着它不是盲目的尝试，而是运用科学的方法对经验事实所进行的观察、实验等探究性活动。从某种角度来说，拥有理性自由就等同于拥有心灵自由和创造自由。

学校采取了多种措施来营造一种学习和科研的氛围，激励教师通过学习不断改变自己的思维模式。采取的策略主要包括专家讲座、教师沙龙、课例反思、外出参观、教学叙事研究、主题研讨等。尤其在进行校本研究时，要求教师亲自率领学生并和学生一道，把存在于校园、家庭、社区中的诸多问题放置于“移民城市”这个分析平台上，以科学的原则和方法作为显微镜来放大它、透视它，通过一番思维的努力和实证的功夫来完成研究任务，获得丰富的体验。在此过程中，教师附带着一项艰巨的任务，即作为活动的发起者、组织者、协调者而天然承担着对活动进程及实际效果的调控及把握。要做到这一点，教师就必须具备反思精神和问题意识。

2. 教师拥有课程资源开发权

学校的课程是需要教师亲自来开发和研究的。许多教师对于课程有热情、有主见、有思路，他们在日常教学、生活中善于细心观察和思考，因而形成了许多有价值的活动主题，然而囿于资源短缺却难于付诸实施。对于教师来说，课程开发在一定程度上可以说是对相关课程资源的搜集、发掘、组织的过程，因此没有资源也就没有课程开发工作。教师拥有一定程度的课程资源开发权，意味着教师真正成为校本课程的主人，否则教师的主体意识是无法确立的。

为此，学校的做法是鼓励教师因地制宜充分利用现成的各类课程资源，学校现有的一切教育教学资源全部向任课教师开放。同时学校也投入一定经费作为课程开发的专项经费，每学期开学前由教师根据本学期课程开发研究的需要提出申请，然后由课题研究小组审查后给予经费支持。此外，学校也鼓励教师积极去开拓社区和家长中的课程资源。校本课程尤其是综合实践活动课程作为与生活紧密联系的课程，课程性质决定了它的活动主题必须来自生活，服务生活，只有基于生活题材的挖掘与建构活动，才能培养出师生的综合能力。因此，学校鼓励教师带领学生根据主题活动教学的需要，走出教室和校园，尽量到事件发生地去参观、调查、采访、观察、实验，广泛收集各种信息，以获取丰富的第一手资料。为了使课程开发更为顺利，学校会预先和社区有关人士取得联系，获得支持与配合。

3. 教师拥有课程内容选择权

学校开设了多种拓展课程和综合实践活动课程，开课教师对这些课程的内容和活动形式拥有足够的自主选择权。根据课程开发的内容来源，学校把课程开发可分为两大类：一类是新编课程，即所有的课程成分都是新开发的，没有依赖现有的课程材料，如读书辩论会、读书考级、“三礼”大使等课程；另一类是改编的课程，即从现有材料中选择合适的材料成分，稍加改进，如课程选择、拓宽、加深、整合等。学校的校本拓展课，例如文化导读、数学思维、课本剧、社团活动等，是学校已开发多年的校本课，由各年级教师组织开发和研究课程的具体内容。

在从事课程研制的过程中，给予教师研究的自由是十分重要的。因为科学的课程研制过程是一种理性的探究过程，它需要教师具备一定的科研能力，同时又要根据教师个人的爱好和特长自愿选择研究课题，那种强加给教师某种课题的做法是不恰当的。基于此，大新小学没有限制和约束教师和学生应该做什么样的课题，而是让他们根据学校、社区的实际需要和自身的爱好去确定研究主题，学校也不硬性规定教师一个学期要搞几个专题，研究的形式、方法、时间分配、结题形式、评价标准和手段等也由他们自己确定。教师如果觉得时机成熟了，可以马上研究，条件还没有完全具备，先做一些前期准备工作也是可以理解的。有的教师在组织学生开展活动实践方面很有办法，但由于理论水平和写作能力等方面的限制，一时不能指导学生去完成案例，对此学校认为只要学生在开展活动中有收获，积累一些活动时的照片和相关的原始资料就可以了，待研究水平达到一定的水准，再继续自己的研究课题。有的教师在开展活动的过程中，自愿组合形成一个团队共同研究一个课题，对此，学校从不干涉。由于学校在课程研制上要求比较宽松，给教师以极大的自由，教师们有压力但并不感到紧张，工作起来也是情绪高昂，觉得教学生活充满意义。虽然学校不硬性规定教师的课题，但这并不意味着学校奉行“无为”原则，学校的职责是适当引导和监控，否则课程研制会成为无政府状态。

（三）课程管理“层级”化

为保证学校课程研制的有效性，学校建立了相应的组织和制度，实行“三级”管理制度加强对课程的管理。从组织建设角度形成一个体系：校长室（决策层）—教导处（管理层）—教研组（实施层）。

在开展课程开发的校本研究过程中，为了确保课程研制的有序推进，学校采用“层级”管理模式，即先由任课教师根据学生的兴趣、爱好以及学校、社区的需要确定研究课题，制订出初步的可行性研究方案，然后上报给教研组进行初步审定，最后报学校课程管理领导小组审批、备案，即教师——教研组组长（学科召集人）——教导处主任（教科室主任）——校长（副校长）。教师在领导小组的指导、支持下，依照研究方案开展课题研究。为了进一步调动教师的积极性，学校还定期组织论文发布会和论文评奖活动，将教师的研究案例进行整理，汇编成书，同时对课程研制中表现突出的教师给予不同形式的鼓励，如外出学习、参加研讨会活动，在评选先进、评定职称等方面给予适当的政策倾斜等。这些措施保证了课题研制的科学性、规范性和有效性。

四、课程评价灵活多样

（一）评价主体多元

1. 自我评价

这里指的是学生是课程评价的主体。一方面学生对自己参与课程的情况进行自我评定，另一方面也对课程本身进行评价。这种评价能促进课程的改进和完善，同时让学生在自我评价中肯定自己所做的工作和得到的收获。学生的自我评价采用描述性评价取代一般的等级评定，如让学生描述“我是怎么思考的”“承担的具体活动”“为解决问题提供了哪些建议”等，使学生自己对学习活动不断地反思，看到自己的优势，同时也发现自己的不足，获得学习能力和情感体验，激发学生自觉、积极发展，使描述性评价成为学生自我评价、亲身实践、自我改进、鼓励别人的过程。

2. 小组评价

学生的学习活动，尤其是综合实践活动，多数是以小组的形式进行的。小组评价主要是明确分工情况以及个人承担的工作和完成情况。小组通过认真填写学习活动情况记录表，真实反映每次活动同学间的团队合作情况和小组成绩，最后进行阶段性总结和评价。小组成员之间互相评价以及小组与小组间的相互评价都是教师对学生学习活动完成情况和等级评定的根据。小组评价要肯定成绩，发现问题，对影响小组团队合作和研究任务的因素进行分析。通过小组内学生自评、互评的体验和验证，可以全面地反映团队合作精神在学习活动中发挥的作用，及时获取小组和个人的成绩。

3. 家长评价

家长是学生学习活动评价的主体之一，家长的参与、支持和帮助，能使学校更好地组织学生进行校外学习。在学生自我评价基础上，组织家长参与到学生学习活动中来，有利于学生的成长和教师的教学改进。在主题活动研究中，组织家长参与开题评审或结题答辩、主题班会和评审会等，对学生研究活动实施的某环节进行诊断和评价，能够使学生抱着正确的动机和态度，积极认真地参与全过程研究，保证课题研究方向和学生学习方式沿着正确轨道前进。平时的教学开放日、大型活动、家长会等都邀请家长参与，并给予评价，可以保证教育教学质量的稳步提高。

4. 教师评价

教师评价是课程评价不可或缺的一部分。教师是学生进行学习活动的引导者和组织者，课前的准备、课堂学习情况可行性分析、学习进行过程中的引导修正和总结深化，可促进学生有效学习。为了更好地鼓励和鞭策学生参与到学习活动中来，教师评价还可以采用学分制。教师要对学生在学习过程中出现的问题提出改进的方法，对在学习过程中得到收获、取得进步进行鼓励肯定，对课程本身存在的问题进行修改完善。

（二）评价标准不拘一格

不同课程，其评价的标准有所不同。对于国家设置的课程可按照全日制义务教育各学科的课程标准作为基本测量工具，除了参加期末考试以外，还制定了相关的课程实施标准。

（1）爱岗敬业，关心学生，尊重学生人格，不体罚或变相体罚学生。

（2）举止文雅，衣着得体，教态亲切，语言清晰。

（3）热情接待家长，有礼有节，注意不影响办公室其他教师工作。

（4）把课程实施作为整个课程的中心环节和提高教学质量的关键。

（5）课程设计是前提，做到上周备好下周的课程，不上无准备的课。

（6）通过课程研究改进教学方法，虚心学习他人的教学经验，互相切磋教学技艺，积极参加学校组织的各项课程研究活动和各科组的教研活动，科组长和学科召集人认真履行自己的职责，做好本科组的课程研究活动，做到有计划，有落实，有详细记载。

（7）通过作业将知识转化为能力，每位任课教师应重视作业的设计与批改，做到布置及时、批改及时、改错及时。

（8）上课音乐停，当堂任课教师必须在岗。

（9）课堂40分钟，每一位任课教师严格履行教师职责，牢固树立向40分钟要质量的意识，认真完成当堂课的教学任务，无特殊情况不得随意离开岗位。

（10）下课音乐停，任课教师应按时下课，无特殊情况不得随意拖堂，以免影响下一节课的教学工作和学生的正常休息与调整。担任第二节和第五节课的教师，负责本班学生认真做完、做好眼保健操后离开教室。

（11）全面贯彻教育方针，全面实施素质教育，认真上好每一节课、每一门课。

（12）为维护教学的严肃性，未经过教导处允许的情况下，任何人不得私自调课。

（13）上班时间有事外出，须履行请假手续，不得以任何理由影响正常的教学秩序。

（14）凡请事假或病假的教师应提早办好请假手续，以备安排相关工作。

(15) 在功能室和室外上课的教师，要组织好学生安全、安静地离开教室和返回教室。

对于地方及校本课程，学校根据实际制定了相应的评价标准，如每次活动都围绕主题确定一个目标，这个目标的实现过程，就是对本课程实施的有效评价过程；学生喜欢、家长满意、社会认可就是一个很好的评价指标；在课程实施过程中，在改变教师的教学方式和学生的学习方式的同时，学生的语言表达能力、实践操作能力、思维体悟能力有了提高，情感态度价值观得到了改变，再加上文化课成绩的稳步提高。

（三）评价内容广泛

对学生的评价重点，既可以评价他们对课程的热情与兴趣，也可以评价他们在课程学习中的表现情况，对于学生在活动中的结果不作过多评价。对于学校经常采用的成长袋这一评价方式，学校作了以下说明：成长袋的记录，既要关注学生的成绩，又要关注学生的道德品行、学习愿望、合作态度、个性发展、实践能力和创新意识。学生成长记录袋中的内容可以包括活动成绩、教师或家长所作的操行评定、个人在活动中的特殊表现、活动报告、研究成果、他人评价、荣誉证件等。

表3－1是大新小学制定的一份关于内容评价的表格，从中可以看出学校在课程评价内容上的不拘一格的特点。

表3－1　大新小学课程内容评价表

请在你认为最合适的一项后面用“√”表示。

活动主题							
时间		地点		班（组）		指导教师	
参加热情							
活动困难							
活动效果							
活动安排							
家长反映							

（四）评价方式异彩纷呈

在评价方式上，灵活多样。有些课程需要走出课堂、走出学校，走进社区、走进社会，所调查和研究的主题和内容与家庭、社区乃至整个社会都息息相关。所以，这些课程除了一般课程评价的评价方式外，还增加了家长评价、领导评价、社区评价三种方式。有些课程各方面的相关人员都能对学生的活动和表现给予评价，能对学生们的成长给予关怀和支持。表 3－2 是综合评价学生学习活动的基本形式。

表 3－2　大新小学学生学习活动综合评价表

活动主题							
时间		地点		班（组）		指导教师	
自我评价							
家长评价							
老师评价							
同行评价							
来宾评价							
专家评价							

大新小学对一至六年级的 7 个非考试学科（音乐、美术、体育、信息技术、思想品德、健康教育、校本课程）进行了随机抽样评价。评价的方式多种多样，例如，跳舞、唱歌、表演等都是常用的方法。以程丽华老师组织的音乐学科考核方案——“明日之星选拔赛”为例，其目的在于对学生音乐学习的创新性进行评价。设计这种评价形式是基于学生学习音乐时存在的问题考虑的。程老师认为，学生都有自我表现的欲望，但在音乐课上，孩子们集体演唱或表演都很自然，可一旦要求同学上台展示，则个个都很胆怯甚至畏惧，即使上来的同学也表演得不自然、不大方。特别是学校制订新的综合学科考核方案以来，这种表现直接影响学生的期末考核成绩。为此，程老师设计了“明日之星选拔赛”这样一个考核方案，力图帮助学生提高音乐水平。方案细则规定了比赛

的流程：双周初赛（产生周冠军）、每月复赛（产生月冠军）和学期总决赛（产生学期总冠军）三个阶段。

双周海选中的曲目是把单周在课本上所学的歌曲作为比赛曲目进行评比。选手是自我推荐上台参赛，由全班同学投票决定3名入围选手，再进行“3进1”的淘汰赛，同样由全班同学评选出1名获胜选手为周冠军，其中有演唱以外的其他才艺表演加分，每轮均由全班同学投票，决定产生的周冠军同时晋级为每月复赛选手。

每月复赛时间定在每月的最后一周，选手为当月的两名周冠军和两名自由挑战者，其中有演唱以外的其他才艺表演可以加分，由全班同学投票决定产生的月冠军同时晋级为总冠军的竞赛选手。

学期总决赛时间为每学期期末，选手为4名月冠军和4名自由挑战者，其中有演唱以外的其他才艺表演加分。学期总决赛将采用全班同学投票与学校音乐学科考核组成员参与的评委小组现场打分相结合，产生“大新小学星光大道——明日之星学期总冠军”。选拔赛方案还对评分标准作了具体规定，总分为10分。其中，歌曲内容健康、向上的得1分；对参赛歌曲的内容理解准确，演唱处理得当，声情并茂的得1分；能胜任所选歌曲，表现出较好的音乐素养的得2分，咬字准确，无音准、节奏错误的得2分；台风得体，服装端庄、大方，表演动作符合歌曲内容，有较好的现场感染力的得2分。另外还有个性才艺（舞蹈、器乐等）表演，最高加2分。

为了激励学生积极参与，程老师还设置了各种奖项，准备了各类奖品。拿到周冠军的，获得小奖品及获奖证书，由获奖者选出一位班上自己喜欢的朋友为自己颁发奖品。获得月冠军的，获得小奖品及获奖证书，由科任老师颁发奖品。获得学期总冠军的，获奖证书和奖品由校长亲自颁发。

目前，学校还探索出适应地方课程、校本课程以及综合实践活动课程的多种评价方式，主要有问卷调查、撰写评语、现场考察、纳入文化课测试、建立课程档案（网络、资料袋等）。

五、综合实践活动课程特色鲜明

教育部颁布的《基础教育课程改革纲要（试行）》明确指出："从小学至高中设置综合实践活动并作为必修课，其内容包括信息技术、研究性学习、社区服务与社会实践以及劳动与技术教育。"大新小学重视打造办学特色，培育学校品牌，学校抓住南山区作为国家课程改革实验区的契机，以综合实践活动课的开发与实施为切入点，努力形成自身特色。

在2003年，学校便以课题"移民城市背景下小学综合实践课程资源的有效开发和充分利用"的申报和研究为依托，着手综合实践活动课程的探索。学校开发综合实践活动课程的目的在于：以学生为主体，充分利用学校和社区教育资源，引导学生在亲身体验生活及解决各类问题的过程中获得制作、探究、合作等多种学习经历，养成对待人生、社会与自然的感悟力、理解力和欣赏力；整合学校、社区、家庭教育力量，以抵制社区里的负面影响，引导学生在参与社区建设、社区改造的创造性活动中，从小养成服务社群、勇于承担、善于协作、勤于思考等好品质；打通小学各学科知识之间的壁垒，积极开展拓展性学习、综合性学习，让学生在有创意的学习生活中发展心智。在总体上，大新小学的综合实践活动课程具有以下主要特征。

（一）多样性的课程开发模式

综合实践活动课程是在新课程改革后增加的一门新的学习领域，国家只负责制定《综合实践活动实施指引》，提出具体的课程目标、学习领域和评价建议，除此之外的一切皆有赖于学校根据自身实际加以开发并组织实施。近年来，大新小学在综合实践活动课程内容的选择上探索出两种不同的课程开发模式：一种是将部分特色活动制度化，另一种是由师生在教学交往中基于问题而灵活生成多个活动主题。

1. 制度化的课程开发模式

学校致力于寻找把一些实施过程比较完善、课程内涵比较丰富的活动，进一步总结为综合实践活动课程“固定领域”，并逐渐使其制度化，纳入较稳固的课程体系之中。在学校分年级制定的各具特色的综合实践活动课程中，主要有三年级的养蚕活动，四年级的种植凤仙花活动、废旧课本回收与利用调查研究活动，四、五年级的军训活动，六年级的辩论活动等特色课程，以及在各个年级都实施的读书考级活动、阳光体育活动等。张华老师通过读书考级活动述说了综合实践活动课程的开展过程。

经过长期的教学实践，张华老师认识到：开展读书考级活动旨在培养学生爱读书的习惯，帮助学生掌握读书方法，从中学习大量的课外知识、拓宽视野、积累语言、提高表达能力。孩子们读得多了，内心世界丰富了，就不愁没有想象和情感，不愁在写作时无话可说。“读书破万卷，下笔如有神”这一古训说明阅读与写作是密切相关的。这是提高学生综合素质、促使学生全面和谐发展的有效途径。基于这种理解，张老师开始有意识地采用多种方式激发学生的读书兴趣：利用课前 5 分钟，绘声绘色给学生们讲一个故事，引起学生的兴趣后趁机向学生推荐好书；由课本中的文章拓展开来，让学生自己搜集相关书籍或资料在课堂上读给其他同学听，学生间相互模仿，并最终自觉地去拓展阅读。

在引导学生开展阅读活动的过程中，张老师再及时逐渐总结读书考级方案。同学均获得了不同级别的读书考级证书，前 10 名的同学还获得了老师的特殊奖励。学生和家长都认为通过开展读书考级活动，大家爱学习、爱读书了，知识丰富了，口头表达能力和作文能力都提高了，比以前懂事了，文明礼貌也增强了。目前这一课程已经在全校推广并被作为固定的制度化课程。

2. 生成型的课程开发模式

大新小学在综合实践活动课程上还立足于行动研究，根据现实生活需要、本土文化习俗、地理环境、课程资源等因地制宜设计综合实践活动课程的主题，经由师生对于生活的敏感把握和深刻理解来获得启发、获得主题线索和开发思路。在内容的选择上，除了选用南山区教研室和深圳市教科院编写的《综合实践活动资源包》里的课程指引外，还积极鼓励教师大胆在学校、家庭、社区中选择研究主题，以及学生根据自己的兴趣和需要可以自主选择研究主题。关于此种情况，大新小学举不胜举。

“非典”时期，疾病的迅速蔓延给人们带来了极大恐慌，很多成人都手足无措，无形中给学生的心理带来了巨大的压力。为什么不能到人多的地方玩？为什么街上有很多人戴口罩？为什么电视天天播“非典”内容？为什么医生也会得“非典”？种种疑惑缠绕在学生心头。课余时间，学生相互询问，可没法解决问题。因此，王丽、谢炫老师在二（2）班进行了“远离‘非典’我能行”主题综合实践活动，让学生掌握积极预防“非典”的有效方法，消除恐惧心理，养成良好卫生习惯，并了解在抗击“非典”战斗中，医务工作者涌现出许多可歌可泣的感人事迹，从中感受民族精神的伟大。

李春霞老师引导学生开展的“不挑食，做个健康的儿童”综合实践活动课程也源于一次早餐。有一天早餐时，李老师发现学生面对着飘着肉香的包子竟无动于衷，有的把包子撕成小块在玩，有的趁老师不注意，把包子塞进抽屉里。李老师挺纳闷，忙问同学们为什么不吃？大家回答：“吃饱了。”第二天的早点是酥饼和烤香肠，同学们却争先恐后地抢着吃，有的同学甚至跑到食堂再多要一份，这是典型的挑食现象。如何帮助同学们克服挑食的坏习惯？李老师决定引导大家做一次“不挑食，做个健康的儿童”的综合实践活动。在李老师的指导下，同学们作了深入调查，搜集了很多关于食物营养的资料。那次活动以后，同学们的挑食毛病得到了很大改变。

鉴于有一段时间，学生生日宴请之风愈演愈烈，直接导致了互相攀比、讲吃讲喝、不爱学习爱虚荣等不良现象的发生，费华老师组织了“小学生生日宴请大家谈”的活动。

每逢新春佳节，按照传统的风俗习惯，父母、亲朋好友都要给小孩压岁钱，如何正确引导孩子用好压岁钱？赖煜荣副书记设计出“开展压岁钱使用情况调查”这一研究课题。

随着人们生活水平的提高，不少家长给孩子购买了电脑，如何帮助学生正确使用电脑？谢铉老师设计了“电脑，你正确使用了吗?”这一活动主题。

面对独生子女教育难题，张艳老师确定了“独生子女与非独生子女对比研究”这一研究主题。

考虑到深圳这个移民城市的特点，李萍老师、于岚老师、李春霞老师组织学生开展了“传统美食与饮食文化”“中华传统文化”主题研究。

(二) 观照生活的课程内容

综合实践活动是一门综合性很强的课程，在课程内容上需要整合多种学习资源。它强调超越教材、课堂和学校的局限，在活动时空上向自然环境、学生的生活领域和社会活动领域延伸，密切学生与自然、与社会、与生活的联系。

大新小学综合实践活动展

针对深圳这座典型的移民城市的特点，大新小学综合实践活动的课程内容广泛涉及深圳的历史、文化、现实生活等各个方面，主要有以下七大方面内容。

①自然资源：陆地资源、海洋资源。

②社区资源：社区教育资源、社区文化资源、社区组织资源、社区人口资源。

③科技资源：信息资源、生物医药、新材料。

④文化资源："旧八大文化设施""新八大文化设施""六大文化设施"、文化精品、文化艺术节、文化产业。

⑤移民社会资源：敢于创新、注重务实、宽容大度、中西合璧，南北交融。

⑥学校文化资源，包括显性文化（完善的硬件设备、丰富的文化设施、多彩的文化活动；"三礼"：礼貌、礼仪、礼节；"四节"：英语节、科技节、体育节、艺术节；"五组"：红领巾广播组、纪律卫生检查组、板报编辑组、礼仪值勤组、科技创新组；"六队"：篮球队、乒乓球队、舞蹈队、管乐队、武术队、鼓号队）和隐性文化（办学宗旨、校训、校风、教风、学风、校歌、校徽等；学校领导的为人、学识及其办学理念、工作作风等；教师的职业素养、学科素养、理论素养等；学生之间、师生之间、家校之间的相互影响等）。

⑦日常生活和身边的资源。以学校教师设计的三至六年级综合实践活动课程计划表为例。活动分为生活实践、社会实践、科学实践三大领域。生活实践涉及三个主题："我心目中的大新小学"（活动场所：学校、深圳市几所名牌学校、互联网等）、"早餐与健康"（活动场所：学校、家庭、医院、图书馆等）、"大新小学噪音问题调查"（活动场所：学校、环保局、教育局、图书馆等）；社会实践涉及三个主题："火力发电厂与南山的空气质量"（活动场所：南山热电厂、区环保局、互联网等）、"'蜡烛精神'与教师健康"（活动场所：学校、教育局、互联网、公共场所等）、"经济热潮中的南头古城"（活动场所：南头古城、区文化局等相关单位）；科学实践涉及一个主题："我是小小设计师——对大新村未来的设计"（活动场所：学校、大新村、区城建局等）。

当然，以上所说的生活，指的是整体，既包括学生的学校生活，也包括日常生活。因此，课程内容观照生活，也即课程内容密切联系学生的学校生活与日常生活。大新小学综合实践活动课程在课程内容上主要依循以下思路。

1. 课程内容联系学科

在学习课本知识的同时，结合课本内容和学生实际，开展与教学内容的巩固拓展相关的学生感兴趣的课题研究，是大新小学对综合实践活动课程研究的一项重要内容。这种研究，对学生文化课的提高有非常大的帮助，具有很强的针对性和实效性。同时，综合实践活动的主题内容走进了学科，与学科教学内容紧密结合。基于这一思路，目前大新小学在数学学习中开展了“数学与我们的生活”研究，根据学生年龄和知识特点，进行小课题研究，组织学生撰写数学日记。语文教学中开展了“小学阶段历史题材的整合”研究、环保研究、英雄模范人物研究、古典名著研究，编演课本剧，等等。英语教学中开展“小学生英语学习的调查”研究、情境英语研究等。科学教学中开展了养殖研究、发明与创造研究，如养蚕、种植凤仙花等。

2. 课程内容贴近社会

在综合实践活动课程实施过程中，引导学生走进社会，开展调查研究活动，结合学校和教师学生自身实际，从学生的兴趣、爱好和需求出发获得课程资源，通过参观、访问、问卷调查等探究形式，帮助学生了解家庭、社会情况，培养学生了解社会、关注社会、服务社会的意识。

在综合实践活动课程内容选择上，主要涉及国际理解、健康安全、环境保护、社区参与、生活经营、资讯科技六大板块。在国际理解方面，主要研究外国人在中国、深港文化比较等；在健康安全方面，主要从远离毒品、吸烟有害健康、赌博的危害、我们来做小交警、深圳的交通工具、肥胖与健康、视力杀手、假冒伪劣的危害、深圳饮食文化特色、常见病预防、我的身体等开展研究；在资讯科技方面，主要涉及我和电脑交朋友、走进互联网、家电与我们的生活、我们身边的标志等。除此之外，还在深圳的地理、环境、气候、行政、社区生活、生活经营、历史与发展等方面开展研究活动，等等。

李春霞老师的“垃圾与我们的生活环境”活动课题，便是源于对学校附近的垃圾站的思考。

大新小学校门口旁边有个垃圾站，堆放了大量的垃圾，苍飞蝇舞，严重影响了师生们的学习和生活，也给大家的身体健康带来严重威胁。为此，李老师班上的实践活动小组，首先经过3个月的调查研究，写出一份长达5000字的研究报告。在报告中，他们确立了研究宗旨：充分认识到过量产生垃圾对人们的危害，提高环保意识；促进垃圾的回收利用；热爱环境、保护环境，减少垃圾量，减少自然资源的浪费，促进自然资源的合理利用。在研究方法上，他们采用了问卷调查（调查垃圾站附近的居民及学生）、实地调查（校门外的垃圾站）、查找资料（上网、看报纸、访问家长）等方式，将研究任务分配给六个小组承担。其中，问卷调查表由保卫组承担，他们通过问卷调查，知道了随手乱扔垃圾会带来很大的危害。他们走上街头，将大家随手扔的垃圾拍摄成照片，告诉大家垃圾的危害性。调查垃圾的危害性由勇敢组承担，他们从堆放垃圾、土地资源浪费、水资源污染、大气污染、市容环境破坏等方面开展活动。垃圾的分类及利用由环保组承担，环卫工人的反应由好问组负责，垃圾的处理由精英组负责，建议与反思由开拓组负责。这份调查报告成果在学校汇报后，产生了很大的反响。在教师、学生和家长的建议下，学校转交给相关政府职能部门，引起了分管教育、安全和环保工作的区政府领导的高度重视，先后投资700多万元进行改造，从而比较彻底改变了过去恶劣的周边环境。

3. 课程内容结合学生

综合实践活动课程主张学生在自身的生活实践中寻找问题、分析问题、解决问题。廖淑珍老师指导学生开展的“涂改液有毒吗？”就是在引领孩子们从学生经常使用的涂改液入手作为实证研究的突破口。

研究背景：

大家经常看见同学们使用涂改液，在作业本上涂涂改改，以致吸入那些有刺激性气味的气体。有的同学为寻求快感，用手去擦拭未干的表面，结果液体附在皮肤上。长年累月，也不知道对身体有没有危害。也有同学说这样做的目的是保持作业本的整洁美观。为了了解清楚涂改液到底有没有毒，我们开展了这一活动。

研究宗旨：

1. 让同学们知道涂改液有毒，不要使用涂改液。

2. 给同学们一个展示自己的机会。

3. 让同学们养成良好的学习习惯。

4. 培养同学们的观察能力、想象能力、语言表达能力和与人合作探讨的能力等。

研究方法：

开展这一活动，我们采用了实验法、讨论法、网上查阅资料法、问卷调查法、分析比较法。

实施过程：

我们主要采取“集体讨论—小组交流—集体评议”的方法来对4个小主题进行研究。

第一小组：小学生使用涂改液的情况调查

他们通过设计调查问卷、分组调查、分析调查结果、活动总结四个步骤进行，得出以下结论：我们这次的问卷调查对象是三至六年级的学生，共调查了80人。有87.5%的学生在使用涂改液时闻到了刺鼻的味道，有85%的学生认为涂改液有毒，有78.7%的学生知道涂改液对人体有害。但仍然有91.3%的学生在使用涂改液，只有8.6%的学生没有使用涂改液。综合上面的数据，可见，很多学生知道涂改液对人体有害，但有不少同学仍在使用。这一点充分说明了很多同学“明知故犯”，不在乎涂改液是否对人体有害。而从老师的调查表中我们也知道了，老师都知道涂改液有毒，但很少老师去禁止学生使用涂改液。所以，我们请老师、同学们都去重视这一个问题，为自己的身体健康着想。

第二小组：研究涂改液的组成部分

我们小组研究资料后形成的初步意见：通过查找资料、分析资料，我们小组成员一致认为涂改液有毒。涂改液都不同程度含有三氯甲烷、三氯乙烷或四氯乙烷等卤代烃和苯系物——苯，有的还含有铅、钡等重金属。卤代烃和苯系物均属有毒物质，不但气味刺鼻难闻，而且吸入体内或沾在皮肤上还会危害人体健康，长期使用还可能造成慢性中毒，同时，会污染人类生存环境。所以，我们建议同学们从今以后不要再用涂改液了，为自己的身体健康着想。

第三小组：实验小组

我们分别作了两个实验：

实验1：分别准备两个容量相同的的瓶子，1号瓶子加入清水，2号瓶子按1∶20的比例分别加入涂改液与清水，搅拌均匀。

实验2：1号和2号瓶子随机各放入3条小金鱼饲养，观察金鱼的生存状况并记录。

通过作实验，我们得出以下结论：涂改液是有毒的，其毒性危害的强弱和浓度成正比。建议大家尽量少使用涂改液或者不使用涂改液。

第四小组：豆苗在清水中与在涂改液中的生长状况实验

实验步骤和方法：在容器相同的1号杯和2号杯中铺上一层棉花，棉花上各放5—10颗豆子，杯中注入清水（清水刚没过棉花）。

观察1号杯和2号杯中豆子的生长情况。待豆子发芽后，继续在1号杯中注入清水，2号杯中则按5∶1的比例注入清水与涂改液混合溶液。

继续观察豆芽生长情况并作记录。

实验结论：加了少量涂改液的豆苗长得缓慢，加了较多涂改液的豆苗死了，我们知道了涂改液是有毒的。如果我们不想像小豆苗一样“英年早逝”，就从今天做起，禁止使用涂改液！

4. 课程内容回归自然

大自然是孩子们的最爱，花、鸟、虫、草给他们带来了无穷的乐趣。大自然也是孩子们学习的大课堂，大自然中万物生长的奥秘，与小动物交朋友等，都能丰富孩子们的见识。大自然还是美的源泉，太阳、云彩、山川、河流给孩子们展现了一幅幅美丽的图画。走进自然，可以让孩子们在与自然的对话中萌发热爱之情，在与自然的零距离接触中得到美的熏陶，提高美的感受力，还可以激发学生尊重万物生命、热爱自然的感情。

在大自然的感召下，彭莉、袁茂强、程彦、邢文广等老师在三年级组建了课外科技活动小组，制订了“走进红树林”活动方案，希望通过这样的活动，让学生了解红树林，认识一些常见的植物及植物叶子的外形特点和植物的生活环境，学会一些简单的叶子标本和叶画的制作方法，培养学生认识事物的能力，包括观察能力、比较分析能力、理解思维能力及与他人合作的能力，增强环境保护意识。除此之外，彭莉、袁茂强、程彦等科学老师组织开展的“种植凤仙花”“我的蚕宝宝”“走进红树林”课题研究，李春霞老师组织开展的“我和动物交朋友”课题研究，张苑主任、苏国发主任组织的“亲近大自然”“播种美丽”等都是学校综合实践活动走进自然的典型案例。

（三）凸显差异的课程实施

大新小学综合实践活动课程在课程实施上考虑到年级的差异，每个年级都会设定不同的目标，操作实施层面也有不同侧重，使课程形态在各年级之间各有差异，特色鲜明。

由于小学有六个年级，学生的年龄差异跨度大，学生的身体、智力和各项技能的发展很不一致，在进行综合实践活动的具体操作实施时，形成了丰富多样的形态。总的来说，低年级的活动在老师的指导下进行，注重语言表达和参与式的活动体验；中年级则在老师的指导下尝试做书面性的主题活动；高年级是老师放权，给予学生充分选择和设计活动的权利，注重理性思考，形成书面性结果的主题活动。

曹英洁老师指导一（1）班同学开展的“我的成长日历”实践活动，试图通过回顾、考察自己的整个成长历程，感悟自己在综合实践活动中的成长心得，展开自我认识，在整理记载自己成长轨迹资料的同时，感受成长中的喜怒哀乐，体验长辈及老师对自己的呵护，从而更加热爱这个美好的世界，使自己的成长有更结实的根基。对孩子来说，开展这样的活动将是一笔宝贵的财富。

曹老师对活动的设计是这样的：

本活动分为四个部分：①让学生大体了解“成长日历”的框架，并着手搜集资料；②展示自己成长的相关资料，如照片、衣服、鞋袜、帽子、洗脸盆、奖状、纪念品等，加深对成长过程的体验，并对未来的成长有个初步的规划；③整理资料，并初步完成“成长日历”。“成长日历”的名称及目录的名称等可根据各人的喜好而定，不必强求一律。④完善“成长日历”，让其更加规范、美观，更具个性。

由于一年级学生年龄小，做事能力有限，需要教师和家长的帮助与引导，活动时间也相对较长，初步规划本次活动时间为 8 个星期，平均分布在以下四个部分之中。

第一部分：尽量搜集齐全，不必刻意追求资料的系统化。

第二部分：让学生尽量挖掘自己的闪光点，发现自己的进步，对未来充满信心。

第三部分：分类整理资料，“成长日历”初步成形。

第四部分：把封面、插图设计好，把照片作好安排，互相交流后稍作调整。

中高年级的综合实践活动，在实施层面上则表现为注重理性思维，注重广泛收集资料，自主设计活动等。李春霞老师指导六年级学生开展的语文综合实践活动课——“与古典名著为友”，要求围绕“与古典名著为友”这一活动主题，让学生根据自己的爱好讨论选择具体的小课题，如“日常谈话中文言文和白话文之间的差异”“古典名著与现代文学的差异”“历史背景在古典名著中的运用”“古典名著的中西方差异”“古典名著中人物特点”“古典名著知多少”“古典名著的精彩片段”等。然后，学生分成小组，制订计划，确定研究方法，利用课余时间，分组进行研究、对比、分析、讨论、整理，最后写出论文或总结，通过语文综合实践活动课来展示与交流各自的研究成果。

黄河健、麦用乐老师指导五年级学生开展“南山环保汽车调查”综合实践活动时，指导学生根据自己的喜好自由选择想做的调查项目，并且民主选出本组组长。各小组进行合理分工：第一、第二组：通过上网、查找书面资料，了解汽车发展给社会带来的环境问题，并作好记录；第三、第四组：访问、观察或查阅资料，了解汽车尾气排放情况，加深认识，作好观察记录；第五组：根据其他组的调查情况，准备素材，并设计了整个活动的过程，如图 3－2 所示。

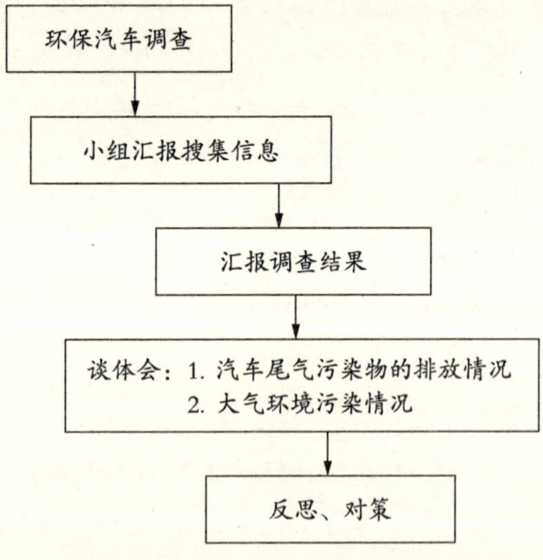

图 3－2　“南山环保汽车调查”综合实践活动实施过程图

总体上说，大新小学综合实践活动课程在课程实施上的差异性主要体现在以下两个方面。

1. 目标设定的多元性

综合实践活动研究范围广泛，所要达到的指标也很多。于是，根据学校实际和学校所在城市、所在社区的情况，大新小学在充分调查论证的基础上，在目标上注重多元。以“移民城市”为研究重点，确定了综合实践活动的总体目标和年段目标。主要从认识自我、我与自然环境、我与生活、我与学校、我与社区、我与资讯科技 6 个方面进行探讨，并且分成了低年级和中高年级两个阶段，各自设立了不同的目标，具体如下。

低年段目标（一至二年级）

1. 认识自我

（1）说出自己在家庭及班级的角色；

（2）积极参与各项学习活动，培养自己的兴趣和特长；

（3）欣赏自己的长处，并能通过各种各样的方式，展现自己的特长；

（4）学会欣赏他人，与人和睦相处，知道人有不同的爱好、特长、兴趣和行事方式，并能给予尊重；

（5）了解自己的学习情况，能制订简单的学习计划；

（6）运用所学的外语，进行简单对话。

2. 我与自然环境

（1）初步认识学校及大新社区的各种自然及社会环境；

（2）初步认识学校及学校周边的自然环境与自己的关系；

（3）观察住家和学校的周边环境，并知道保护环境、保护自己的基本方法；

（4）树立危机意识，学会处理危机的基本知识；

（5）学会从自己身边的生活小事做起，养成保护环境的良好习惯。

3. 我与生活

（1）在家庭、学校和社区中努力尝试力所能及的活，体验劳动中的苦与乐，珍惜他人劳动成果；

（2）保持个人整洁，并维护班级与学校的共同秩序和整洁；

（3）合理利用零花钱、压岁钱，养成简朴的好习惯；

（4）学会与家人沟通，协助家人做一些简单的家务。

4. 我与学校

（1）尊重讲不同方言的同学，尊重他们个人的习俗和爱好；

（2）关心学校及班级的文化建设，拥有初步的社群服务意识，尝试对学校存在的问题提出合理化的建议；

（3）主动参加学校开展的各种活动，能自觉维护学校形象；

（4）了解毒品的危害性，远离毒品，珍爱生命；

（5）了解关于安全的常规知识。

5. 我与社区

（1）尊重社区中不同身份的人及他们的爱好，尊重为社区服务的人；

（2）在成人指导下，参加社区各类活动，能意识到自己是社区中的一分子；

（3）关爱社区中的每个人。

6. 我与资讯科技

（1）能感受到科技在学校、家庭和社区中的广泛运用给生活带来各种便利；

（2）明白各类学习活动需要严谨求实的品格和态度；

（3）学会简单的电脑操作技术，利用信息技术手段查阅学习资料，了解与学习生活相关的科技发展新产品、新事物。

中高年段目标（三至六年级）

1. 认识自我

（1）对自己身边亲近的人、事、物感兴趣并有进一步了解的愿望；

（2）能用恰当方式展现自己的长处；

（3）能主动参加各类学习活动，有意识地发展自己的兴趣和特长；

（4）能制订科学的学习计划，尝试用合理的方法去解决生活中所遇到的问题；

（5）尊重并关怀不同阶层的人士；

（6）能简单描述本市、本社区和本校的文化特点；

（7）能运用所学外语与他人进行简单的对话，展现自己对外国文化的学习能力；

（8）初步认识两性的差异；

（9）感受生命的起源及发展，体验做人的快乐。

2. 我与自然环境

（1）熟悉大新社区、南山区的自然与人文环境，认识人与自然和谐相处的重要性；

（2）能欣赏自然之美，具有初步的环保意识；

（3）能认识到破坏自然环境给人类带来的危害，学会一些保护或改善环境的方法；

（4）能根据调查研究对学校及周边环境提出建设性的改进意见和具体措施；

（5）有危机意识，了解有关各种危害的相关知识，养成良好的应对危机的心理素质，培养处理危机的能力和面对危机的责任感。

3. 我与生活

（1）养成良好的个人卫生习惯，并维护班级、学校共同的秩序和整洁；

（2）初步掌握必备的生活常识，学会生活自理；

（3）初步学会合理消费，树立消费者权益受法律保护的意识；

（4）学会安排时间，制订学习计划；

（5）掌握与家人、同伴和社区有关人士沟通的技巧，拥有社区“主人”的意识；

（6）学会设计和制作简单的反映民族特色和家乡习俗的手工艺品；

（7）能正确操作家庭电器；

（8）在成人的指导下合理安排自己的休闲生活，具备一定的野外生存能力。

4. 我与学校

（1）尊重来自不同地域和持不同习俗方言的同学，关爱残疾同学，并尽己所能帮助他们解决在日常生活中遇到的困难；

（2）关注校园文化，班队建设，树立“学校是我家”的主人翁意识，自觉维护学校的形象；

（3）积极参加学校开展的各种活动，并养成负责与遵守的态度；

（4）关注不同的文化背景，学习人类文化的精华；

（5）关注教育发展方向，了解世界一体化对自己学习、生活的影响；

（6）了解毒品的危害性，远离毒品，珍爱生命；

（7）遵守交通规则和其他安全要求，能用自己的行动作表率。

5. 我与社区

（1）尊重社区中不同身份的人并能同他们友好相处，尊重为社区服务的人；

（2）主动参与社区活动，并体验服务他人的意义；

（3）加强与邻居的沟通，认识人与人之间和睦相处的重要性；

（4）关注社区中的重要活动，能敏锐发现社区及学校中存在的主要问题，并能恰如其分地提出改进建议；

（5）形成社区主人翁的意识，自觉维护社区的形象。

6. 我与资讯科技

（1）理解信息技术与学习和生活的关系；

（2）能利用所学的电脑知识，查阅学习资料，了解世界科技发展的新产品、新事物；

（3）了解从事科技活动必须具备的态度，能够安全而有方法地参加科技活动，具有与他人进行合作、技术交流的态度和能力。

2. 活动方式的多样性

综合实践活动具有极强的实践活动性。它主张以学生的现实生活和社会实践为基础开发与利用课程资源，强调学生的亲身经历，要求学生积极参与到各项活动中去，在“做”“考察”“实验”“探究”等一系列的活动中，发现和解决问题，体验和感受生活，发展实践能力和创新能力。学生在综合实践活动中充分发挥自主性去实验、探究、考察、调查、访谈、观察等，活动方式丰富多样。

麦广强老师在指导学生开展“大新小学校园文化知多少”调查活动时，让同学自愿分组，分成走廊文化组、校园文化历程组、信息文化组、课外活动组、“三礼”文化组和校园文化设施组6个小组，分别就学校的走廊文化、学校校园文化走过的历程、学校近来的各种新闻事件、学校课外活动情况、“三礼”教育情况和校园文化设施等实地进行调查和访问。学生们自己设计搜集材料的方式，选择需要进行访问的老师，设计访谈的内容。最后，学生们自己制作幻灯片，呈现活动结果，向全校师生汇报。

张华老师指导四（3）班学生开展的“我和班级共成长”活动，通过了解班上同学各自不同的兴趣爱好，在班上分成若干小组各自负责开展不同的活动，带领整个班级共同成长。此项活动的要求如下：①根据自己的兴趣，参加不同的活动小组，每个同学至少参加一项活动；②每个小组成员自主选出具有一定威信，有一定号召力的同学担任小组长；③各小组制订活动计划，老师协助、指导。确定好活动计划后，各组同学各自设计方案开展活动，具体见表3－3。

表3－3　“我和班级共成长”活动安排表

活动内容	小组人数（人）	组　长	活动计划
观察体验	7	肖　瑶	观察校园、植物、彩虹、细菌，寻找中国传统文化
游戏表演	7	张　敏	演课本剧、演自编的童话、演小品
背课文考级	7	林小丽	利用早自习背课文，同座位互查，组长登记
讲故事编故事	7	刘紫纤	每天轮流讲一个故事，讲时要脱稿，有表情

续表

活动内容	小组人数（人）	组　长	活动计划
展开辩论会	7	李孝君	针对班级存在的问题，每周开一次辩论会
设计班级文化	7	黄　棋	每周换一次小板报，要求涉及科目广，图文并茂
一帮一齐进步	6	龙颖雯	监督一日行为，督促、帮助完成各科作业

活动方式的差异性受到广大学生的喜爱。廖淑珍老师组织学生开展的“变废为宝”主题探究活动，学生、老师、家长和社区人士齐参与，活动效果显著，在深圳市现场观摩课活动中得到了与会专家和老师们的高度评价。在综合实践活动课程实施中，廖老师感触颇深，她认为这样的课程，对教师教学方式和学生学习方式的转变起到了重要的作用。以前没有认识到这门课程的重要性，也不懂得如何教这门课程，经过校长的指导和示范，又得到了老师们的帮助，再加上专家的指点，现在她所带的学生学习兴趣高，特别是掌握了很多学习的方法，因而学习成绩非常优秀，特别开心的是，现在教师的负担减轻了，和学生、家长的关系也非常融洽。

第四章 回归真实：课堂教学改革之行

课堂是学生发展的原点。为了实现学生的真实发展，课堂教学应当回归到真实的状态之中。真实并不是对事物某一侧面或某一环节的复现，也不是以静止的思维方式对事件局部、表象的描述。真实也绝不限于“真实”的经验状态、理想状态、情感状态、信念状态、逻辑状态以及常识状态，而是对这些状态的超越，具体来说，它是一种从现实生活向理想状态的可能生活的超越。基于此种理解，回归真实的课堂教学，一方面必须观照活生生的课堂，另一方面又必须基于现状对当前课堂进行变革性改变，以期达到理想状态。

一、教学理念：在课堂中实现生命差异发展

教学理念是课堂教学的根本观念。作为学生学习和发展主要渠道的课堂教学，首先需要树立自己的教学理念，以此引领课堂教学实践的发展。大新小学在确立了学校办学目标、教育理念以及教育方略的基础之上，在长期的课堂教学实践与反思中，确定了在课堂中实现生命的差异发展的教学基本理念。对于这一理念，大新小学有自己的解读。

（一）课堂——学生发展之原点

课堂是传承知识的主阵地，是实施素质教育的主渠道。课堂教学的质量，决定了师生的生命质量。聚焦课堂主要着眼于生命的高度对课堂进行关注。聚焦课堂，向 40 分钟要质量，这就需要发现课堂教学中出现的积极因素和存在的问题，总结已有的教学成果，寻找解决问题的办法，并力图在教学目标、教学内容、教学设计、学科知识构建、学习技能、教学手段、教师基本功等方面取得实质性突破，继而通过作为学习主体的学生的全员参与和主动学习，实现学生的真实发展。

聚焦课堂落脚点在学生，关键却在教师。为此，学校主要采取以下措施：一是加强教研组建设，从每一个具体问题入手，把每一个问题的研究、每一节课的设计都纳入教研活动范畴；二是加强教师自身素质提高，除了学校安排的学习和教学任务外，还经常为教师介绍各类教学前

沿信息，组织教师外出学习，参加学术交流活动，从而转变教学观念、改进教学方式、提高专业水平；三是开展教案设计和说课活动，每个教师在年级备课时间都将自己的教案展示给本学科教师，并现场讲述自己的教学设计，每学期还举行教师教学设计和说课活动；四是深入课堂，诊断教师课堂教学情况，通过相约课堂、推门观课、"一路前行"师徒结对子、家长教学开放日、专题研讨、专家上课听课评课、举办一定范围的教学研讨活动等落实课堂教学质效；五是建立教学反思、教案修改、教学整理制度，课堂教学是否成功是一个不断反思、不断改进的过程，学校开辟教师博客群、实施课堂听课信息卡、召开教学探讨会等，让教师把自己的教学情况与大家分享。

（二）教学风格——学生个性显现之促成

教学风格指的是教师在长期的教学实践中形成的技能、技巧的合理组合和运用。教学风格具有多样化和个性化的基本特征，教师在教学内容的处理、教学方法的选择和教学过程的组织上具有独特性。教学风格是教师个性的集中表征，教师的个性张扬，也会带动学生的差异发展。

在大新小学，探求教学风格的多样化，具体体现在"同课异教"之中。同课异教是指不同的教师对同一个教学内容进行不同的教学设计、采取不同的教学方法进行教学。对同一课，学校组织上课教师与听课教师进行相互评课，评课过程中大家对每位教师的课堂教学相互提出意见、互相帮助、互相学习、共同提高。

学校认识到，同课异教对于教师提高教学水平有重要的意义。首先，对同一教材的教学进行比较、分析，从不同的角度解读教材，对比不同的教师对教材的处理方式，可以提高教师对教材的分析、驾驭能力，以便更好地提高教学质量；其次，对不同的学生在不同教学方式的基础上进行比较，可以更好地掌握学生对知识以及教师授课方式的接受程度，帮助学生学、教师教，实现教学相长。

在开展科研活动的过程中，学校意识到仅仅在大新开展"同课异教"的研究与探讨，具有非常大的局限性。通过进一步的努力，学校联系了深圳以及其他地方的学校，相互结合共同开展“同课异教”的活动，有选择性地对比了同城异校的教学和同课异地的教学。在教研活动的过程中，学校还意识到，深圳作为最早开放的城市之一，因与香港的地缘关系，学生在某些程度上具有可比性、可参照性。目前，学校正与香港华德学校联系合作，进一步开展对“同课异教”课题的研究活动。

二、课堂教学改革思路探寻

（一）探求多元形态的教学模式

教学模式是稳定性和多样性的统一。稳定性指的是教学模式是在一定教学思想或教学理论指导下建立起来的较为稳定的教学活动结构框架和活动程序。教学模式在宏观上把握了教学活动整体及各要素之间内部的关系，它具有一定的有序性，同时也具备可操作性。探求新的科学合理的教学模式是课堂教学改革中一个重要环节。为此，大新小学构建出了“预习质疑——精讲多练——拓展生成——复习巩固”这一“四段式”课堂教学的基本模式，旨在通过这一模式来把握课堂教学的基本规律。同时，不同学科、不同教材、不同教师、不同学习对象，其教学模式也不尽相同。因此，学校又构建出情境教学模式、合作学习教学模式、生活化教学模式等多样化的教学模式。

1. “预习质疑——精讲多练——拓展生成——复习巩固”课堂教学模式

大新小学针对课堂教学现状，结合当前课堂教学先进理念，在课堂教学反复实践和反思的过程，提出“预习质疑——精讲多练——拓展生成——复习巩固”的“四段式”课堂教学基本模式。这一教学模式主要有以下进程。

（1）预习质疑

预习就是事先学习和练习的意思。学校探索出预习的“六大”主要功能：提高听课效率、提高笔记效果、培养自学能力、巩固已有知识、强调独立思考、增强求知欲望。在预习方法上，大新小学主要采用以下六种主要策略：

策略一：选择预习时间，一般放在当天作业完成之后；

策略二：带着问题预习，一般包括课后思考题和自己预习时的思考；

策略三：边预习边笔记，一般主要采取两种方法，即记在书本上或者记在笔记本上；

策略四：查阅学习资料，主要通过网络、工具书、参考资料、咨询家长等帮助完成；

策略五：强调口头和实践，如朗读、背诵、访谈、交流、演讲、实验、设计制作、写作、演算、教具、学具准备、深入生活实际等；

策略六：具有问题意识，主要通过自问自答、我问他答、他问我答等形式培养学生的问题意识，让学生把自己不懂的问题记在笔记本上，在课堂上提出来大家一起讨论，这些问题一般和教材内容相联系。

特别需要说明的是，对于不同学科应该有不同的预习方法。

（2）精讲多练

“精讲”是教师根据教学目的、要求和学生的实际，对教材中的重点、难点作精辟的讲解，使学生能从丰富多彩、纷繁复杂的教学内容中理出头绪，抓住中心，并腾出一定的时间，加强基本训练，加强能力的培养。

精讲多练应坚持以下四个基本原则。

原则一：深钻《全日制义务教育课程标准》和教材

要深刻地挖掘教材的本质，了解编写教材的指导思想、《全日制义务教育课程标准》对教材的要求，并在此基础上掌握教材重点、难点和关键，把知识规律揭示给学生。在备课中要设计好精讲内容、讨论话题和练习题，这是精讲多练的核心工作。

原则二：从实际出发

根据不同班级的情况，把学生的学习积极性、主动性充分调动起来。既要加强思想教育，一方面让学生明确学习的目的，另一方面转变教师和学生的教与学的观念，更要切实摸清学生的知识实际、生活实际及思想实际，做到有的放矢。根据教学要求，确定重点、难点、疑点，让学生真正弄懂重点和关键性的东西，真正把教师的主导作用和学生的学习积极性、主动性更好地结合起来。

在教学中还可以根据学生的实际情况采用不同的教学方法，如尝试教学法、信息技术条件下教学法、快乐教学法等。

原则三：精讲与多练相统一

精讲多练，二者是有机的统一，唯精讲才能多练，以多练来巩固和扩大精讲的成果。精讲除了掌握教材本质、联系学生实际之外，还应该在课堂教学中尽量精简不必要的教学环节，打破常规教学模式。需要注意的是，精讲不是少讲，多练不是题海战术。教师可以在重点、难点、易混、易错、易忽视的地方，精心设计“陷阱”引起学生争论，让知识在课堂内流动起来，使学生在题中求论、论中求理，明辨是非、开阔思路、加深印象，深入理解所要解决的问题。

原则四：面向全体学生

每个知识点的讲解和练习，力求全体学生都能参与，都能掌握，即便对于学习困难的学生也应使他们有不同程度的提高。

（3）拓展生成

课程改革理念的价值趋向主要在于：关注学生生命；强调学生的个性发展、自主发展、整体发展；关注教学过程：强调以教促学、互教互学；关注积极体验：强调学生的亲身经历。在这种理念的指导下，教师的课堂教学思想应当从课本走向课本以外的世界，拓展学生视野，生成新的知识，滋养生活情感，培养多种能力，提高综合素养。

拓展生成应当注意“六个维度”：

维度一：知识内容的拓展生成，由一个知识拓展生成其他知识；

维度二：生活场景的拓展生成，由一个生活场景拓展生成多种生活场景；

维度三：文化内涵的拓展生成，由学科知识、生活场景等拓展生成一种文化现象；

维度四：表现形式的拓展生成，不同知识、不同情感、不同场景等拓展生成另一种表现形式；

维度五：不同学科的拓展生成，由一门学科知识拓展生成多门学科知识，使知识的学习和应用向纵横方面延伸；

维度六：情感态度价值观的拓展生成，由知识的学习、方法的领会、能力的培养等，拓展生成学生更深层次的素质发展，最终实现“知识与能力、过程与方法、情感态度与价值观”的综合素质的发展。

（4）复习巩固

复习巩固是教学中必不可少的环节，该环节的优劣直接影响课堂教学的成败。复习巩固一般可从以下四个方面入手。

入手一：从教学目标入手

每节课都有教学目标和重点难点，教学结束后，要引导学生根据本节课的要求进行回顾，梳理所学知识，抓住重点难点，巩固薄弱环节，形成知识体系。

入手二：从一课一得入手

学习完一课的知识，进行归纳小结，从基础知识到基本技能，从课内到课外，从口头表达到书面表达，从理解到记忆，从思考到实践等环节，都要全面关注，达到掌握和运用。

入手三：从单元内容入手

学习完一个单元的知识，引导学生对本单元知识进行系统梳理，帮助学生整理归纳基础知识、概念公式、试题类型、涉及范围等，特别针对容易错误或者不容易掌握的重点、难点知识要加大训练和复习力度，确保在“复习巩固”这个环节解决平时教学中存在的问题。

入手四：从全册教材入手

学习完一册教材，涉及的知识很宽泛，教师应当引导学生学会对已经学过的知识进行归类，如背诵知识、默写知识、操作知识、阅读知识、写作知识、图形知识、应用知识、拓展与生成知识等，从而对学科知识进行全面掌握和灵活运用。

2. 教学模式的多样追求

大新小学除了探索以上这一基本教学模式之外，还探索出不同的变式。学校认为，每一种教学模式都是“之一”，而不是“唯一”。每一种教学模式因不同的学科、不同的教学目标、不同的学习任务、不同的学生等情况，都将发挥不同的作用。以下分别对情境教学模式、生活化教学模式、合作学习模式、分层教学模式、问题探究模式进行介绍。

（1）情境教学模式

在大新小学，情境教学模式被充分运用于英语课堂之中。在英语教学中，教学情境是指在教学中运用于交际的社会情境。脱离了社会情境，语言难以恰当地表述，难以发挥其进行交际活动的本质作用。英语情境教学，是把“快乐学英语”的理念融入英语教学中，让孩子们不知不觉地置身于英语环境中，潜移默化地融入到学习英语的氛围之中。

在英语教学中，情境教学不仅活泼生动，能够营造氛围和意境，激发学生的学习热情，而且更易于创造、模拟母语学习环境，使英语教学在科学且正确的方向上施行。因此，从交际的情境出发，根据教材内容，创设生动有趣的情境，让学生受到情境的感染，激发学习兴趣和求知欲，是英语教学的有效之路。“在国内学三年英语，不如到国外去学三个月”就是这个道理。大新小学英语教师刘旭采用了如下策略。

第一，挖掘教材内涵，寻找教学情境

充分挖掘教材内涵，激发学生乐学情趣，使用直观教具，创设教学情境是学校在教学中常用的方法。如在展示新语言点时，自然展示教材中的实物（常见的有不同的学习用具、食品、衣物、颜色等），画出相应的简笔画，或结合多媒体教学，来刺激学生大脑兴奋，直接感受英语，增加求知欲望，从而形成深刻的印象。

第二，学科巧妙整合，丰富教学情境。

首先，与综合实践活动课程整合。课文内容（如 shopping 等），往往与学生生活实践密不可分。不同的学生可扮演热情服务的或爱理不理的售货员，或者是诸多挑剔的抑或豪爽的顾客……各种鲜明、生动的角色可连同丰富的语言文字深深烙印在学生的脑海里。

其次，与信息技术课程整合。以三年级的学生为例，针对三年级的学生学习了有关 shapes（图形）内容，可采取以下策略。①以旧带新。用已学的单词和句子引导学习新的单词。如已学过 circle（圆形）、dot（圆点）、line（直线），What shape is it?（这个图形是什么?）It's a line.（这是一条线。）等单词和句子，让学生借助电脑自己动手操作，绘制出各种图形，如 triangle（三角形）、square（正方形）、rectangle（长方形），semi-circle（半圆形）、heart（心形）、star（星形）等。②口语拓展。将这些图形随意组合，让两个学生（pair work）以对话的形式来介绍一组他们的图形。例如：A：What shape is it? B：It's a semi-circle. A：What color is it? B：It's red. A：How many stars are there? B：There are six stars. A：How many squares can you see? B：I can see one square.

再次，与自然科学和数学课程整合。以四年级学生学习“weather and seasons”的英语课为例。由于该课是谈论“天气与季节”这一较抽象的话题，因此，每个任务活动都采用课件（自制 PowerPoint）与“人机交互”等方式呈现。具体包括：①引出话题：Today is a fine day, isn't it? It's a sunny day here in Shenzhen. But what's the weather like in Shanghai now? Do you know? 边说边将自制的“天气图表”展示在黑板上，并将图上的两个指针分别指向“cloudy”和“windy”，教师回答：Look, let me give you the weather report. It's windy and cloudy in Shanghai today. Now I'm the weather reporter. Who wants to know the weather in other places, please raise your hand? 学生举手，请一两名学生提问，教师来回答。②任务活动：在对四季及四季的天气进行介绍后，组织学生以小组形式对同学最喜欢的季节（Which season do you like best?）进行采访和统计。

最后，与美术课程整合。在一年级学生学习“colors”课时，学生在学习了表示各种颜色的词后，可引导学生对教室里各种物品的颜色进行问答，然后每一个学生画一幅自己喜爱的图画，涂上颜色，接着开始“pair work”，进行“what color is...?”的练习（重视词汇在语境中、情境交流中的运用，而不要过多地拘泥于单词本身的拼写与朗读。）。

第三，采取直观手法，呈现生活情境。

直观情境，是指授课老师在课堂教学中，尽量使用实物或直观教具创设情境，引起学生的学习动机或启发他们的思维。小学英语教材中所体现的语言概念、语言现象、语言环境等，在日常生活中随处可见。如：打电话、问路、购物、道别等。教师可利用学生学过的知识，结合周围的环境，创设直观情境。以下为刘旭老师的一些较典型的做法。

情境1：At the Market

在学习“At the Market”时，可在教室里创设在市场购物的情境。上课前准备好相关的实物教具，如leafy vegetables（青菜）、cabbage（包菜）、bean（豆）、potato（马铃薯）、onion（洋葱）、tomato（西红柿）、scale（天平）等。经过精心设计，学生分别扮演“售货员”和“顾客”，这样课堂就成了一个小小的市场。

购物的情境：

A friend of customer 1：Hello. Where are you going?

Customer 1：I'm going to the market.

A friend of customer 1：See you.

Customer 1：Bye.

Assistant：What can I do for you，Sir / Miss?

Customer 1：I'd like some tomatoes. How much are the tomatoes?

Assistant：These tomatoes are three *yuan* a kilo.
Those tomatoes are four *yuan* a kilo.

Customer 1：I want the tomatoes of three *yuan* a kilo. May I have two kilos，please?

Assistant：OK. Here you are.

Customer 1：How much is it?

Assistant：It's six *yuan*，please.

Customer 1：Here you are. Thanks a lot.

Assistant：You're welcome. Please wait a moment. Here's your change.

Customer 1：Thanks. Bye.

Assistant：Bye. Welcome next time.

情境2：My body

在学习“My body”时，教师可示范用手指着身体的各个部位，然后说：“This is my face，and this is my ears/eyes/nose/mouth/hair/head…”学生学着老师，指着自己身体对应的部位说：“This is my…”这样，借助身体语言，让学生积极主动地进入到教师精心设计的情境中，既提高了学生学习英语的兴趣，又能使学生更牢固地掌握知识。

情境3：Numbers

活动1：课伊始，趣亦生

上课了，教师与学生互相问候之后，正准备讲课。这时，教师的手机响了，教师拿起手机，一边接电话一边在黑板上写下一个电话号码，同时用英语将这个电话号码大声读出来。接完电话后，教师用英语解释到，打电话的人是其一个外国朋友，老师的这个外国朋友将在星期六举行一个party（晚会），谁想参加这个party（晚会）可以在下课后打这个电话给他。有趣的新课导入方式创设了一个生动、活泼、真实的课堂教学氛围，在极短的时间内吸引住学生的注意力，给人一种“课伊始，趣亦生”的感觉。

活动2：将数字带进生活，在生活中学习数字

①采访好朋友

Name（姓名）：__________；Age（年龄）__________；Class（班级）__________；

Grade（年级）__________；Phone No.（电话号码）__________。

②找位置

上课前，教师根据教室位置做了些“电影票”，并且在“电影票”上注明“Row ×，Number ×”（几排几号）。将“电影票”发给学生，让他们根据“电影票”去寻找位置。找到位置的同学需要向老师汇报。

例如：I'm Number 2 in Row 4.（我是4排2号。）前十名为胜利者。

③小组讨论

通过小组讨论，总结在日常生活中常见、常用的数字。例如：110（匪警），119（火警），120（急救中心），122（交通事故报警），114（电话号码查询），121（天气预报），518052（邮编），10：20（时间），粤D17529（车牌号），C1005（房间门牌号码）……

④文化差异

比较中国与西方国家之间的文化差异。引导学生说说中国的幸运数字（例如：6，8，9）和不幸运数字（例如：4）。介绍西方国家的幸运数字（例如：7）和不幸运数字（例如：13）。

（2）生活化教学模式

生活化教学模式，指的是努力把握课堂教学与生活之间的密切联系，寻找二者之间的契合点，从而在熟悉、亲切、直观的生活世界中实现课堂教学目标。在大新小学，生活化教学模式被充分地运用于数学课堂之中。

在大新小学看来，数学知识是从生活中来，但数学本身不是生活，它是生活的一种“模式”，或者说是“现实的数学模型”。小学数学教学，需要帮助学生理解这些“模式”，从而理解数学的价值，并在生活中应用数学、发展数学。

在小学数学教学中，可根据教材内容和学生年龄特征，紧密联系学生的生活实际，把数学知识变成看得见、摸得着、用得上的知识，激发学生的学习兴趣，建立数学模型，培养学生应用数学的意识。

例如，学生在三年级认识了物体的周长，四年级认识了物体的面积，看起来简单，周长、面积的计算公式学生背得滚瓜烂熟，但是一遇见实际问题学生往往缺乏灵活解决问题的策略。学生对于是计算周长还是计算面积学生往往难以区别，解决这样的问题需要将面积和周长的定义以及面积和周长之间的关系理解得很透彻，但教学中过多的是“纸上谈兵”。针对这样的问题，大新小学数学组倡导生活化教学模式。以下是张艳老师的《铺地砖》的教学设计，便是努力将课本知识生活化的典型案例。

铺　地　砖

1. 活动的提出

学校打算给操场上的一块空地铺上地砖，准备把这个工程的预算活动交给三年级的同学来做，哪个班做得详细且有参考价值，学校将会采用谁的设计方案。从学生熟悉的情境入手，一方面让学生有亲切感，激发其学习的兴趣，另一方面让学生感受到所学数学知识的实用性。

2. 活动前的准备

学生调查地砖的形状和价格。班里有位同学家里搞装修，于是他带来了两块砖。

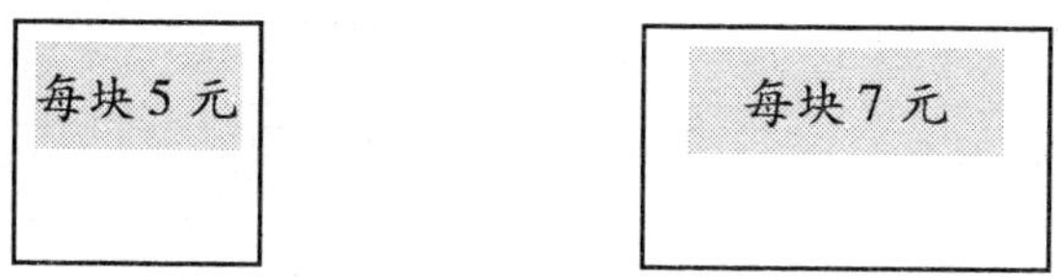

3. 活动过程

明确：要想知道铺哪种砖更合适，大概购多少块合适，必须知道哪些条件？分小组讨论需要哪些数据，根据讨论结果进行以下活动。

①测量地砖的边长并记录测量结果，如下图：

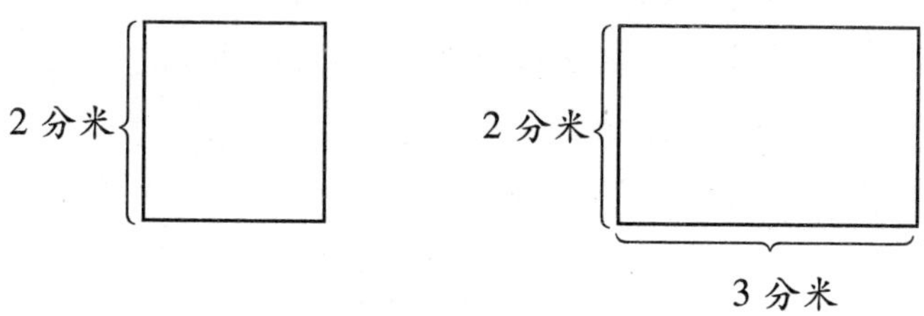

②实地勘察操场空地并测量其长和宽。

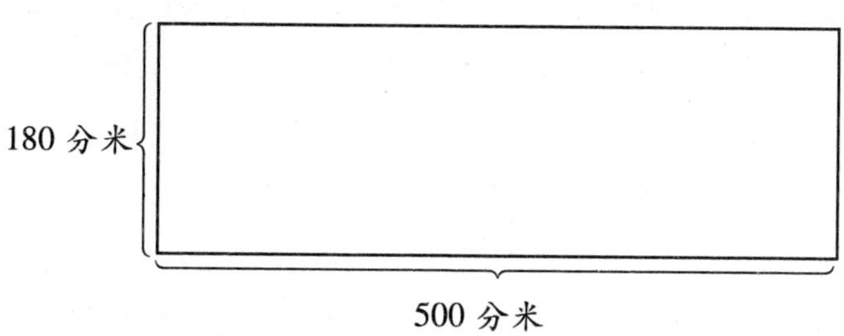

③让学生亲自用两种砖去铺一铺，比一比，感受一下是怎么一回事情。

④学生测量并记录数据后，回到教室设计方案。

⑤提出新的问题：铺了砖后，要是没等凝固好有学生搞破坏怎么办？

生1：我们可以在四周围上绳子，这样别人就进不来了。

生2：不对，不是四周，应该只在三条边围上就行了，因为有一面靠墙。

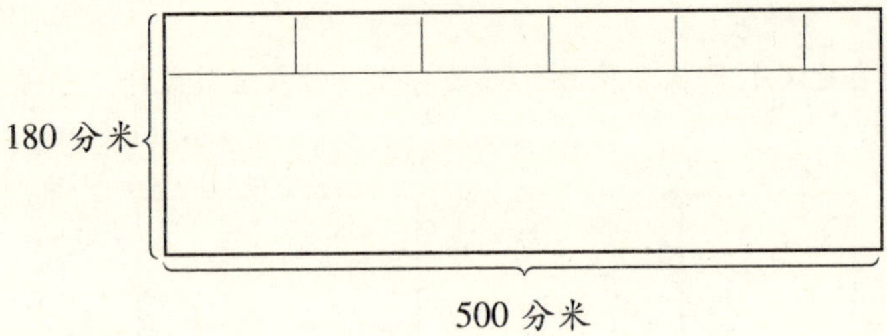

经过争论学生得出需要绳长（周长）：500+180+180=860（分米）

面积的应用对于学生来说还是比较陌生的，让学生亲历铺地砖的整个活动，从选择地砖、实地观察、测量（正方形地砖边长、长方形地砖长和宽；空地长和宽）记录数据（包括不同单位间的换算）、计算所需价格和数量，到想办法解决保护铺好的地砖等都自己动脑、动手。通过这样的活动，学生不仅对面积和周长有了进一步的了解，会计算这类问题，同时把数学知识与生活紧密结合在一起，学会用数学知识解决实际问题。

生活化教学模式，因其内容与学生生活联系紧密，学生比较熟悉，易引发学生的兴趣，因此，学生主体参与的程度较高。而学生的主体参与，却是学生主体性的体现、生命价值的彰显。后者正是课堂教学根本旨趣所在。对于此，南山区课程改革专家调研组李禾田老师对学校费华老师的一堂生活化教学模式的课作了如下评价：

这是一节“以人为本”、激人自豪的数学课。费老师在四（1）班讲“生活中的平均数”。以六一儿童节大新小学鼓乐队参加全区竞赛，7位评委给的拟定分数切入，引出平均数的公正性、代表性的两个特征，归纳出“巧合均分”和“移多补少”两种求“平均数”的基本办法。最后，计算出在参赛各队中，大新小学得分最高，增强了学生的自豪感。

这是一节“以人为本”、引人向上的数学课。第二个生活情境是在南山图书馆前，来了6位读书者，平均15岁。然后，又在屏幕上打出四（1）班5位学生和一位教师的照片。合理计算他们的平均年龄，再次强化“平均数”的代表性。第三个生活情境是本班学生参加学校艺术节歌咏比赛的场面，去掉一个最高分和一个最低分，得出的比赛分数，再次强化“平均分”的公正性。同时，激发了学生的读书热情和积极向上的竞争意识。

这是一节“以人为本”、催人思考的数学课。费老师说，我们班的同学不仅爱唱歌，学习成绩也不错，这里有一张3位同学平时的数学成绩单，大家计算一下他们的平均分数。小金4个单元，成绩分别是：90、91、92、91分，小婷是105、56、110、105分，小夏是80、90、93、97分，全班同学通过巧合均分和移多补少方法，得出3位同学的平均分分别是：91、94和90分。老师问，从平均成绩上看，谁最好，值得大家学习。开始一些女同学说，小婷，94分最高。几个男同学马上站起来反驳，她第二单元56分，不及格，平时爱骄傲，成绩不稳定，我们不学习她，应当向小金学习，91分很平稳。这时，小婷站起来说，我不同意大家的意见，我认为小夏最值得我们学习，表面上看，他平均分最低，但是他进步最大，第一单元80分，一直快步追上来。如果我不努力，下一次成绩就会落后了，所以我们要向小夏学习。全班响起了热烈的掌声。老师及时点拨，我们要认真思考，结果重要，学习的过程更重要。

这是一节“以人为本”、使人聪明的数学课。费老师接着说，我们今天是小学生，将来是中学生、大学生甚至是博士生，但最终报效祖国要从事一门工作。我这里有两份企业招聘广告，大家利用今天学过的平均数，选一下工作单位。小星公司从员工到经理有6人，人均年薪为2万5千元，大新公司有4人，年薪平均为2万元。一位男生举手说，我去小星公司，年薪高；一位女生站起来说，我去大新公司，我不图挣钱多。老师说，找工作是一件大事，不要急于下结论。我们看一看，小星和大新公司内部工资分布的情况。小星正副经理年薪分别是7万和3万，员工1、员工2、员工3，年薪为1.5万，员工4，年薪为5千元，人均2.5万，相差悬殊；大新公司1位经理，年薪2.2万，员工1年薪2万，员工2、员工3，年薪1.9万。不少同学举手说，要到大新公司求职，因为员工年薪高，领导和员工之间工资差别小，人与人之间和谐融洽。小婷站起来说，我不去大新公司，去小星公司，小星公司员工年薪少，但是有升迁机会，努力当上经理，工资成倍增长，大新公司员工、经理工资差不多，努力不努力，都意义不大。老师说，我们将来找工作，不要被广告的表面数字所迷惑，要深入思考，透过现象看本质，找到实现自身价值的工作岗位。

然后，费老师又引导学生讨论，强化“平均数”的性质、特征与计算方法，从生活回归文本，留完作业，下课铃声响了。

这一节数学课，展示了6个生活情境，课堂学习，关注师生现实生活，是“国本”课，校本特色又非常鲜明；是学科知识传递课，又注重综合应用，重视过程方法，又与情感、态度、价值观紧密相连。生活中处处有数学，数学中处处有生活，在学习中，以人为本，以学生发展为本，与新课程一起成长，我们的生命、生活、生存才会更有意义。

（3）合作学习模式

合作学习是目前世界上许多国家普遍采用的一种教学模式。由于其实效显著，被人们誉为近十几年最重要和最成功的教学改革，并且已被广泛应用于中小学教学实践。它的产生主要是出于克服传统教学存在的弊端，改革课堂教学，提高教学效率的需要。它将社会心理学的合作原理纳入教学之中，强调人际交往对于认知发展的促进功能。合作学习以合作学习小组为基本形式，系统利用教学中动态因素之间的互动，促进学生的学习，以团体的成绩为评价标准，共同达成教学目标。合作是指两个或两个以上的学生或群体，为了达到共同的目的而在行动上相互配合的过程。小组合作学习是在班级授课制背景下的一种教学方式，它将学生个体间的学习竞争关系改变为“组内合作”“组际竞争”的关系，将传统教学与师生之间单向或双向交流改变为师生、生生之间的多向交流，改变了教师垄断课堂信息源而学生处于被动接受地位的局面。教师以学生学习小组为重要的教学组织手段，通过指导小组成员展开合作，发挥群体的积极性，提高个体的学习动力和能力，达到完成特定的教学任务的目的，不仅能提高学生学习的主动性、创造性和学习自控制力，提高教学效率，而且可以促进学生间良好的人际合作关系，促进学生心理品质发展和社会技能的进步。

合作学习具有以下优势：有利于培养学生的社会适应性；有利于培养学生的自主性和独立性；有利于提高学生学习的效率；有利于培养学生的合作精神与人际交往能力；为学生提供了更多的锻炼机会，促进了学生的全面发展。

大新小学构建合作小组的基本程序是：分组——组内分工——各组自己讨论制定小组公约——全班讨论通过各组公约——制定全班学习评价细则——确定值日干部和职责——实行 1 天小评、1 周大评、1 月总评（对前 3 名进行奖励）。具体如图 4－1 所示。

第一，进行合作小组分组。合作小组分组以“组内异质、组间同质、优势互补”为基本原则，具体按以下六大原则操作：学生自愿与教师分配结合、性别比例搭配、学习水准搭配、守纪情况搭配、兴趣倾向搭配、交往技能搭配。

“组内异质”能够为小组成员之间互相帮助提供较大的可能（因为“差异”本身就是一种资源），而“组间同质”又可以为各小组间的公平竞争奠定良好的基础。

第二，制定小组学习公约。制定小组公约应遵循学生共商共议，贴近学生实际，具有可操作性的原则。如以下公约便都是按照以上原则制定的：

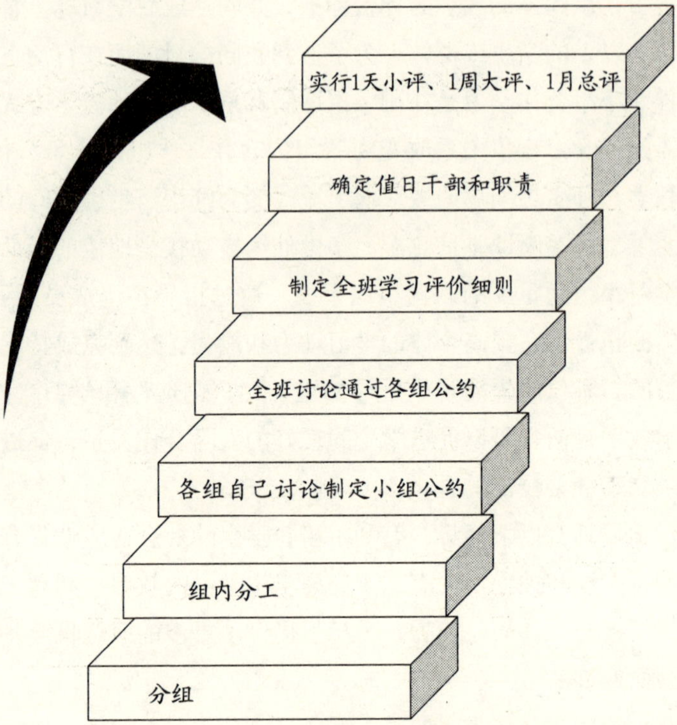

图4－1　大新小学合作小组的基本程序图

六（1）班　勤思小组公约

①作业字迹工整、态度认真、准时完成，家长签字。要求背诵的内容要在中午放学之前找组长完成。

②上课听讲认真，不讲小话，发言要举手，声音响亮，说话完整。

③组内讨论有序，踊跃发言，共同参与，服从组长安排。代表本组汇报时要轮流发言，每人每天至少有一次发言机会。

④讲究语言文明，不在走廊追逐打闹、大声喧哗，不玩危险游戏。无论发生什么矛盾都不能用打人的方式解决，同学之间以和为贵。

⑤每节下课后先作好下节课的课前准备，前面两位同学负责对齐桌椅。

⑥组内同学要互相关心、互相帮助，学习上有困难要主动请教组长或学科长。

⑦值日听从组长指挥，不偷懒，每个人的抽屉必须保持干净整齐，注意个人卫生。

⑧着装干净整齐，每天上学帽子、校牌、红领巾缺一不可，不带零食、饮料进校。

以上公约为本组全体组员共同商议制定，必须人人遵守。

制定人：杨文瑜、江紫凌、徐金茗、卢宥成、温东霖、陈嘉毓、殷一平、吴梓豪

第三，厘定小组评价细则。根据学生的年龄特征和实际情况制定出不同年龄段的评价细则，并注意在评价过程中讲究策略。在实践中大新小学探索出六项评价策略：①低目标；②容小错；③重态度；④重及时；⑤重客观；⑥重激励。（评价细则附后）

第四，安排合作小组座位。为了更有效地协同合作，座次的安排需要考虑很多方面，学生之间必须坐得足够靠近，这样他们才能更好地、更方便地交换信息和小声地讨论问题。这样，座位的安排就促进了合作。学校常常发现，有时候，一个小组效率不高的原因仅仅就是因为他们所坐的位置。例如，一个学生离其他组员太远，或是一个组两头的同学无法方便地沟通。所以，在小组合作学习的过程中，座次的安排同样重要。

座位安排有多种形式：

秧田式

秧田式的优点：学生不易分心，有利于集中精力学习系统知识。

秧田式的缺点：座位松散，学生的交往范围受到一定的限制，不利于培养学生的小组合作意识。

餐桌式

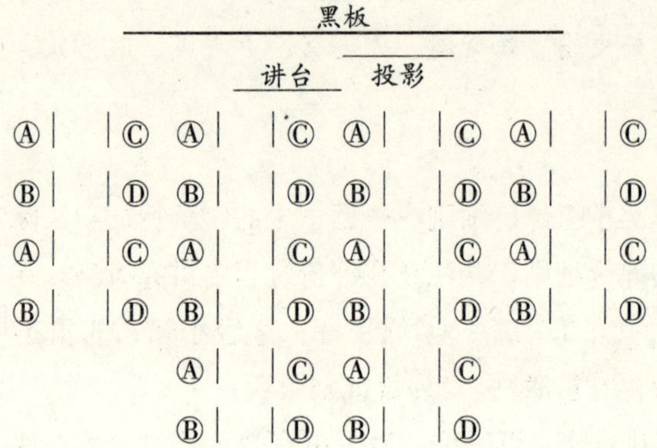

餐桌式的优点：座位相对集中，避免了转身回头，有利于形成小组意识。

餐桌式的缺点：自控力差的学生，纪律问题发生的可能性增加；当老师讲课或要看黑板时，每一个学生都要扭头，并往前往后与前面的同学错开才能看清，特别是教室两侧的学生，几乎是背对黑板，很不方便；由于空间的限制，这样摆放教室非常拥挤，老师到各组进行指导时比较困难。

卡包式

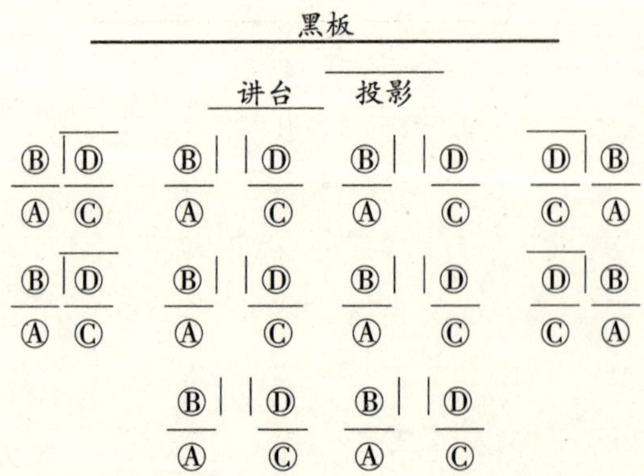

卡包式的优点：组员相对集中，易形成团队意识；组与组之间的互相干扰性大大降低；既便于两人讨论，又便于4人交流，讨论交流更加方便；便于大组长的管理；当课堂需要摆成秧田式时，改变起来非常迅速。

第五，重视小组合作学习实效的考量。

小组合作学习不走过场，不流于形式，应落到实处，达到人人参与、个个受益、共同进步的目的，需要教师采用有效的策略，从不同的维度去考量、给予充分的关注。关注小组合作学习实效有5个主要维度：完善组内成员机构设置（职务责任明确）、学习任务分工明确（有布置有检查）、给予恰当的小组合作学习时间（人人有发言时间）、教师深入小组参与讨论学习（教师进行必要的指导和调控）、给予中下层学生更多的发言展示机会（交流方式多样化）。

通过小组合作学习学生逐步养成五大习惯：独立思考的习惯、积极参与踊跃发言习惯、认真倾听习惯、遵守课堂纪律习惯、遵守合作规则习惯。

当然，小组合作学习并非唯一的教学模式，因此，在运用小组合作学习时应注意将教师的讲解与学生读书相结合、教师的指导与学生的自学相结合、教师的提问与学生的质疑问难相结合、传授知识与交给学生学习方法相结合。

附：评价细则

三、四年级：

周 评 表

<table>
<tr><th colspan="8">第　　周</th></tr>
<tr><th rowspan="2">组名</th><th rowspan="2">组员</th><th rowspan="2">纪律</th><th rowspan="2">课堂学习</th><th colspan="4">作　业</th></tr>
<tr><th>语文</th><th>数学</th><th>英语</th><th>科学</th></tr>
<tr><td rowspan="7">一、梦想小组</td><td>王卓睿</td><td></td><td></td><td></td><td></td><td></td><td></td></tr>
<tr><td>许源锋</td><td></td><td></td><td></td><td></td><td></td><td></td></tr>
<tr><td>曾海琳</td><td></td><td></td><td></td><td></td><td></td><td></td></tr>
<tr><td>吴清浩</td><td></td><td></td><td></td><td></td><td></td><td></td></tr>
<tr><td>卢垣樟</td><td></td><td></td><td></td><td></td><td></td><td></td></tr>
<tr><td>陈纪彬</td><td></td><td></td><td></td><td></td><td></td><td></td></tr>
<tr><td>小组总评</td><td></td><td></td><td></td><td></td><td></td><td></td></tr>
<tr><td rowspan="7">二、学习小组</td><td>郑泽敏</td><td></td><td></td><td></td><td></td><td></td><td></td></tr>
<tr><td>韦荣辉</td><td></td><td></td><td></td><td></td><td></td><td></td></tr>
<tr><td>陈家进</td><td></td><td></td><td></td><td></td><td></td><td></td></tr>
<tr><td>丁天</td><td></td><td></td><td></td><td></td><td></td><td></td></tr>
<tr><td>徐田雨</td><td></td><td></td><td></td><td></td><td></td><td></td></tr>
<tr><td>赵子欣</td><td></td><td></td><td></td><td></td><td></td><td></td></tr>
<tr><td>小组总评</td><td></td><td></td><td></td><td></td><td></td><td></td></tr>
<tr><td rowspan="5">三、智慧小组</td><td>方巧燕</td><td></td><td></td><td></td><td></td><td></td><td></td></tr>
<tr><td>佟瑞雪</td><td></td><td></td><td></td><td></td><td></td><td></td></tr>
<tr><td>杨耿城</td><td></td><td></td><td></td><td></td><td></td><td></td></tr>
<tr><td>殷鹏涛</td><td></td><td></td><td></td><td></td><td></td><td></td></tr>
<tr><td>小组总评</td><td></td><td></td><td></td><td></td><td></td><td></td></tr>
</table>

续表

第　　周							
组名	组员	纪律	课堂学习	作　业			
				语文	数学	英语	科学
四、文学小组	高艺盟						
	余无非						
	贺宝萱						
	赖潇中						
	曹文涛						
	陈子斌						
	小组总评						
五、高飞小组	张子琰						
	张奕杰						
	范嘉安						
	施惠玲						
	罗柏淳						
	洪海城						
	小组总评						
六、优胜小组	张庆湘						
	张景润						
	莫家佳						
	张嘉星						
	孙铭鸿						
	王希祥						
	小组总评						

续表

<table>
<tr><th colspan="8">第　　周</th></tr>
<tr><th rowspan="2">组名</th><th rowspan="2">组员</th><th rowspan="2">纪律</th><th rowspan="2">课堂学习</th><th colspan="4">作　业</th></tr>
<tr><th>语文</th><th>数学</th><th>英语</th><th>科学</th></tr>
<tr><td rowspan="5">七、海绵宝宝</td><td>邱倩柔</td><td></td><td></td><td></td><td></td><td></td><td></td></tr>
<tr><td>叶子</td><td></td><td></td><td></td><td></td><td></td><td></td></tr>
<tr><td>蔡木桥</td><td></td><td></td><td></td><td></td><td></td><td></td></tr>
<tr><td>王艳</td><td></td><td></td><td></td><td></td><td></td><td></td></tr>
<tr><td>小组总评</td><td></td><td></td><td></td><td></td><td></td><td></td></tr>
<tr><td rowspan="7">八、无敌小组</td><td>周孝锐</td><td></td><td></td><td></td><td></td><td></td><td></td></tr>
<tr><td>黎敏琦</td><td></td><td></td><td></td><td></td><td></td><td></td></tr>
<tr><td>喻豪杰</td><td></td><td></td><td></td><td></td><td></td><td></td></tr>
<tr><td>张庆全</td><td></td><td></td><td></td><td></td><td></td><td></td></tr>
<tr><td>林启元</td><td></td><td></td><td></td><td></td><td></td><td></td></tr>
<tr><td>许晓婷</td><td></td><td></td><td></td><td></td><td></td><td></td></tr>
<tr><td>小组总评</td><td></td><td></td><td></td><td></td><td></td><td></td></tr>
<tr><td rowspan="7">九、蓝天小组</td><td>王晓悦</td><td></td><td></td><td></td><td></td><td></td><td></td></tr>
<tr><td>张诗明</td><td></td><td></td><td></td><td></td><td></td><td></td></tr>
<tr><td>蔡慧婷</td><td></td><td></td><td></td><td></td><td></td><td></td></tr>
<tr><td>黄芷娴</td><td></td><td></td><td></td><td></td><td></td><td></td></tr>
<tr><td>庞梦蕾</td><td></td><td></td><td></td><td></td><td></td><td></td></tr>
<tr><td>卢贤鲲</td><td></td><td></td><td></td><td></td><td></td><td></td></tr>
<tr><td>小组总评</td><td></td><td></td><td></td><td></td><td></td><td></td></tr>
</table>

周总评排名（取前三名）

纪律：第一名：　　　　第二名：　　　　第三名：

课堂：第一名：　　　　第二名：　　　　第三名：

作业：第一名：　　　　第二名：　　　　第三名：

填表说明：

①用一个专门的登分本子，登记每天课堂上每个小组在“纪律”和“课堂学习表现”两方面的总分（由专人负责）。

②每个小组长发一个本子，登记本组同学每天每节课在“纪律”和“课堂学习表现”中的得分。

③用四个本子分别登记每天语文、数学、英语、科学作业没完成的名单，每科有一样没完成就扣一分（由语文、数学、英语、科学课代表负责）。

④周五下午前，把这一周每个小组在“纪律”“课堂学习表现”“作业”的成绩填写到上表中。

⑤每月再统计一次，奖励前三名。

五、六年级：

小组合作学习自律评价标准

组名＼标准		课前准备	课堂专注	课堂礼貌	主动表达	家庭作业	课外阅读	小组互助	三礼	教室卫生
不同凡响	周一									
	周二									
	周三									
	周四									
	周五									
	小计									
No. 1	周一									
	周二									
	周三									
	周四									
	周五									
	小计									

续表

组名 \ 标准		课前准备	课堂专注	课堂礼貌	主动表达	家庭作业	课外阅读	小组互助	三礼	教室卫生
勇往直前	周一									
	周二									
	周三									
	周四									
	周五									
	小计									
团结友爱	周一									
	周二									
	周三									
	周四									
	周五									
	小计									
勇攀高峰	周一									
	周二									
	周三									
	周四									
	周五									
	小计									
乐观向上	周一									
	周二									
	周三									
	周四									
	周五									
	小计									

续表

组名 \ 标准		课前准备	课堂专注	课堂礼貌	主动表达	家庭作业	课外阅读	小组互助	三礼	教室卫生
周冠军										

评价说明：

①以 100 分为基准，每项表现优秀各加一分，以此累计，一日一评；

②每周结束统计总分，以得分高者（取前三名）为明星小组；

③每月结束，根据九项要求，评选单项最佳小组及总分优异小组。

（4）分层教学模式

所谓分层教学，就是教师根据学生现有的知识积累、能力水平和潜力倾向把学生科学地分成水平相近的几组群体，并区别对待。分层教学实际上就是以进步为前提、以层次为基础、以竞争为手段、以辅导为重点、以实现目标为核心的一种教学模式，充分发挥教师的指导作用，调动学生学习的主体性，强调学生学有所得，最终都达到学会、学好的目的。分层教学可以分为：班内分层目标教学模式（又称“分层教学、分类指导”教学模式）；分层走班模式；能力目标分层监测模式；“个别化”学习模式；课堂教学的“分层互动”模式；定向培养目标分层模式。①

大新小学曾经一度是一个办学基础比较薄弱的学校，学生生源素质比较差。因此，大新小学的课堂分层教学主要是针对学困生而言，是在班内分层目标教学模式下“分层互动”的实践与运用。班内分层目标教学模式下的“分层互动”保留行政班不同层次学生异质同组的座位形式。在活动中体现“分层互动”，利用小组合作学习和成员之间的互帮互学形式，充分发挥师生之间、学生之间的互动、激励，为每个学生创造整体发展的机会，下面以崔浩明老师的英语分层教学研究为例子以

① http：//baike. baidu. com/view/983689. htm.

说明。①

教师首先需要把学生分成A、B、C三个不同层次的组别。

A组：均为学习主动积极、学习成绩优异并能起很好带头作用的学生。

B组：多为学习成绩在及格到80分之间，学习态度较好，能较好地按教师要求完成各项学习任务的学生。

C组：均为平均成绩不及格，学习态度较差，不能很好地按教师要求完成学习任务，学习中存在较大困难的学生。当然，即使平均成绩在合格以上，但学习态度较差，学习习惯较差的学生也会被分到C组。

学校在平等关注A、B、C三个不同层次学生的同时，对C组学生给予了格外的重视，并通过对C组学生的格外重视来落实教学的分层。以下以学校英语教学为例具体说明。

第一，教学目标层级化。教师把每个单元的知识目标划分为以下几个层次：

①正确听、认、读、写所学的新单词；

②能听、认、读所学新句型，能在新句型中正确使用所学新单词；

③能在创设的情境中正确使用所学的新词汇及新句型；

④能综合运用新旧知识，完成较大量的语言输出；

⑤在篇章中正确理解及运用已有知识。

为了保证C组学生能更好地掌握基础知识，保证其基础知识过关，教师对C组学生提出了如下知识目标要求：必须能正确朗读所学的新单词；能辨认及匹配所学的新单词及其中文意思；能正确运用所学新单词及新句型完成句子的替换练习；能正确朗读课文，有良好的语音语调；能正确听写所学的新单词及较好地听辨所学的新单词及新句型。与A、B组相比较，C组在句型拓展、篇章、知识综合运用等方面（即以上所提的第④⑤项目标）没作要求。

---

① http://baike.baidu.com/view/983689.htm.

第二，倡导主动参与。参与是英语学习有效的活动方式。教师要求每一个学生不能做英语课堂的“旁观者”，而要做参与者、倾听者和提问者，要全程参与“学习——活动——活动汇报”各个环节。要求 C 组的每一个学生在上英语课的时候注意观察同桌或者其他 A、B 组同学在干什么、怎么干，不明白的主动提问，及时跟上大家的步伐。在朗读的过程中，教师较多地关心和倾听 C 组学生的朗读情况，发现问题及时提醒和纠正。在进行对话练习或者小组活动过程中，一般采取二帮一的方法保证 C 组学生参与到活动中。为此，C 组学生在不懂的情况下要先做一个倾听者，看看活动中同学扮演什么角色，用了哪些句型和单词进行对话。A、B 小组的学生再通过讲解和现场教授让他们现学现用。在活动检查环节里，C 组学生也是被检查的一员，他（她）们可把现学的东西直接作为活动汇报的内容。

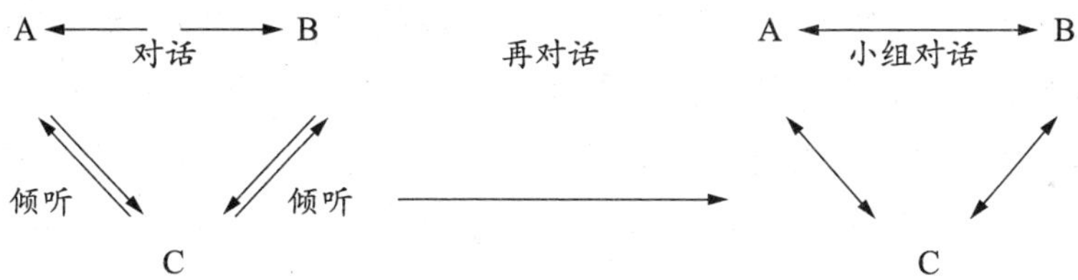

图 4－2　C 组学生参与活动示意图

第三，发挥表扬的积极作用。好孩子都是夸出来的，而夸奖对学困生来说显得尤为重要。课堂上，只有惩罚跟要求是不可能提高学生学习积极性的。对学困生来说，及时恰当的表扬可以让他们在得到别人肯定的同时肯定自己，增加他们的自信心。只要为他们创造一个互助、合作、共同进步的愉快氛围，相信他们会对英语学习越来越有兴趣。采取的主要策略如下。

①倾斜性加分

小组竞争是教学中常用的方法。为了让 C 组的学生更好地完成学习任务，采取“异质同做”的方式是一种好办法，即利用 A、B 组学生监督帮助 C 组学生的小组竞争机制。一个小组想以优秀的表现得到加分，不希望由于某个同学的不专心而被扣分，其他学生就必须及时地提醒和纠正所在小组里不认真上课的学生。为了提高 C 组学生参与课堂的积极性，教师提出了有别于 A、B 小组的加分制度，允许他们在活动中“现学、现用”。即在活动检查中，同等条件下，A、B 组学生能加 1 分的，C 组的学生就能加到 2 分。在 C 组学生完成一个精彩的回答时，还可再来一个特殊的加分待遇，让他们成为其他组员争相帮助的对象。这种明显倾斜的加分方式不但不会引起其他小组成员的反对，反而可以更好地刺激他们帮助 C 组学生完成活动以提高小组的成绩。

②随机肯定

突然听到某个平时不爱开口的学生朗朗的读书声时，教师立即给予表扬；当看到某个平时总不能正确模仿发音的学生终于发音正确时，教师也会给予表扬；在小组活动结束时，别人还没坐好而某个 C 组学生已经坐好，教师同样给予表扬；即使在完成对话时，C 组的同学是打开书本照着念的，或者是紧跟在别人后面“鹦鹉学舌”，教师也要学会毫不吝啬地给予他们微笑及表扬；在同样给出一个挺有创意的答案时，对 A、B 组学生的评价中如果使用了“Good”，在给 C 组学生评价中则可说“very，very，very good”。同学们可能会因为教师这种略带夸张的语气而哄堂大笑，然而 C 组的学生则会为他们得到“至高无上”的赞扬而体验到成功的喜悦。从每一个可以表扬的细小环节去认真观察这些学困生的表现并给予表扬和激励，就可以让他们从期望得到表扬而有所表现慢慢地变成自然而然的自觉行为。

③灵活多样的检查方式

心理学研究表明，当群体一起完成一件工作时，群体中的成员每人所付出的努力会比个体在单独情况下完成任务时偏少。例如在英语教学中，C 组学生普遍存在不肯开口、不敢开口的情况，他们中的大部分人都只是在小组中做做样子，滥竽充数。为此，可通过整体检查、异质小组检查、同质小组检查、个别检查等不同的方式了解 C 组学生掌握的情况。

整体检查和异质小组检查。在课堂中，整体朗读、整体回答问题是教师必不可少的检查方式。所谓异质小组，就是指由异质学生分散就座形成的小组。整体检查和异质小组检查就是指针对全班学生和针对个别异质小组开展的检查方式。这两种检查方式的不同主要体现在学生数量上。

同质小组检查。所谓同质小组，就是指分层教学中不同层次的学生形成的A、B、C三个小组。采用同质小组检查优点有三：首先，可以更好地发现不同层次的学生在学习过程中出现的问题，以便及时纠正或给予帮助；其次，可从学生学习效果的层面发现教学存在的问题，以便及时调整教学策略；最后，可以消除学生存在的蒙混过关的现象。

个别检查。个别检查可以让教师很好地掌握每一个学生的学习情况，有针对性地给予帮助。对于C组学生来说，由于他们存在较多的学习问题和学习困难，对他们进行个别检查是非常必要的，特别是对那些学习态度较差、爱偷懒、爱钻空子的学生来说。

当然，在选择检查方法时，教师要做到有的放矢、张弛有度。要根据教学目标、检查目的及他们各自不同的情况选择有效的检查方式。过多地选择个别检查，一是大班教学时间不允许，无法完成教学任务；二是会使C组学生变得过度紧张；三是造成其他好学生吃不饱或是被冷落的感觉，使得分层教学顾此失彼。因此，在一节课里，教师可以交替选择不同检查方式来达到既照顾全局又很好地掌握学困生学习情况的目的。在交替性的检查方式下，学困生可以利用整体检查的机会好好弥补还没学会的知识以应付接下来的个别检查。这样一方面可让他们在较为轻松的学习氛围中学习，另一方面可以警戒那些想偷懒的学生。

④不同的引导方法

课堂教学是学生学习的主要阵地，因此，在课堂教学中要特别注意使用不同的方法吸引C组学生的注意力，引导他们更好地理解所学知识。“让游泳者跳进水里去！”这是对当前课堂教学的生动写照。然而对于C组学生来说，他们本来就已经很怕水，如何能让他们大胆安心地跳进去呢？那么教师必须得给他们准备好一些“救生用品”，并且让他们知道“水的深浅”。

首先，针对C组学生的情况，教师应在大量输入信息的同时，通过身体语言、简笔画、多媒体课件、图片等不同的、直观的形式让他们更好地理解所学知识，减轻其学习的心理负担。另外，在大量的信息输入过程中，教师应有意地对需要他们掌握的地方通过减慢语速、加强语气、改变声调、重复等方法进行强调。

其次，在活动指导中，如果老师一味地使用语言去描述活动的要求，不但浪费时间，且会在很大程度上打击学生的积极性。对C组学生来说，过多的描述只能增加他们的畏难心理。因此，教师应该更多地通过活动演示让学生明白老师要他们做什么，用什么知识去完成任务，更好地了解各自在活动中的角色。即使他们不能在教师演示的基础上作任何的拓展运用，只要他们能“照葫芦画瓢”，对于他们来说也是一个进步、一个肯定。

再次，让学困生更多地成为课堂情境设置的主角。这不但可以更好地提高其专注程度，激发他们学习的兴趣及积极性，还可以使他们本来就比较紧张的情绪得以放松。

最后，课堂中为更多的C组学生设置他们力所能及的问题及练习，并对他们进行适时的帮助和讲解，也可以更好地增强学生学习的信心。

第四，实现人格平等。在课堂中，教师采取的往往是显性的分层教学。即明确告诉学生，在一个异质小组里哪些学生属于A组，哪些学生属于B组，哪些学生属于C组。其好处在于能更好地配合课堂中不同形式的检查机制，因材施教，让不同水平的学生都能达到预期的学习目标；其缺点是显性的分组在一定程度上会对学困生的自尊心造成一定的伤害。要避免这种副作用，就必须在分组前让学困生及其家长明白分组的目的和好处，明白分组是给他们定一个相对合理的目标，以增强他们的自信，进而激起他们学习的兴趣，摆脱后进的状态，而不是给他们贴上差生的标签。当然，还要做好A、B组学生的思想工作，不要让他们有优越感和对C组学生产生歧视，要以平等的情感来对待C组学生。

在受挫心理的折磨下，在懒惰情感的控制下，学困生在课堂上会变得自卑、沮丧、懒惰，甚至顽劣。他们害怕教师和同学们以异样的眼光看待他们，他们害怕永远被贴上差生的标签；而有的学困生则自甘落后，不愿意再付出任何的努力来改变现状。因此，面对学困生，教师自己得从观念中抛开对他们的歧视与不满，不要处处朝分数看齐。只有教师对待学困生的态度改变了，才能让其他的学生与学困生进行平等的交往。以平和的语气跟他们说话；以鼓励的眼神等待他们的答案；以耐心地讲解对待他们的错误；以欣赏的目光肯定他们的进步；以期待的语气提出更高的要求。只有教师在学生面前做一个很好的示范者，真挚地对待每一个学困生，他们才能在英语课堂中轻松快乐地进行学习。

（5）问题探究模式

问题探究模式指的是课堂教学围绕教学目标，在教师创设的问题情境中，学生不断进行探索活动的过程。为提高学生学习兴趣，提高课堂质效，学校以转变教师的教学行为和改变学生的学习方式为突破口，实施“情境——问题——探究——交流”的“问题式”教学模式，着力推进基于问题的探究教学，将课本知识转化为有效的教学问题，在问题情境中进行有效教学，使课堂变为问题解决中的探究教学，强化问题的生成、问题的展开、问题的深化、问题的拓展等教学环节。学校的科学学科努力探索问题探究模式，在课堂教学进程设计上探索如下。

第一，创设情境，激发兴趣。问题情境的创设主要是通过恰当的情境，使教学内容具有新奇性，从而使学生产生好奇心和求知欲，极大地激发学生的探求动机和兴趣，培养学生的创新意识和提出问题的能力。

第二，自主学习，提出问题。通过教师的定向要求，引导学生自主学习，提出相关的学习问题或疑问，教师根据学生提出的问题，进行疏导、整理出重点问题供学生合作探究。培养学生的自学能力，特别是思维能力和独立思考的习惯，使学生学会学习、善于学习，掌握自主学习的方法，激发对知识探求的更大动力。

第三，设计实验方案。根据要研究的问题以及现有实验器材，小组讨论、交流制订实验计划。生生、师生之间可以面对面地对话、答辩、争论。教师在关键处加以指点或导拨。通过交流讨论，学生能够集思广益、思维互补、开阔思路、确定最佳实验方案。

第四，实验分工，交流合作。根据设计的实验方案，分工合作，进行实验，填好实验记录单。

第五，分析交流、得出结论。在分析交流的基础上，引导学生自己归纳一课所得，通过分析探究结论，把概念、规律、结论、模型等根据自己的理解，用自己的语言总结出来。进一步把知识系统化、结构化，同时启发学生提炼探究方法，做到知识活学活用。

第六，提升应用，拓展迁移。教师可根据学生实际水平设计恰当的分层练习，对学生的学习情况进行检测。了解学生的知识掌握情况，并进一步跟进指导。

表 4－1 为吴登峰老师的《滑轮的研究》具体教学设计。

表 4－1　《滑轮的研究》教学设计

教材分析	在这一课中，学生将认识定滑轮和动滑轮这两种简单机械，并将分别通过观察钩码的数量和用测力计测量这两种方法研究滑轮的省力情况。旗杆的顶部有一个可以转动的轮子，在塔吊或吊车的吊钩上有一个一边转动一边随重物移动的轮子……在生活中这些现象不太常见，但只要留心也可能观察到。从生活的实际事例出发，可以让学生感受到机械对生产生活的影响。在课堂上通过科学实验活动希望帮助学生认识定滑轮和动滑轮的机械原理，也将把学生引向滑轮组的探索中。
教学目标	1. 科学知识：认识定滑轮和动滑轮的作用，通过对比分析，认识定滑轮和动滑轮作用的不同。知道定滑轮和动滑轮在实际中的应用。 2. 科学探究：通过实验研究定滑轮的作用，能够制订一个合理的动滑轮作用研究计划，并按照计划步骤进行研究。 3. 情感态度和价值观：在科学探究过程中，培养乐于探究、注重科学事实、敢于提出不同见解、乐于合作与交流的意识。
重点难点	教学重点：认识定滑轮和动滑轮的作用。 教学难点：设计实验探究定滑轮和动滑轮的作用。

续表

教学准备	学生材料：滑轮、铁架台、线、钩码、测力计等。 老师材料：课件、实验汇报表。
预习质疑	1. 滑轮在生产和生活中应用很广泛，观察周围哪些地方用到了滑轮？它们有什么特点？ 2. 收集滑轮的相关资料。 3. 猜想滑轮有什么作用。
导学方式	小组合作 汇报展示
导学过程	一、课的引入（创设情境、激发兴趣） 1.《画一条线，一万美金》关于机械专家斯泰因梅茨的故事，激励学生努力学好机械——滑轮。 2. 说一说你在生活中发现的滑轮。 二、研究滑轮 1. 什么是滑轮。学生根据观察生活中的滑轮及提供实验用的滑轮描述滑轮的特征。 2. 滑轮的分类。根据提供的实验材料，各小组组装一种生活中见过的滑轮，展示交流不同组装的两种滑轮：一种定滑轮，一种动滑轮。 3. 生产生活中广泛地用到滑轮，引导学生猜想定滑轮和动滑轮的作用。（自主学习、提出问题，猜想、建立假设） 4. 根据提供的实验材料，指导学生设计合理的实验方案验证猜想。（设计实验方案） 5. 教师提出实验注意事项。学生进行实验，观察记录，完成实验报告单。（合理分工，交流合作，进行实验，搜集证据） 6. 展示交流，看视频，回顾知识要点，小结。（分析交流、得出结论） 二、分享感受体会 学生谈谈这节课的收获或体会

续表

练习设计	实验报告单
拓展生成	1. 动滑轮可以省力，定滑轮可以改变力的方向，如果既要省力又能改变力的方向，该怎么办？ 2. 如果说滑轮也是一种杠杆，你能找到它的三个点的位置吗？试一试，画出示意图，用杠杆的原理来解释定滑轮和动滑轮的不同作用。 （提升应用、拓展迁移）
板书设计	滑轮的研究 定滑轮：不可以省力，可以改变力的方向 动滑轮：可以省力，不可以改变力的方向

（二）关注生活味的教学内容

课堂教学与学生生活密切相关，学科知识本身就是生活经验的积淀与抽象。基于小学生的心理发展特征，在教学过程中，教师可用生活化的语言来解读学科知识，将学科知识与生活结合起来，这样才有可能让处在日常生活环境中的学生走近学科知识，慢慢感受学科知识的魅力。在今天的课堂教学中，可以看到教师力求让课堂变得活泼的景象，尤其是随着多媒体技术与设备的出现，教师们更是不遗余力地借助于各种手段来丰富课堂教学形式。当然，学科知识生活化并不是教学的全部，它只是教学活动中的一种策略。课堂教学的目的并不应止于学科生活化，而应以学生自己理解与掌握学科知识为最终目的，这需要教师在完成学科知识生活化之后，进一步推进与完善学生生活学科化的过程。①

就语文学科而言，现代语言学习是在实践、交往活动基础上的“价

① 周彬．学科生活化还是生活化学科［J］．上海教育，2007（10）．

值引导”与“自主建构”。学生语文素养的培养是一种个性化与社会化的过程。同时，语文学习的外延与生活的外延相等。学生语言学习的过程也是语文课堂教学走进学生生活的重要途径。吕劭玉老师在教学《钓鱼的启示》一课时，进行了以下教学设计。生成一：由对鲈鱼的赞美联想到范仲淹的《江上渔者》：“江上往来人，但爱鲈鱼美。君看一叶舟，出没风波里。”生成二：现场辩论：把鱼留下（儿子）还是把鱼放走（爸爸）？生成三：现场交流道德诚信名言警句书签。生成四：课外阅读交流道德诚信方面的文章书籍等开展读书交流会，采访身边道德诚信事例编成宣传小报。

就数学学科而言，学校特别关注数学活动经验，以生活中的数学问题为中心，把数学知识和生活实际问题结合起来，引导学生在“做”中学习数学，体验数学知识的内在联系性，获得研究问题和解决问题的方法和经验。大新小学费华老师在《来源于生活—提炼为数学—应用于实际》一文中就如何把数学知识与学生生活有机结合起来提出了独到见解。她认为数学不是抽象、枯燥的课本知识，而是充满灵性和魅力、与现实生活息息相关的活动。当前数学教学质量不高的主要原因就是数学教材与数学课上所学的数学知识离学生的生活太遥远，有些教师又局限于教材，并希望能把教材“复制”后“粘贴”到学生的头脑中去。为此，她在实际教学中尝试着让数学教学走来源于生活、应用于实际的思路。一是创设生活化的教学内容。在教学《分数乘法应用题》中的《求一个数的几分之几是多少的一步应用题》这一课时，费老师既尊重教材宗旨，又不拘泥于教材，创设了这样一组教学情境：大新小学现有图书28000册，办学初期的藏书量只是现在的1/4，办学初期藏书多少册？大新小学现有电脑150台，办学初期的电脑台数是现在的1/15，办学初期有电脑多少台？大新小学占地面积9545平方米，其中绿化面积占1/5，绿化面积有多少平方米？管乐队是学校的特色，我们班共有学生50人，其中参加管乐队的同学占3/5，我们班参加管乐队的同学有多少人？等等。从学生天天生活的校园中、最喜欢的事情中、最熟悉的人物中提炼出一系列既源于生活又高于生活的数学问题，使教学材料充满了真实感和亲切感。许多学生都意识到：原来数学就在我们身边，生活中处处有数学，数学的实用价值很大，我们爱数学！二是创设生活化的问题情境。问题是数学的心脏，问题能给学生的思维以方向和动力。教师应在课堂上为学生创设符合学生身心特点的生活化的问题情境，提供一系列有效的生活信息，让学生自己对这些信息进行重组、整合与处理，从而发现问题、提出问题，自由讨论、争辩、探索、选择、优化，寻求解决问题的最佳策略。在教学《分数应用题》时，费老师为学生提供了这样一组信息：大新小学建塑胶跑道急需水泥 19 吨。甲队：一辆载重量 10 吨的大卡车，若全部承包运费可打折，每次运费 200 元，总运费只收取 7/8。乙队：一辆载重量 4 吨的小卡车，若全部承包，运费也可减免，每次运费 80 元，总运费只收取 4/5。问：如果你是校长，会采用哪一种运输方案呢？学生面对与自己息息相关的操场信息，展开了思维的翅膀：有的学生从节约的角度考虑；有的学生从省时的角度考虑；有的学生从实用的角度考虑；有的学生从质量的角度考虑；还有的学生从人文的角度考虑……对于学生来说，每一种方案都是一种创新，每一种方案都蕴涵着一种极富个性的思维，体现出了很大的开放性、多维性与挑战性，同时在相互交流和评价的过程中又渗透着优化的数学思想。三是创设生活化的实践活动。学生的探索精神与生俱来，伴随探索而来的将是学生学习的自主性、主动性和创造性。教师应给学生创设广泛的主动发展的空间，学习活动不应仅仅局限于课内、局限于教师的指挥、局限于学具、局限于教材知识……而应走向生活、走向社会，进行实践活动，解决各种生活中的实际问题，使学生能学到更多、更长久的甚至终生受益的知识。四是关爱学生的生命发展，挖掘教材的隐性教育因素。小学数学教材中，有一明一暗两条教育主线，明的是“知识点”，暗的是“思想、情感等教育因素”。教师在创造性地使用教材时，应充分认识到“学习不是被动地接受，而是生活、生长；不是等待、观望，而是生动的参与”，教师的教学应超越知识本身，积极挖掘教材的隐性教育因素，从而达到对学习者存在与发展的关注。以《分数乘法应用题》为例，费老师在教学中围绕教学目标再创作的教学内容是以

“学校的发展与变迁”为主线，让学生更加深入地认识自己天天学习、生活的大新小学，培养了学生热爱母校的思想情感，从而潜移默化地渗透人文精神与思想品德教育。

就英语学科而言，为实现英语学科走进学生生活，大新小学构建了以下策略：首先，在教材处理上让英语贴近生活。通过一幅幅生动形象、富有情趣的插图，一篇篇短小精悍、极富文化底蕴的文字，以及与日常生活中所遇到的实物相联系的知识点等，在教学中有意识地收集生活中的英语，把它们带进课堂，为教学服务。其次，在教学过程中让英语走进生活。英语作为一种重要的交际工具，要求运用者必须在各种不同的场合灵活地运用各种句式，也就是能在生活中运用语言。在教学过程中，教师应尽量创设学英语、讲英语的生活情境，让学生大胆开口说话，并根据教材内容，配以生活中的游戏竞赛、童谣儿歌、表演等多种形式，让学生在丰富多彩的活动中掌握语言、运用语言，让英语真正走进学生的生活。再次，在作业设计上让英语融入生活。英语作为世界通用语言之一，已经进入我们的生活，电话、电视、网络、广告牌、食品包装等处处可以看到英语。为了给孩子创造更多的学习机会，教师应当树立大课堂教学观，设计一些精彩有趣的课外作业，而非机械性的抄写背诵，使之成为课堂教学的补充和延伸，使英语真正运用于生活实际。如让孩子设计一张节日贺卡，指导学生用英语写上自己的姓名、年龄、学校、地址、爱好等，或者让孩子收集英语名言和谚语，制作英文书签，根据班级英语程度，让孩子编辑班级英语墙报和各类英语小报，编写看图故事等，这些生活化的作业，易引起学生兴趣，既能培养学生创新思维和独立思考的能力，又能给孩子带来无穷的乐趣和吸引力，从而使英语与生活真正融为一体。

（三）倡导实效的教学评价

教学评价是学生成长、教师专业发展和提高课堂教学质量的重要手段。合理的教学评价，能推动教学方式的变革、教师教学风格与特色的形成。学校历来重视把教学评价作为改进教师教学方法、提高学生学习水平的重要手段。评价的内容包括学生的学习成效以及课堂本身的发展价值。为了更好地实现评价的效果，针对不同的课，学校提出了不同的评价要求。对于基础课，学校的评价主要侧重于学生对知识的掌握以及对知识的理解和感悟；对于特色课与拓展课，除了评价学生的掌握情况以外，还评价课堂本身内容是否符合学生需要，内容结构是否合理，学生对该课堂的反映是否有助于课堂的改善和提高。此外，学校还坚持课前评价、过程评价和结果评价的辩证统一。在课堂教学的语境中，评价的主体主要是教师和学生，客体为教学，其中可形成各种评价关系：教师对教学的评价、学生对教学的评价、教师自评、学生自评、学生之间的评价、教师之间的评价，等等。在此主要阐释教师之间的评价。总体上说，大新小学教学评价坚持以下基本原则。

1. 及时性原则

评价的及时性是学校课堂评价应遵循的基本准则。学校在组织教师听课和评课时，听课前会给每个听课教师发一张评课单，要求听课教师在听课后及时写出亮点、提出建议，并交给上课教师。可署名，也可不署名。这样做的目的，既保证了及时交流，避免了有些问题不好直面提出的尴尬，也保障了教师参与的广度和深度。

以下选登了听课教师们对学校一位新来的英语教师的授课情况进行评价的记录卡。

记录卡1：

亮点：

（1）课前准备充分，信息量大；

（2）能根据学生学情设计教学，还能够根据学情及时改进教学。

共勉：

（1）语速适当放慢，能让学生听得更清楚、更明白；

（2）小组操练时间要更充分，这样学生才能学得更好，教学效果才会更加明显；

（3）增加一些微笑，因为它能够增强师生情感，使课堂教学更具人文。

记录卡2：

优点：

（1）教师语言清晰，基本功比较扎实；

（2）让学生在自学的基础上寻找新问题，掌握新知识，体现以学生为主体的理念。

建议：

（1）对于小学生来说，“一课一得”很重要，既要注意信息量的增加，更要考虑学生的实际，稳步推进，保证每节课的教学效果；

（2）教学是一个渐进的过程，学生接受新知识也是如此，所以，在教学设计方面在注意层次性的基础上，关注本节课的重点；

（3）教具应醒目、实用、科学，真正起到辅助作用。

2. 针对性原则

通过及时评价发现问题，再对问题进行诊断。教师通过问题诊断，找出同伴教学中存在的某个问题进行分析，提出建设性建议或给出具体的改进策略。这样，评价便应具有一定的针对性。诊断的问题因学科而异，如语文教学中涉及的识字、拼音、句子、阅读、积累与运用、写作等；数学教学中涉及的口算、简便运算、应用题归类、图形知识等；英语教学涉及的口语、英语学习环境等；科学教学涉及的实验、检测、撰写研究报告等。

3. 鼓励性原则

通过评价而实现被评价者的发展，体现了当前教学评价改革的一个基本诉求。为了达此目的，学校积极倡导亮点赏析。亮点赏析是让每位听课的教师点出每节课的亮点，每个听课教师针对该课最打动、最受启发的亮点进行赏析。通过亮点赏析让每位教师学会欣赏他人、肯定他人，也让每位上课的教师得到其他同伴教师的肯定，增强上课的自信心。

大新小学梁伟莲老师曾上过一堂作文课，梁老师先进行了自我反思：

作文教学在语文教学当中占有十分重要的地位，作文能力被认为是一个学生语文能力的集中表现，所以把作文课上好，教学生把作文写好是一项重任。

以前，我教作文只注重教学生怎样去写。每次课上交流完如何写这篇文章后，就放手让学生去写。学生写完了我就收上来在办公室里批改。等到作文改完，我再按等级把作文分好类，然后拿出一节课来评讲。课上，把学生好的作文念出来，大家一起聆听、品赏。这是传统的作文教学环节。我并不觉得有什么不对，直到有一天无意中看了陈校长借给我的一本书《小学作文艺术论》，才幡然省悟，作文除了要教学生"写"的能力外，还得教给他们"改"的能力。原来修改作文的能力是写作能力的一个必不可少的组成部分，我却一直忽略了。有人说过：好文章不是写出来的，而是修改出来的。这句话确实很有道理。历史上的大文豪对自己的作品都是精雕细琢的。歌德写《浮士德》，曹雪芹写《红楼梦》都是几易其稿。列夫·托尔斯泰说："黄金要经过淘洗才能得到，精辟的、被表达得很好的思想也是这样。"鲁迅也说："写完后至少看两遍，竭力将可有可无的字、句、段删去，毫不可惜。"他劝别人修改文章，他自己的文章也常常是反复修改的。他的著名散文《藤野先生》修改的地方有160—170处。

明白了这一点后，我就把著名作家修改文章的故事收集起来，在课上讲给学生听，让学生认识到修改自己作文的重要性。我还跟他们说："写作文就像生孩子一样，十分不容易。一个孩子生下来后不能弃之不管，作文写完后也不能一交了之。你的作文就是你的'孩子'，他是有生命的，他诞生后要好好地打扮打扮，让他看起来更健康、更可爱、更讨人喜欢。"根据书上的指导，我在早读课上组织学生把前一天晚上写好的作文拿出来，用朗读修改法进行修改。看见大部分的学生认真仔细地读着自己的作文，我充满了期待——修改后的文章会是怎样的呢？当他们修改完后我并没有急着收上来，而是让他们自己留着，等到上语文课时，组织他们两人一组，在自愿原则的基础上用我们学过的修改符号互改作文，写上评语，签上批改人的名字。学生对这项工作很感兴趣，比起以前老师将他们的作文进行强行交叉换组批改，他们觉得现在这样更尊重他们自己的选择。作文批改完后，就请批改人将自己所批改的作文中的好词佳句读出来，甚至可以整篇读，还可以将批改过程中发现的病句拿出来大家一起帮忙修改。这样的作文批改尝试中，我发现学生作文中的错别字和不通顺的句子明显减少了。看来让学生学会修改作文的确是十分重要和必要的。

针对梁老师的习作教学尝试，老师们发出了这样的评价：

教师 1：

提高作文教学的方法很多很多，只要你认定了一种你认为行之有效的方法，并试图努力去实践、去摸索、不断得到证实，就会渐渐形成你个人的作文教学风格。很高兴你能从他人的教学经验中获得感悟且努力去实践。

教师 2：

让学生自己修改，就好比自己审视自己，必然能够看到很多的不足，与单纯地写完了就交上去那种应付的心态不一样。修改自己的文章，学生的心态不一样，立场不一样，着眼点、出发点不一样，所以对自己文章的把握就不一样，这种方式对于提高写作能力是很有帮助的，我建议增加学生互相修改的方式，这样积极性可能又有提升。

4. 明确性原则

为了更有效地对教学进行评价，大新小学在长期的课堂教学实践中，总结归纳出一套教学评价细则。

从教学目标看：是否仍然以知识机械记诵为主，忽视能力的培养，忽视发展性目标的落实；

从教材处理看：是否仍然以教材为中心，停留在知识学习的结果上，忽视知识的发生、发展与形成过程；

从教学内容看：是否仍然局限于本学科体系，忽视学科间的联系，忽视教学内容的社会性；

从教学方法看：是否仍然是“满堂灌”的注入式，评价教师的授课方法是否忽略了“主体合作、体验成功、差异发展、合作探究、交往合作”等五方面因素；

从教学手段看：是否仍然仅是一支粉笔、一块黑板，忽视多媒体的运用；

从教学效果看：是否仍然以考试成绩为唯一标准，忽视了对学生多元智力的评估，忽视了学生的主动发展和持续发展，学生在事实上是作为配合教师完成教案的“配角”而存在，还是作为一个发展生命体而存在。

（四）追求精细的教学管理

为实现学生发展，全面提高质量，大新小学全面构建了提高课堂教学效益的管理体系，即“一、二、三、四、五、六、七、八、九”管理系统。具体如图 4－3 所示。

具体内容如下。

“一”为“一个中心工作”，即全面提升课堂教学质量。

“二”为“二个提高策略”，即提高教师综合素质和提高课堂教学效益。

“三”为“三大目标体系”，主要是课堂目标、质量目标、管理目标三个方面。在课堂目标上，提出向课堂 40 分钟要质量；在质量目标上，努力达到省级学校的质量目标，并参照省一级学校的教学质量要求对每一门学科制定相对应的效益指标；在管理目标上，努力构建与课程改革相适应的教学管理机制。

“四”为“四级管理制度”，四级即为校长、教导处、教研组、备

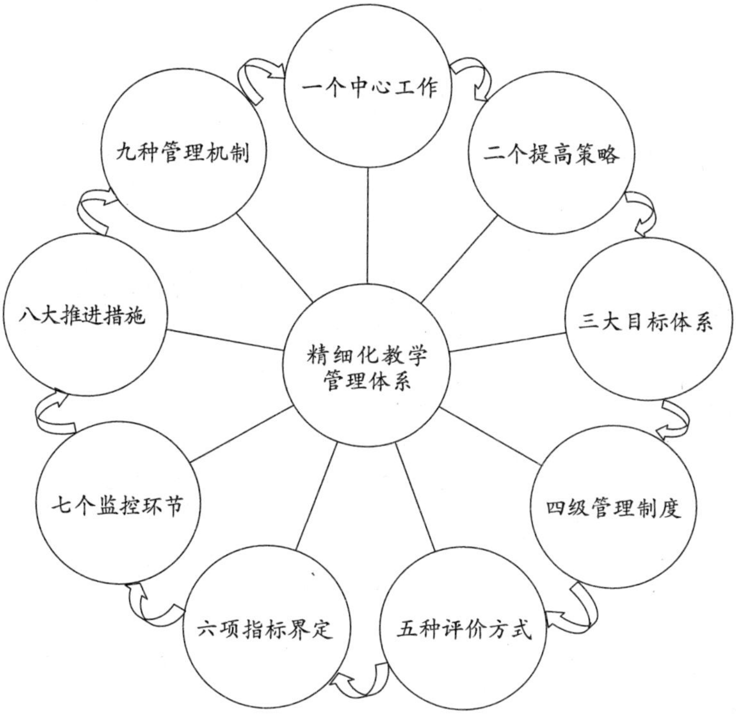

图4－3　大新小学精细化教学管理体系示意图

课组。要求明确各级职责，责任到人，互相督促，充分发挥各级管理作用，尤其强调教导处的“研究、指导、管理、服务”四大职能和全体教师的“自主、能动、创造”三大特性作用要发挥突出。

“五”为“五种评价方式”，具体为平时成绩与集中抽测成绩相结合；实践活动成绩与学科竞赛成绩相结合；面试成绩与笔试成绩相结合；探索和制定相应的质量评价细则；关注学生综合素质提高，关爱学生未来发展。

“六”为“六项指标界定”，具体为备好每一节课、上好每一节课、改好每一本作业、写一篇有深度的教学论文、做一个优质的教学课件、做一次深度家访。

“七”为“七个监控环节”，具体包括备课、上课、批改、辅导、考试、教研、读书。

“八”为“八大推进措施”，主要有制度推进、培训推进、集体备课推进、单元检测反馈推进、行政领导蹲点推进、考试质量分析会推进、“全员育人”制度推进、教学科研推进。在制度推进中，制定了《大新小学日常教学研究管理规定》，要求人人参与校内研讨课、听课、评课教研活动，并撰写评课、议课感想。在培训推进中，建立了教研组长学习培训制度。具体要求开好两会，即每月一次的教研组长学习培训会和教学质量分析会。在集体备课推进中，建立了集体备课制度，努力做到“三个基本统一”，即教学进度基本统一，单元考试时间基本统一，传授知识的深度和广度基本统一。在单元检测反馈推进中，建立了单元测试反馈制度，形成了“四有”，即每一次单元测试有家长意见反馈，有学生改错落实，有教师评语和等级评价，有行政领导检查登记。在行政领导蹲点推进中，建立了行政领导年级蹲点制度，做好“四个一”，即跟踪好一个年级、抓好一个班级、帮好一个老师、搞好一个教研专题；在考试质量分析会推进中，建立了考试质量分析会制度，要求期中或期末考试后，每一位考试科目的教师针对本班的学生考试情况从考试题型、考题涉及的知识点、学生掌握的情况，以及平时采取的方法和措施等方面进行全面分析，总结经验和教训，以指导后期的教育教学工作。在“全员育人”制度推进中，建立了“全员育人”制度，要求做到“抓两头，带中间，讲四性”，对学业成绩暂时落后学生的辅导讲究“及时性、随时性、针对性、实效性”。在教学科研推进中，建立了一支过硬的教师科研队伍，坚持教科研一体化思想，抓好以教研组长、课题研究组长、老中青教师相结合为主体的科研队伍，形成科研骨干力量。树立深化素质教育必须搞科研、新形势下的教师必须成为科研型教师的观念，使每个教师逐步成长为科研型教师。

“九”为“九种管理机制”，具体为备课月查制、推门听课制、重点跟踪听课制、行政年级蹲点制、单元质量会诊制、重点年级调考制、课堂行政巡查制、作业批改检查制、学期结束会考制。

此外，在这个管理系统中，从一到九呈从抽象到具体的关系，即二（两个提高策略）是一（一个中心工作）的具体化，三（三大目标体系）又是二的具体化，依此一直到九，而九最终又在实现着一。

三、课堂教学改革理性反思与经验提升

经过几年的努力，大新小学的课堂教学改革取得初步成效，逐步形成了语文以阅读课，数学以低年级计算能力、高年级思维训练，英语以口语训练，科学以培养学生实践操作能力和科学精神，艺术体育以篮球队、舞蹈、管乐队、鼓号、书画为重点的教学特色。从智力发展到艺术特长的培养，学校尊重学生差异，提倡个性均衡发展，每个孩子都有自己的发展空间和平台。尤其令人感到欣慰的是，这些过去被称为“野孩子”“没教养”的学生，如今被中学授予了“免检”的称号，他们变得知书达理，成为学校的班干部、学习尖子、道德模范。回顾大新小学近些年的课堂教学，主要有以下几个方面的经验。

（一）前提：提高教师综合素养

课堂教学改革成功的关键在于教师，课堂教学质量的好坏关键也在于教师。教师的综合素养是保证课堂教学质量的基本前提。大新小学为提高教师的综合素养，努力在教师培训、专业进修上下功夫。

1. 举办学校培训夯实基础

大新小学首先为教师们制订了一个成长计划，其次进一步具体设立了每周培训专题。

（1）教师成长计划

为了提高教师的整体素质，从 2003 年 9 月开始，学校在每学期开学初，都会根据实际情况制订《大新小学教师成长计划》，并且将每周星期一的下午设定为校本培训时间，从教师的职业道德和专业技能两方面进行培训。

在职业道德方面，从挖掘校内教师自身表率上做文章，用身边优秀教师的感人事迹带动和感化大家，强调教师工作的伦理性，这不是用金

钱所能够衡量的，应该是一种默默的、无私的、充满爱心和生命灵性的工作。在此基础上，通过观看录像、阅读书籍、专家引导、教学观摩交流等多种形式，加大教师职业精神培养力度。

在专业成长方面，通过走出去、请进来的形式，为每个教师创造和提供学习和展示的机会，让教师逐渐形成各自的教学特色。随着培训内容的不断丰富和教师成长的需要，学校增加了教师心理健康等方面的培训内容和形式。

学校把教师的成长分为三个阶段：达标阶段——成熟阶段——品牌阶段。

达标阶段（2—3 年）：熟悉教材、了解学生、明确教法、爱岗敬业、基础扎实、懂得管理、成绩良好。

成熟阶段（3—5 年）：把握教材、关注学生、熟悉教法、执著追求、视野开阔、善于管理、成绩突出。

品牌阶段（5—8 年）：创编教材、成就学生、创新教法、内在驱动、科学管理、成果显著、打造品牌。

这三个阶段发展过程中，都有比较客观的考核标准，阶段之间不是并列关系，而是相互促进、飞跃式发展的过程。虽然对教师的发展提出一定年限内应该达成的目标，但因教师而异，对于优秀教师可以直接进入第二或者第三阶段。

通过培训和成长计划的实施，使教师们明白了今天的教师和以往的教师在职业操守和教学观念、教学手段、教学方法等方面有着显著的不同，在当前课程改革过程中，教师应该怎样改变自己的教学思想、教学方法、教学手段，怎样有效地组织教学过程，从而达到教学思想、教学方法、教学手段的现代化。教师们经过讨论，集体得出大新小学教师应当具有以下基本素质。

气质：稳重大方、彬彬有礼、仪表端庄；

表达：语言文明、能言善辩、出口成章；

心智：懂得感恩、充满爱心、心态阳光；

专业：视野开阔、知识渊博、教学得法；

追求：热爱生活、团队协作、追求卓越。

（2）每周培训专题

教师成长的主要的手段就是有计划地接受科学有效的培训。培训的内容十分广泛，再加上教师的需求各异，因此，每个学期对教师的培训都要有几个专题，通过专题培训力求解决教师成长当中存在的问题。大新小学教师培训主要从职业精神、课程改革、课堂教学、基本技能、信息技术、教育科研、心理健康“七大板块”设计培训计划，专题培训要结合当前教育教学现状和学校实际来定，分长远计划和阶段性计划。

2003 年，恰逢南山区开始新一轮课程改革试验伊始，于是，学校的培训计划便主要是针对课程改革和教师教育观念方面考虑的。表 4－2 是当时学校制订的一份每周培训专题计划表。

表 4－2　大新小学教师每周培训专题计划表

周次	时间	内容	主持
一	2 月 17 日/21 日	《综合实践活动课程开发行动研究实验》专家讲座	罗任重　赖煜荣　吴希福　教导处
二	2 月 24 日/28 日	今天的教师怎么当？	吴希福
三	3 月 3 日/7 日	《基础教育跨越式发展创新实验》专家讲座	罗任重　赖煜荣　吴希福　教导处
四	3 月 10 日/14 日	教学艺术 1、2、3……	吴希福
五	3 月 17 日/21 日	公布大新小学《课程改革方案》	罗任重　赖煜荣　吴希福
六	3 月 24 日/28 日	讨论《课程改革方案》	罗任重　赖煜荣　吴希福
七	3 月 31 日/4 月 4 日	信息技术培训与应用	信息技术室
八	4 月 7 日/11 日	信息技术培训与应用	信息技术室

续表

周次	时间	内容	主持
九	4月14日/18日	课程改革观摩课	教导处
十	4月21日/25日	观摩课评议	教导处
十一	4月28日/5月2日	期中考试	教导处
十二	5月5日/9日	“五一”放假	
十三	5月12日/16日	期中考试座谈	教导处
十四	5月19日/23日	课程改革观摩课	教导处
十五	5月26日/30日	观摩课评议	教导处
十六	6月2日/6日	自由安排	
十七	6月9日/13日	课程改革经验交流	教导处
十八	6月16日/20日	课程改革经验交流	教导处
十九	6月23日/27日	期末复习	教导处
二十	6月30日/7月4日	考　试	
二十一	7月7日/11日	小　结	

2. 通过专业进修开拓学科视野

为进一步开拓教师的专业视野，学校积极为教师创造外出学习的机会和条件。据不完全统计，2004—2007年，大新小学共有1000多人次参加全国、省、市、区组织的各种教育教学培训和交流活动。学校还先后选派6位同志到英国、新加坡、香港特别行政区等国家和地区脱产学习和挂职锻炼，学习时间最长达到半年。这些进修有利于教师掌握最新的教育教学理念，反思和改进自身的不足。

3. 在集体备课中汇集群体智慧

备课，是教师上好课的基础，是提高教学质量的前提。而集体备课为教师之间提供了一个必备的交流平台。长期以来，大新小学坚持集体备课常态化，坚持每个星期每个教研组或者年级备课组都安排统一备课的时间，从教学目标确立、重点难点把握、教学手段使用、课堂教学组织、课堂课外练习设计、学习情况分析等方面进行探讨，每次备课都有中心发言人，每个单元的详细备课内容发布在校园网上，供全年级教师分享。

在具体管理中，实行三级“月查制”（个人填表自查制：重点查漏补缺；学科召集人检查制：重点查量；教导处督查制：重点查质），隔周进行一次集体备课（实际上同年级同科组的教师随时都在进行研讨）。为方便备课，学校把同年级同学科的教师安排在同一个办公室办公，有问题随时讨论，大大提高了备课的实效性。

以下是英语备课组集体备课的一次记录（刘旭老师执笔）：

本备课组教师既从宏观上把握教材的结构体系、编排意图、教学策略，又从微观角度入手，有针对性地设计与选用具体的教学方法，制订详细、全面的能力培养方案，落实具体而庞杂的语音、词汇、短语、句型、段落、篇章等语言、语法基础知识，努力在备课中做到宏观与微观的统一，兼顾到教学方法与具体语言、语法知识点的有机结合。

一、宏观整体——全面了解教材

整体把握教材是小学英语教师进行备课的首要工作，要求从宏观上了解和认识小学英语教学在基础英语教育教学中的地位、作用以及教学内容。

（一）认真学习《全日制义务教育英语课程标准（实验稿）》，领会小学英语课程的性质、基本理念、设计思路，明确小学英语课程的目标。仔细研读《全日制义务教育英语课程标准（实验稿）》中对语言知识、语言技能、情感态度、学习策略和文化意识等五个方面分别提出的具体内容和标准，弄清各个级别中对上述五个方面的具体要求，结合所提供的具体教学案例去领悟实施建议中的教学建议、评价建议、课程资源的开发与利用的建议、教材编写和使用的建议，以全面领会其内涵，为教学实践打下基础。

（二）通读 *Primary English for China* 全套英语教材，了解小学英语

全部教材的基本内容和结构。重点阅读当前所要教授的教材，明确本册教材的具体内容、教学要求和在整个小学英语教材中的地位与作用。

二、中观局部——单元教学设计

这一层面的备课，建立在对教材整体把握的基础之上。以一个单元为单位进行备课，是一个从宏观到微观、从整体到局部的过渡。几位教师将宏观的、总体的教学化成相对具体的教学任务，通过具体的教学内容与具体的教学过程去实现教学目标。因此，我们从宏观上驾驭教材，从微观的角度去具体分析和研究教材，确定本单元的教学重点、难点，开始着手选择适当的教学方法，制定教学模式，搜集整理相关教学材料、合理安排课时等方面的工作。

（一）仔细阅读教材，熟悉教材内容。明确本单元在整册教材中的地位与作用，分析本单元与其他单元之间的联系，理清单元内部各个部分之间的关系。

（二）阅读配套教参，理清知识结构。明确教材编写意图，阅读相关背景材料，合理借鉴其中的教学方法和教学策略。

（三）根据个人理解，确定教学计划。我们几位教师对教材有各自的理解。根据我们各自的理解和教师教学用书的指导，结合本班学生的实际情况，确定单元教学思路、教学重点、教学难点、教学方法、课时分配方案等。在这一步骤中，我们在教学重难点的选择中做到了具体层面（像词汇、短语、句子这样的层面）全面（不遗漏任何重难点）和切合实际（根据各班学生的学情来确定简化教学难度与优化教学重点）。

（四）合理利用资源，优化教学效果。根据教学内容和教学需要，查阅、收集和利用配套教辅用书资料、配套媒体材料和网络资源（如文化背景知识、知识点的分析与讲解、教学例句、歌曲、动漫等），为编写课时教案作好知识与方法的储备。

三、微观细节——编写课时教案

这一层面的备课，是对课堂教学的进一步细化和具体化，体现了我们的教学理念、教学方法、驾驭教材的能力和教育教学的水平。由于小学英语教学是以培养学生学习英语的兴趣为主，所以备课有其自身的特殊性，我们力争做到既要重视语言基础知识，又要做好保持学生学习英语的兴趣。

（一）确定教学内容。根据单元教学要求和学生实际情况确定课时教学内容、重点、难点，这是我们几位老师在一起编写课时教案时首先考虑到的问题。对每一课时的教学内容安排要适量、重点要突出、难点要适当分散（符合小学生的心理特征、学习能力）、情境和游戏要有效结合。

（二）确定教学方法。根据已确定的教学内容、教学重点和教学难点，结合本班学生的实际情况，运用合适的教学方法、教学手段和教学媒体，并使之协调统一。

（三）确定教学设计。根据具体的教学内容和教学方法，编写出具体而详细的教学设计。听、说、读、写在每一堂课都要有所训练。我们仔细研究每一课时教材的具体内容，精心设计每一个教学环节。与此同时，我们还通过查阅各种工具书、收集和利用网络资源、自制精美课件（手工课件或电子课件）、歌曲、游戏等辅助教学，提高教学的质量。

（四）确定练习习题。作业与习题的准备也是课时教案编写的内容之一，要精选作业与练习。作业与练习的选择，不仅要有明确的目的，还要考虑其有效性和科学性。在此，非常感谢学校教导处对英语教学的重视，为我们订购了一定量的练习册，拓宽了我们选择的范围。根据教学的内容和本班学生的学情，我们在备课的过程中，对练习册中的习题进行了仔细的挑选，促进了学生对所学知识点的巩固。

（五）重视单元测试。英语单元测试是在对每两个单元知识的系统学习后，对学生巩固基础知识，拓展课外知识，发展听、说、读、写的基本技能和培养综合运用语言能力等所进行的一次阶段性检测。因此，对单元测试卷的认真分析，为我们发现本阶段学生在学习中存在的问题提供了线索；也为我们在下一阶段的教学中，对上一阶段的不足进行不断调整和改进提供了依据。

集体备课是提高备课质量的重要备课形式。它可以集思广益，发挥集体的智慧，提高教师的综合素养。正是因为大新小学长期坚持集体备课，才能使教师素养以及课堂教学质量不断得到提高。

（二）核心：让学生学会学习

学会学习是通向认识、生存和发展的途径。学会学习指的是学习者能自主选择学习内容，自主支配学习时间，自我评价学习效果，自主调控学习过程。对于小学阶段而言，要让学生学会学习，应使学习的过程始终伴随着学习的方法、技巧和兴趣，逐渐培养学习的意志力、养成良好的学习习惯。鉴于此种理解，大新小学还认为，学生具备一定的学科素养是基础。因此，学校在课堂教学实践中，为了让学生学会学习，主要从学习方法、学科素养、读书习惯、表扬等几个方面来进行。其中，教师的表扬有利于提高学生的学习兴趣。

1. 教给学生学习方法

课堂教学在让学生获得基础知识与基本技能的同时，还应教给学生学习方法，主要内容如下。

（1）获取知识的方法

学习知识固然重要，但是让学生掌握获取知识的方法更为重要。正所谓“方法比知识更重要”。因此，在课堂教学中，学校特别强调教师应该教给学生获取知识的方法，例如，读书方法、查找和整理学习资料的方法、写作方法、简便运算方法、科学实验方法、英语单词记忆方法、视唱与舞蹈方法等，让学生从小热爱学习，学会学习，为他们终身学习奠定基础。对于每一种主要的方法，学校都进行了较系统的探索。以小学生识字教学为例，针对小学生识字难的问题，曹英洁老师总结出了一些“创新识字”方法。

一是在游戏中识字。在识字教学中，她采用“动作比画”“神态表演”等体语游戏，“字谜识字”“画谜识字”“儿歌识字”等趣味猜编游戏等识字方法。还在学生小组协作学习时，通过玩字卡认读生字，比如“摆摆长龙”“抢认生字得红花”“叫字排队”“送字回家”“孪生聚会”“找找朋友”“选认难字”“邮差送信”“抽取大奖”等卡片游戏方法进行教学。

二是创造机会自主识字。为了鼓励、引导学生随时随地地自主识字，曹老师采取了许多新方式：在电脑上制作生字课件巩固汉字；每天在背投电视上打出一首古诗，让学生在课余时间朗读背诵，从中接触汉字、认识汉字；在教室的前后门和室内的四周墙壁上贴出比较难以识记的生字卡片，鼓励孩子“无意识字”；设立了班级图书角，鼓励孩子多阅读课外读物拓展识字；根据课文内容，随机设计一些生动活泼的识字活动，如“逛超市”，将教室用词卡布置成“食品区”“家电区”“日用品区”等，让学生模拟逛超市购物的情境取认词卡，把孤立的字词融入到鲜活的生动情境中，学用结合；建议家长带孩子逛街、乘车、聚餐和旅游时，随时随地引导孩子识字。

（2）科学思维的方法

在教学中，注意对儿童智能的培养，是提高教学质量的重要保证。音乐教师程丽华老师在《我是小小理发师》的教学中，在教给学生音乐知识的同时，还教学生怎样设计发型、怎样模仿理发师来编排舞蹈等，以此来培养学生的创新精神、实践能力和审美情趣。美术教师陈燕老师在美术教学中，引导学生怎样把被风刮到树上的帽子取下来，让学生发挥自己的想象，用多种方法来解决问题。数学教师费华老师在数学教学“折线统计图”中教学生怎样明确汽车的运行线路，怎样分析股市行情，怎样分析本班同学放学的路线图，并引导学生进行客观的评价等，一步步开发学生智慧，挖掘学生潜能。

（3）质疑问难的方法

学生在课堂上向老师和同学提出问题，这是他们走向成功的第一步。学生能在课堂上提出许多出人意料又发人深省的问题，不仅能激发学生的思维，同时有利于学科内容的发展。黄小琴老师在教《揠苗助长》一文时，不是向学生提问，也不是直接讲解课文，而是引导学生从问题出发，让学生自己阅读，自己发现，自己去质疑，结果一些二年级的学生提出了许多令人意想不到的非常有价值的问题，这对学生智力的开发、对理解课文都有很大帮助。学生的问题各式各样，有的问“什么叫寓言”；有的问“种田人说力气总算没有白费，那为什么禾苗还会枯死呢”对于学生的这些提问，黄老师认为，学起于思，思源于疑。“疑”最容易引起学生思维的不断深入。对于学生的疑问，老师要鼓励、要引导、要尊重、要设法解决。谢文素老师在数学课中，根据邱学华的“尝试教学法”进行教学，在教“进位加法”时，不是先教，而是让学生先自学，然后汇报学习收获，并提出在学习中遇到的困难，在此基础上，老师加以引导。

2. 努力培养学生的学科素养

学科素养是指在学科学习和实践活动中养成的具有该学科特征的基础知识、基本技能、基本品质和基本经验的综合。它不是各种素养的简单叠加，而是一种主体精神的整合，成为处理问题的习惯或思维方式。各学科素养的融合，构成了学生今后生活、学习和工作所必需的基本素质。因此，培养学生形成学科的基本素养是素质教育的核心。但是，随着课程改革的深入，学校清晰地认识到，在更新教学理念的同时，教学实践中呈现出的各种问题大多源于教师和学生的学科素养，它直接影响了先进教学理念的落实和教学质效的高低。

培养学生的学科素养是一个长期而复杂的命题，除了学习之外，更多的是由感悟和习惯形成的。一般来说，主要从以下四个方面培养：一是学科基础知识，包括学科基本符号、基本事实、基本概念和基本结构；二是学科基本技能，包括操作技能、认知技能等；三是学科基本经验，如果学生掌握了思考、探究、抽象、预测、推理、反思、操作、表达等基本经验，就能解决学习、工作和生活中的许多困难；四是学科基本品质，包括爱国主义、集体主义精神，民主法制意识，正确的世界观、人生观和价值观，社会责任感，环境意识，健康的审美意识和生活方式等基本的道德修养、精神境界和个人品位。

在语文教学中，不仅要教学生识字、阅读、写作，还应该培养学生热爱祖国语言的感情，指导学生正确地理解和运用祖国语言，丰富语言的积累，培养语感，发展思维，使他们具有适应实际需要的识字写字能力、阅读能力、写作能力、口头交际能力。重视提高学生的品德修养和审美情趣，使他们逐步形成良好的个性和健全的人格，促进学生德、智、体、美和谐全面发展。

数学是一门基础学科，是学生生活、劳动和学习中必不可少的工具。尤其是小学数学知识，是日常生活中使用最多的，也是学生将来学习和发展的基础。如何让学生学好数学为自己所用，不仅要传授知识，更重要的是学习数学的兴趣和方法的培养。胡庆鸿老师总结的《小学生学好数学“十要”》是对数学学科素养培养的有益尝试。一要打好基础。包括基本的计算（如口算、笔算）、基本概念、基本的数量关系、基本的图形知识，以及基本的数学思想和解决数学问题的基本方法等。二要学会倾听。尤其是老师在讲解、分析，同学们在回答问题的时候，要排除一切干扰，随着老师的讲解和同学们的讨论去思维、去发现、去拓展。只有听明白了才能够分析判断别人的话是否正确，才能够学到老师和同学分析问题的方法。三要重视解决问题的方法和过程。比如，一些图形方面的计算公式，不但要记住它，更要理解这些公式是怎样推导出来的，是采用什么方法推导出来的，这样，就算忘记了公式也可以再推导总结出来，分析和推理能力才能够提高。四要做适当的练习。任何学科的学习如果不做适当的练习，学到的知识就没有办法巩固，数学也是一样。五要敢于提出问题和自己的见解。不管是课本上的知识，还是老师讲的知识，都要大胆提出与众不同的看法和问题。敢于向老师挑战、向教材挑战。六要善于找规律，善于总结归纳，迁移类推，举一反三。数学是一门规律性很强的科目，学习数学就必须善于寻找数学规律，善于总结。比如，长方形、正方形、三角形、平行四边形和梯形等图形的面积计算方法，可以统一用梯形的面积计算方法来算。长方形、正方形、平行四边形可以把它们看成上底和下底相等的梯形，三角形可以看成上底为 0 的梯形，这样我们就发现：这几种图形的面积计算方法就可以统一用梯形面积计算方法来计算了。七要持之以恒。要对数学产生并保持兴趣，最重要的是一定要坚持。学习数学的过程也许是辛苦的，但是，当解答出难题的时候，那种自豪与成功的感觉只有自己最能体会。八要做好课前预习。预习做好了，既锻炼自学的能力，又有助于听老师讲课时做到有的放矢，提高听课的效率。九要喜欢教你的老师。要让学生明白两个问题：其一，任何老师都希望自己的学生学好，只存在方法、性格的差异；其二，厌烦老师意味着放弃这门学科，这是一个错误的选择。十要组织学习小组。学习是一种活动，需要大家一起来探讨，组员既是你的好朋友又是你的竞争对手，大家一起探讨课堂上老师讲解的知识，也可以是作业中的问题。这样既能增强同学间的友谊，又使大家共同进步。

在科学课程中，是以培养学生对科学、技术和社会的文化层面的理解，通过理解科学、技术与人类社会的互动关系，来理解科技本身的存在价值及其局限，让学生亲身参与到具体问题的讨论和决策中，培养学生解决实际问题的技能，发展他们的科学意识和行动能力。

3. 让学生养成读书的习惯

学生的学习方式要转变，就应该突破“满堂灌”的老路，变学生被动、被迫学习为自动、自愿学习。其中，让学生养成读书的良好习惯便是有效的一个措施。

为了鼓励学生多读书、读好书，养成良好的学习习惯，学校在张华老师“读书考级”研究的基础上，在全校开展以校为本、以生为本的“读书考级”校本教研活动，探索出了一系列有力措施。

第一，读书“五确定”。

一是确定每周阅读量。低年级不少于5000字，中年级不少于10000字，高年级不少于15000字。二是确定阅读的内容与范围。一、二年级每天背诵儿歌、古诗1—2首；三、四年级每天阅读1篇文章（少年文学、童话故事、寓言故事、故事大王……）；五、六年级每天阅读1篇作品（中外名著、儿童文学、优秀作文……），广泛阅读，博览群书，以书为友，与智慧相伴。三是确定每月读书笔记篇数。低年级为1篇，中年级为 2—3 篇，高年级为 4 篇。四是确定评价等级。评价等级分为若干级（一级、二级、三级、四级……）。五是确定评价方法。评价方法包括学生自评、小组互评、家长补评、教师总评等多种不同形式的评价方式，力求全面客观地评价每一个学生。

第二，读书考级。

《全日制义务教育语文课程标准（实验稿）》规定五、六年级的课外阅读总量不少于 100 万字，设定每 10 万字为一级，小学阶段共分 10 级。或者每读完 50 篇好文章按一级计算，当学生达到一级的阅读量，就发给一级读书证书，达到二级阅读量就发给二级读书证书，依次类推。据不完全统计，以六（3）班为例，达到 10 级（即完成课标规定字数的）有 34 名同学，约占全班人数的 71%；达到 20 级以上的有 19 名同学，占全班人数的 40%；达到 30 级以上的有 16 人，占全班人数的 34%；达到 40 级以上的有 6 人，占全班人数的 13%。经过这样的努力，大新小学学生的读书兴趣越来越浓，读书已成为学生的一种生活方式，基本形成了一种"不读书平庸，不学习落后，不交流闭塞"的学习风尚。

第三，好书推荐会。

定期在学生中召开"好书推荐会"，具体由读书多的同学向全班推荐，由读新书的同学向全班同学推荐，由读精品书的同学向全班同学推荐。在"好书推荐"活动中，图书室的老师也积极参与到活动中来，为学生读书活动提供必要的帮助。

第四，读书辩论会。

每学期召开一次"读书辩论会"，以此推动全班每个学生都积极参与到活动中去广泛收集素材，查阅资料，博览群书，相互交流，团结合作，共同进步。辩论会将全班学生分"正方"和"反方"两大组。正、反两方的代表人数相等，正、反两组的每一位同学必须分工到位、责任明确、团结合作。参加辩论会的同学代表分一辩、二辩、三辩、四辩等，辩论会评分标准的确定从代表参与率、举止文明、态度大方、表达流利、口齿清晰、观点正确、声音洪亮、理由充分等各个不同层面给予综合评价。担任辩论会的评委由学校领导、教师代表、家长代表组成。目前已开展的辩论会题目有：《有了电脑还须花工夫练字吗》《小学生上网是好还是坏》《小学生应不应该多看电视》《“乖孩子”是否等于“好孩子”》《小学生应不应该崇拜明星》《家长望子成龙好吗》《家境好的先成才还是家境不好的先成才》《小学生应不应该多上网》《男生能干还是女生能干》《小学生要不要见义勇为》《成功靠运气吗》等几十个辩题。这一活动使学生对书产生极大的渴求，对阅读产生极大的兴趣。这样别开生面的生生互动，使学生的口头表达能力，应变能力，思维的敏捷性、灵活性、条理性、深刻性以及思辨能力等各个方面都得到了极大的培养和开发，综合素质得到了普遍提高。

大新小学学生读书辩论会

4. 注重发挥表扬的积极效应

兴趣是人积极探究事物的倾向。稳定的兴趣能使认识过程的整个心理活动积极化，能使观察更加敏锐、记忆得到加强、想象力更加丰富、克服困难的意志得到加强、智力活动的效能大大提高。大新小学的老师常说：“当学习充满乐趣时，才更为有效”“兴趣是一种魔力，它可以创造出人间奇迹来”“哪里没有兴趣，哪里就没有记忆”，有了兴趣就会主动探寻，深入思考。如何提高学生的学习兴趣，其方法林林总总，不一而足。大新小学着重从发挥表扬的积极效应这一角度进行。

表扬鼓励是对孩子的优良品德给予肯定性评价。表扬鼓励可强化孩子的良好品德行为，给孩子带来精神上的满足感、自豪感和荣誉感，激励孩子向更高的目标努力，也能帮助孩子掌握评价的标准和方法。通过教师的鼓励和表扬能树立孩子的自信心，增强他们学习的动力。学校老师一直坚持以正面教育为主。不应该给孩子"惩罚"和"反面教育"，而是应该给孩子正面教育，告诉他们什么才是对的。大新小学的许多老师对于表扬都有切身的体会。蔡若英老师在课堂中一次次地感受到赞美语的神奇魔力。

上星期，南山区教研室郑秉捷主任在评课活动中，让我表扬他指导过的那个女生。今天，我在全班同学面前表扬了她。话才说完，我看到的是一个眼神充满光彩的女孩，她非常兴奋，而其他同学也"哇"的一声，投去羡慕的目光。我立即补上一句，在最后的小组活动中你们的表现都很棒，这时我发现所有学生的脸上都露出了笑容。今天的英语课，他们也学得特别认真。这一幕，我将永远珍藏。作为老师，我们要不吝啬使用我们的赞语，这个道理谁都懂，但是面对成绩不好的学生，当真正面对捣乱学生的那一刻，我们是否能把心中的那把怒火化为一句温柔的提醒话语，这需要老师心中有"爱"，能包容地教育学生。即使暂时改变不了他们，也不要用言语去伤害他们，多给这些学生一些充满希望的温馨话语，相信这些孩子会在"爱"的关怀赞扬中不断进步。

潘晓静老师也在教学中体会到"表扬的威力无穷"，并在教学反思中这样写道：

今天，我们学完了《桂林山水》这一课，由于这篇文章非常优美，学生特别爱读。看着他们言犹未尽的样子，我决定趁势举行一次朗诵课文比赛。

比赛规则、评价标准刚一出台，同学们就迫不及待地在小组中准备。比赛开始了，每小组派代表逐一上台。参赛者的出色表现让我这个语文老师感到欣慰。孩子们已经掌握了朗读技巧，但从中我也发现了问题：每一小组总是习惯地选派本组大家公认的好同学上台，几乎每次比赛都是同样的面孔，其他小组成员习惯于甘当幕后者。

正当我困惑的时候，一个陌生面孔出现了，第四小组的代表——小宏，一个平时说话声音非常低，胆子非常小，特别缺乏自信心的小男孩上台了。他举起课本，深深呼了一口气，从他的表情中可以看出他非常紧张。我不由得为他捏了把汗，心悬到了嗓子眼，他能行吗？“我给大家朗读我最喜欢的第二自然段：奇怪得很……”慢慢地，我的心恢复了平静，原先的担忧被紧接着的喜悦所代替。太棒了，百余字的一段文章竟然没错一个字，流利到没有读破一个句子，用他自己领悟到的感情把这段读得洋洋洒洒、富有激情，博得大家热烈的掌声。一枚小红星——这是他第一次为小组赢得的荣誉。

下课后我问他：“你真棒，能告诉我你的秘诀吗？”他略带羞涩地说：“因为您昨天表扬我读书读得好。”昨天的一句表扬竟能产生这么大的威力，这是我始料不及的。随即我又想起了前几天一个家长感触颇深地对我说了一件事：她儿子的习作被我在全班表扬并当例文宣读后，从此儿子的写作水平快速提高，还养成了天天写作的好习惯。这些故事引起了我的深思：老师的一句看似简单的表扬实际上能在孩子们的心中产生巨大的威力，能挖掘出学生内在的潜能，树立孩子们的自信心。

然而，表扬也需要讲求一些必要的科学策略。大新小学对此进行了积极的探索。

（1）表扬鼓励应多而恰当

在孩子的教育过程中，根据孩子一般爱听好话，爱戴“高帽子”的特点，注意多表扬奖励孩子，少批评指责孩子。但表扬要重视孩子自身的纵向比较，不要过多地将孩子进行横向比较。只要孩子确实作出了努力，取得了进步，教师都应该表扬。因为孩子的发展有大有小，能力有高有低。同样的事情，对有的孩子是不值一提，而对另一类孩子却要经过一番努力。在这种情况下，应该表扬经过努力取得进步的孩子。当然，也要注意表扬的度，如果滥用表扬鼓励，孩子就会分不清是非善恶，听不进善意的批评，从而娇气十足，自以为是。应该表扬为主，批评为辅。

（2）顾及孩子的年龄特征和个别差异

不同年龄的孩子对各种表扬鼓励的反映不同。年龄小的孩子，抱一抱、摸一摸、点点头、微笑一下就能使他们满足；如果奖一朵小红花就会使他们欣喜若狂，大喜过望。而年龄大的孩子则不在乎这一套。年龄大的孩子更倾向于当众表扬。另外，孩子的个性特点不同，对表扬鼓励的需求也不同。胆小、发展迟缓或者较少受到表扬的孩子适宜多表扬，而胆大、能力强的孩子宜少表扬。

（3）忌用消极评语

教师给孩子的表扬和鼓励应该是发自内心的，不应该在表扬中加入消极的评语。如“你总算做对了，以前为什么就不好好做呢？”这样的表扬其实就是批评。这种消极的评语让孩子认为自己原来做的一切都是不好的，无形中打击了孩子的积极性，效果自然不好。

（4）表扬要注意诚恳、客观和适时

首先，表扬鼓励的态度诚恳，使孩子感到我们是在真心实意地表扬他们，确实将自己做的好事看得很“重”。其次，表扬要客观，恰如其分。不要无故表扬孩子，不然孩子会觉得莫名其妙。如果过分夸大、拔高孩子的某些品行，孩子会飘飘然，会助长孩子的骄傲情绪与虚荣心。最后，表扬要适时。孩子做了好事、取得了成绩后，心情一般比较激动，急于得到大人的肯定。因此，要抓住孩子的这一心理，趁热打铁表扬孩子，强化孩子好的品行。另外，表扬鼓励一定要在孩子付出努力之后，不要事先许诺。“许诺”似的鼓励可能在某件小事上起作用，孩子为了得到预期的表扬鼓励，有时会暂时收敛自己的不良行为。但时间长了，会使孩子养成做事讨价还价、功利性强等毛病。

（5）以精神奖励为主

能够给予孩子的精神奖励有许多种，如告诉孩子“你做的事让我感到高兴”或当众宣传表扬。物质奖励讲求经济、实用，对幼小的孩子来说，发一朵小红花之类的是最好的物质奖励。但过多使用，就会丧失激励作用，使孩子养成斤斤计较、追求物质利益的不良作风。

（三）保障：系统的课堂研讨

教学工作是学校的中心工作，广泛深入地开展教学研究活动是教学质量提高的有力保证。每学年每位教师都要承担课堂教学研究任务，课堂教学研究成为学校的校内教学研究制度。教学研讨课的形式多样，有青年教师探究课、骨干教师示范课、新教师汇报课、学习课标研讨课、党员先进性展示课等。公开课结束后，组织评课活动，有执教教师的自我反思，有同伴教师的肯定和建议，有口头的交流，有文字的转达等。以下围绕此作一些阐释。

1. 专题研讨课

学科教学涉及的内容十分广泛，每个学科、每个年段、每个章节都有很多学习单元。以语文学科为例，从教材内容上看，涉及拼音、识字、词语、句子、语法、修辞、阅读、习作、口语交际、综合性学习等；从能力培养上看，有思维能力、表达（口头和书面）能力、实践能力、获取知识能力等；从课型来看，有教师指导课、学生阅读课、课外拓展课等。为更好地落实这些知识和能力的教学目标，需要有专题研究，并构成一个较完整的体系。

我曾在全校语文教研组专题研讨活动期间上了一节“口语交际”专题研讨课“说说我自己”。学校先是将我的教学设计提前分发给各位听课教师，然后请各位老师带着问题在听课过程中对教学设计进行评议。通过这种专题的教学设计，老师们再次对语文口语交际课的基本理念、教学目标、教学基本策略进行了研讨。

附："说说我自己"教学设计

说说我自己

课型：口语交际

教材：三年级下册第三单元

授课班级：三（2）班

执教时间：2006年3月20日上午第四节

一、教材说明

本次口语交际的话题是"说说我自己"。

由于学生在一起共同学习、共同生活了近三年的时间，在相互间的了解方面，他们既对对方有所了解（外貌、衣着、性格等），但又对对方缺乏更深刻的理解（爱好、特长、优缺点，尤其是缺点、心理世界等）。在语言表达方面，他们既具有一定的口语表达能力，又缺乏较为完整、独到而又生动形象的描述和述说。应该说，在三年级开展口语交际能力的训练，具有承上启下的作用。同时，三年级学生在身体心理等方面同低年级相比，也在悄悄地发生着变化。开展这样的口语交际训练，不仅对学生口语表达能力的提高有所帮助，对进一步增进同学之间的相互了解、增强同学之间的友谊也大有裨益，也可以为老师和父母在教育孩子方面提供有效支持。

二、教学要求

1. 通过本课教学，在提高学生口语表达能力的基础上增进同学之间的相互了解。

2. 介绍自己时，要抓住自己的特点。

3. 听别人介绍时，要注意倾听，看看有什么补充。在听、说、评中进行生生之间、师生之间的交流对话活动。

三、教学重点

1. 通过介绍自己，归纳出介绍自己的一些方法，如抓住人物的外貌、穿着、性格、爱好、优缺点等，还可以通过一两件事例来说明。

2. 在具体介绍自己时，注意突出一两个方面的特点。

四、教学难点

1. 如何为学生创设出一种口语交际的对话情境和交流平台。

2. 介绍自己的同学如何把话说完整、说通顺、说具体、说生动，听同学发言时如何听清楚、抓要点、找问题，并提出恰当的改进和补充意见。

五、教学方法

通过创设课堂情境为学生的口语交际提供帮助，即情境教学法。

六、学习方法

通过生生之间、师生之间的平等对话，在一种和谐、平等、愉悦的氛围中完成本次口语交际任务，即快乐学习法。

七、教学时间

一课时

八、教学准备

1. “最佳介绍者”奖状；2. 某某兴趣小组招聘广告牌；3. 多媒体课件；4. 相关收藏资料。

九、教学过程

（一）创设课堂情境，激发口语交际兴趣

教师以猜谜语的形式介绍自己，让学生猜这个人是谁。他的哪些方面大家已经知道？哪些方面大家还不熟悉？由此得出，要想对一个人真正了解，除了平时的相处和接触以外，更多的还是要听听本人自己的介绍，这样我们就会对这个人有一个更加全面而深刻的了解。导入本节课的内容。

（二）学生自由读本次口语交际要求

思考：本次口语交际对我们有哪些要求？然后广泛讨论。在此基础上，得出本次口语交际的基本要求：

1. 抓住自己的特点，如外貌、穿着、性格、爱好、优缺点等；

2. 说真话；

3. 当别人介绍自己时，要注意听，看有哪些补充；

4. 评一评，看谁最像他本人；

5. 注意把话说完整、说通顺、说具体、说生动。

（三）围绕本次口语交际要求，小组交流评价，教师参与到学生的讨论中去

（四）介绍、评价、点拨相结合

推荐学生上讲台在全班同学当中介绍自己，同学边听边做笔记，然后进行评价，注意从优点和不足两个方面评价，还可以提出改进和补充方法。在学生说话和评价的过程中，教师可以作适时点拨引导或鼓励。

（五）小组比赛交流

一个小组推举一个同学上讲台介绍，其他小组同学评价，最后评出最佳介绍者，颁发“最佳介绍者”奖状。

（六）某某兴趣小组招聘会

学生分别扮演主考官和应试者，开展一场招聘面试活动，然后评价，并说明录用理由。

（七）教师小结

围绕板书和学生表现进行小结。

十、板书设计

口语交际

说说我自己

抓特点：外貌、穿着、性格、爱好、优缺点……

明要领：说真话、注意听、会评价、会补充……

十一、作业练习

1. 回家向家长介绍你自己。

2. 试着把你自己的外貌、性格、优缺点等写下来。题目自拟。

3. 教师自我介绍例文推荐（略）。

2. 推门听课制

大新小学认为，公开课、比赛课往往都是老师精心准备过的课，属

于“大餐”。但做老师的，哪有精力时时准备“大餐”给孩子们吃呢？这“家常菜”才是老师们最为宝贵的底牌。为此，学校推行推门听课制。不打招呼，听听家常课。“推门听课”旨在摸清教师的教学水平，测定教师的教学态度，以便给教师的课堂教学一个公正真实的评价。个别教师平时可能备课不够充分，上课不够认真，采用“推门听课”则可真实地反映教师的实际授课水平，也可督促教师认真上好每一节课。为此，学校在教代会中明确提出学校开展“推门听课”，即在没有提前通知上课教师的情况下，“推门”进去听课。

听课的可以是同伴教师，可以是市里、区里、局里、学校的领导，另外，学校随时欢迎学生家长来校听课，做到“想听就听”。

徐霜副校长在推门听了一、二年级六七位教师的语文课后进行了如此的思考：

教师的个人素质是制约课堂的重要因素。教师素质是最需要强调的问题。教师的个人素质不高，课堂知识传授效果就不大，教学质量就难以提高，教育的意义就难以体现。特别是在大新小学这个生源特殊的学校里，教师个人素质的优劣，更直接影响着我们的孩子。因此，我们更能感觉到教师的个人素质是影响课堂教学质效的重要因素。

这几节语文课，从教师的课堂组织教学、维持纪律，到课件使用、示范朗读、指导讲授，给我的感觉教师就是一位出色的幕后导演，学生们才是这部戏的主角。教师每一个亲切的笑容，每一句鼓励的话语，每一个暗示的眼神，让每一个孩子都能找到自信，正确地定位自己。正是有了关爱、有了尊重、有了理解，才使得本来枯燥无味的课堂一下子变得活跃生动起来；正是有了教师良好的个人素质，才使得孩子们一个个兴趣盎然……

而这些思考，恰又成为学校在下一阶段课堂教学改革中的起点和目标。

3. 青年教师评优课

学校每学期都开展青年教师评优课，这也被称为“赛课”。35 岁以下的青年教师都必须参加评优课。学校为青年教师专业发展积极搭建平台，每年安排青年教师评优课，不断提高青年教师的教学基本功，将教师基本功的提高向教学工作的更高层次发展，直接落实到课堂教学、提高教学质量的活动当中。对于市里、区里的比赛，学校都积极参加。与此同时，学校也自己开展全校评比。通过这种青年教师评优课的形式，让新教师上课得到锻炼和成长。通过比赛，学校发现教师们在教学设计、课堂组织、教学重难点的突破、运用新理念、使用现代化教学手段等方面都取得了可喜的进步，一批新生力量正在蓬勃发展。

4. 新教师汇报课

对于学校招聘进来的新教师，在第一个月内都要进行新教师汇报课，让同伴之间相互认识，并发现新教师上课的优缺点，积极扬长避短。通过新教师汇报课，使新教师尽快、尽早成熟起来，适应新的工作环境。

新教师汇报课之前还要经过说课程序。在说课过程中，教师不但要说教材、说教法、说教学思路，还要说理念、说学情、说设计思想，不仅要关注教师怎样教，更要关注学生怎样学，教师通过说、听、评、议、思，提高了分析教材、处理教材的能力，促进了教学方式的转变。

5. 利用教师博客，撰写课后记

“课后记”是教师对教学过程的设计和实施进行回顾和小结，将经验和教训记录下来。撰写教学后记也是学校反思式教研的内容之一。学校要求教师养成记课后记的良好习惯，并倡导一课一思，将课后记纳入教学常规工作检查中。还充分利用教师博客进行互动评课，不受时间和空间的限制。实行“1 + 1”教学研究模式（即提供一份教学设计，并针对这份教学设计上课后写一份教学反思）。教师博客增加了教师之间的交流，也为学生家长、社会人士了解教师教学打开一扇窗口。以下选载几位教师的教学反思随笔。

教学反思1:《岩石和矿物》(程彦老师)

今天是四年级的《岩石和矿物》这一章第一次课，在上章结束后，我布置了一个家庭作业："下节课我们要学习《岩石和矿物》这一章，请同学们回家后收集各种各样的岩石和小石头，下节科学课的时候带到学校来让大家欣赏，能不能做到?"同学们立刻说："能做到。"我有点质疑，他们这么快答应，真能做到吗?

上课铃声响了，我走上讲台，还没有等我开口，很多小手里都拿着一块岩石在玩。我看了看，问了一句："请带了岩石的同学举手"。哗啦！手举起一大片，我就开始让学生"玩"自己手中的岩石，首先让他们讲讲自己的岩石是从哪里来的，接着我提出"玩"的要求：用眼睛看看、用手摸摸、用鼻子闻闻、再用榔头敲一敲岩石，并把自己"玩"的发现和感受填写在活动记录卡上。听清楚要求后，孩子们兴高采烈地开始"玩"起岩石了，我在教室里边走动边观察他们的活动情况，倾听着他们的讨论。有的在讨论岩石的气味，有的在比谁的岩石漂亮，有的在质疑为什么岩石表面有很多小孔，有的在比较岩石的轻重，有的学生问我："老师，我找的这种岩石叫什么名字"，等等。看学生"玩"得差不多了，就让每个小组派一名代表，把"玩"岩石的发现和感受告诉给大家听，与其他组的同学一起分享"玩"岩石的收获。听着孩子们的汇报，我感受到了，孩子们在"玩"岩石的过程中，都有自己的发现和收获。可能在别的孩子的眼里这些收获很微不足道，但这些都是他们自己的发现，听着他们的发现和收获我觉得很欣慰……

教学反思2:《地球的卫星——月球》(吴登峰老师)

在六年级上完了《地球的卫星——月球》这一课。四个班的课上完后，我发现还是课前老师的"勤"换来了学生课堂上的"懒"。在六

(1) 班上课的时候，我使用了多媒体进行教学，化抽象为形象。当月球表面的图像出现在学生面前时，学生充满了求知的渴望，他们对月球产生了兴趣，对浩瀚的宇宙充满着向往，还针对月球上的地形地貌提出了许多有价值的问题。在其他几个班教学时，我也同样采用情境教学的方法，引导学生通过观察、设疑、讨论等方式开展教学活动。每节课，我都试图以“主持人”的角色，让学生尽情展示和表现，收到了很好的教学效果。我想，要成为一名优秀的小学科学教师，必须不断提高自己的科学素养，不断更新教学观念，不断学习和丰富自己的专业知识。

教学反思 3：合作探究带给成功的愉悦（叶启安老师）

最近在“统计图表”教学设计和教学中，我要求学生以 4 人小组为单位，调查、了解生活中各行各业、各个学科中应用的各种统计图，调查、收集自己生活中最感兴趣的一件事情的有关数据。任务一布置，学生或通过报刊、电视广播等媒体，或对他们感兴趣的问题展开调查采访，或查阅资料（如统计小学生的睡眠时间、喜欢看什么书、马路边统计车的类型），学生经历搜集数据的过程，搜集的统计图丰富多彩，内容涉及各行各业。从中体会到统计图在社会生活中的实际意义，他们观察生活、乐于探索的学习品质及与他人合作交流的意识得到了培养，学习积极性很高。

撰写课后记，旨在让教师通过对课堂进行理性反思，学会把自己从一名纯粹的“教书匠”逐渐过渡到一名专业型教师。前者把课堂教学（教育）仅当做为一种谋生的手段，时间一长易产生职业倦怠，后者则把课堂教学（教育）作为一种自身的事业来追求，从业者愿意为此孜孜不倦而乐此不疲。

课堂教学是学生发展的主渠道，要实现学生的真实发展，必须对课堂教学予以足够重视。正是在这种清醒意识之下，大新小学始终将课堂教学改革立于整个教育改革的核心位置，不仅从教师的综合素养、学生学会学习、系统的课堂研讨等方面进行全面的理性把握，而且从教学理念、教学模式、教学内容、教学评价、教学管理作出了切实的探索。正是因为如此，近些年来，大新小学在课堂教学乃至整个教育方面取得了令人瞩目的成效。未来的大新小学，必然还将在课堂教学上进行切实的努力。

第五章 “三礼”教育：夯实做人基础

大新小学是一所以农民工子弟为主的学校，85%的孩子属于非常住人口。如何为这些外来工子女提供优质的教育服务，如何让他们融入城市，成为有理想有道德的公民，成为社会健康向上的一员，如何让老师们能够享受他们的教学工作，如何使学校得到社会认可，就成为大新小学近些年必须要解决的紧迫问题。经过反复调查和研究，结合学校实际，学校提出了以礼仪、礼节、礼貌为主要内容的“三礼”教育，并试图把“三礼”教育作为突破口，全面加强道德教育，夯实做人基础。

一、“三礼”教育的基本内容及价值诉求[①]

（一）校情选择——“三礼”教育缘由

大新小学地处南山区商业区和老城区的交接地带，学生家长大多是从外地到深圳打工的农民。在全校近1200名学生中，外来务工子女占85%以上。由于家庭背景的特殊性，这些孩子普遍缺少良好的家庭教育，更没有受过正规的学前教育，所以这些孩子的行为习惯都比较差，粗陋顽劣，缺少基本修养。曾经的大新小学，在学校组织学生参加区里的大型活动时，不少学生衣着不整，有些甚至是蓬头垢面，走路打闹，就像散兵游勇一般。而家长自身的情况同样不容乐观。学校召开家长会，能准时出席的家长不足1/3，大部分家长穿着短裤、拖鞋，有的妇女还抱着孩子，会间不少家长打电话、聊天。

在这种情形之下，大新小学认识到了德育对于学校发展的紧迫性。学校也看到，当前许多学校都认可德育在学校教育中的重要性，然而在实际教育管理工作中，常常还是受“智育第一”的思想所支配，“分数”“教学成绩”“名次”等成为学校追求的目标，德育却在实际上沦为说起来重要、忙起来不要的“点缀品”。德育之所以在当前学校教育中落空，除了人为认识上的原因之外，还有一个原因是德育本身是内涵

① 此节内容参考了：鲍东明．“三礼”教育是如何成就一所名校的——吴希福校长“三礼”教育办学思想个案研究［J］．中国教育学刊，2008（7）．

深刻、内容丰富、外延广阔的一个概念，常常让不少学校无从下手。因此，找准德育的切入点就显得非常重要。基于以上考虑，大新小学在2003年秋季开学前的一周，便从“规范”教育入手，以“三礼”教育为抓手，全面加强道德教育，从改变学校德育工作入手改变学校面貌。

（二）礼仪、礼貌、礼节——“三礼”教育基本内容

“礼”虽源于古代但已被赋予新时代的内涵。新时代开展“三礼”教育，已不单纯是一种对经典的重复和模仿，更多的是精神的传承和扬弃。因此，大新小学当前所讲的“三礼”，既可以专指为表示敬意而隆重举行的仪式，也可以泛指社会交往中的礼貌、礼节。“礼”在现代社会演变为礼仪、礼貌、礼节，大新小学将其称之为“三礼”。

所谓“礼仪”，从广义上讲，是人们在社会活动中言行规范和待人接物的标志，是人们在社会交往活动中形成的行为规范与准则，是礼貌、礼节、仪表、仪式等的总称。从狭义上讲，礼仪指的是国家、政府机构或人民团体在一种正式活动中和一定环境中采取的行为语言等规范。在各种场合举行的仪式，如发奖仪式、签字仪式、开幕式等，都属于礼仪的范畴。礼仪的种类很多，主要包括个人礼仪、生活礼仪、家庭礼仪、学校礼仪、社交礼仪、公务礼仪、商务礼仪以及习俗礼仪、民族礼仪、宗教礼仪、涉外礼仪、外国民俗等。

所谓“礼貌”，是指人们在相互交往过程中言语、动作应具有的相互表示谦虚恭敬、友好得体的气度、风范和行为准则。

所谓“礼节”，是指人们在日常生活中特别是在社会交往过程中表示出的敬重、祝颂、致意、问候、哀悼、慰问等，并给予必要的协助与照料的惯用形式和规范，是礼貌在语言、行为、仪态等方面的具体规定。

“三礼”教育的实质是培养人的教养，教人如何尊重人，如何与他人相处。“三礼”教育以尊重为基础，以诚信为核心，辅以美好的外表，最终造就健全的人格。大新小学把“三礼”教育的要义归纳为以下四点。

第一，“三礼”教育的基础是尊重。礼仪的行为，实际上就是人们在尊重他人、尊重社会的意识的支配下，在人与人交往中表现出来的礼貌与礼节。它使人们做到遵守、自律、敬人、宽容、平等、真诚与适度，自觉地对交往对象一视同仁，给予礼遇。

第二，“三礼”教育的核心是诚信。“三礼”教育就是要教育学生讲诚信。诚实是全部道德的基础，是人际交往最基本的条件。我国著名教育家陶行知强调：“千教万教教人求真，千学万学学做真人”，其实质就是强调一个“诚”字。做人先要做一个真实的人，才能做一个有用的人。在学校开展“三礼”教育时，应首先教育学生要信任家庭、学校和社会熟悉的人，然后再教育学生与社会上一部分人交往时要善于识别，不能过于信任；而不能先教育学生不要轻信别人，这样学生就会不信任所有的人，同时自己也去学做“不可信任的人”。其实，作为“三礼”教育的“信”，主要还是说要使别人信任自己。

第三，“三礼”教育的外表是美好。世界上美的事物千姿百态，自然美、社会美、科技美，异彩纷呈。美的本质，就呈现出对人的本质力量的确认与肯定。审美可以陶冶情操、美化人格、约束和规范人的行为。“三礼”的践行并不是审美活动，但它的确又蕴涵着审美的因素。比如个人礼仪修养做到举止优雅、服饰得体、仪容整洁、语言礼貌，就体现了对美的追求。语言美、行为美会给人亲切、亲近、自然、美好的感觉。因此，“三礼”本身就是规范美的体现，也是一个人的审美情趣与文化品位的窗口。

第四，“三礼”教育的终极是一种健全人格教育。现代健全人格主要包括独立和合群两方面。团队合作精神就是一种既各自独立又互相合作的精神，就是合群的最高境界。既体现每个人独立自主，又体现每个人为同一目标而与他人融为一体；既能保持个人的个性，又能使个人融为一体。而这种团队精神的核心，就是现代交往伦理或者说是“三礼”。因此，培养现代健全人格，离不开“三礼”的学习和教育。“三礼”教育是培育现代健全人格最合适的养料，而现代健全人格也成为“三礼”精神的最好体现。

（三）文化传承——“三礼”教育的价值诉求

“礼”是中国传统文化的核心，也是中华民族传统美德绵延不绝的巨大精神财富。中华民族有“礼仪之邦”之美誉，礼仪教育传统源远流长。中国历代思想家和重要的文化典籍，无不强调“礼”在“树人”以及齐家、治国、平天下中的重要作用。

孔子说：“不学礼，无以立。”（《论语・季氏》）强调学礼是一件小到立人、大到立国的大事。他还具体教育他的学生：“非礼勿视，非礼勿听，非礼勿言，非礼勿动。”（《论语・颜渊》）从而告诉人们要懂得礼节规范，不合礼节的不能看、不能听、不能说、不能做，至于《礼记・大学》中的“物格而后知至，知至而后意诚，意诚而后心正，心正而后身修，身修而后家齐，家齐而后国治，国治而后天下平”（修身、齐家、治国、平天下）等，都强调要学“礼”。“人无礼则不生，事无礼则不成，国无礼则不宁。”（《荀子・修身》）荀子的这句话同样很好地诠释了人必须学“礼”的原因。

在现代社会，“三礼”是在长期的社会实践中形成的人与人之间相互关系的一种表现形式，是衡量一个人道德水准高低、有无修养的尺度，也是国民精神素质的一个重要方面，是精神文明的具体体现，在治国安邦、立身处事中具有重要作用。学习“三礼”并不只是个人生活小节或小事，而是一个国家和社会风气的现实反映，是一个民族精神文明的重要标志。

改革开放以来，随着我国经济的快速发展和人民群众生活水平的不断提高，精神文明建设取得了令人瞩目的成就，但也在某些方面出现了停滞乃至倒退现象。我国部分公民在境外旅游活动中表现出来的不文明行为，如大声喧哗、随地吐痰、乱扔杂物、排队加塞、乱刻乱画、衣冠不整等，被海外一些媒体归纳为中国游客的“通病”，损害了中国“礼仪之邦”的形象，引起了海内外舆论的关注和批评。国民的素质与快速发展的经济形成巨大的反差。有的境外旅行社和宾馆甚至因此拒绝接待中国旅游团队。为此，中央文明委曾发出通知，部署在全国实施“提升中国公民旅游文明素质行动”。这也从一个侧面反映了国民素质的提升已经到了刻不容缓的地步。因此，在小学阶段，开展“三礼”教育，对于提升小学生的文明素养，进而提升公民的整体素质具有重要的意义。

二、“三礼”教育的实施构架

（一）厘清思路　筹划“三礼”教育

实施“三礼”教育，首先需要对其进行整体筹划，实施“三礼”教育的先后顺序、前后主次等，都应在学校整体工作中有一个通盘谋划。

1. 日常行为习惯的养成——“三礼”教育的起点

教育一定程度上就是培养好习惯。文明用语，如“请”“谢谢”“对不起”等；文明行为，如走路脚步轻轻，上下楼梯右行，说话轻声细语，不带食物进会场，结束后把废纸垃圾带走等，这些看似言谈举止、行为习惯的事，其实是中华民族的优秀文化、传统美德。美国心理学家威廉·詹姆斯曾说过：“播下一个行动，收获一种习惯；播下一种习惯，收获一种性格；播下一种性格，收获一种人生。”① 正是坚持这样一种理念，个人生活小节或小事成了学校实施“三礼”教育的着眼点。老师们受这些规范的启发，从最小的细节抓起。

崔洁明老师在开展“三礼”教育活动中，从英语课堂中习惯的培养入手，取得了明显效果。她认为，作为英语老师，在英语课堂中必须重视孩子良好习惯的养成，为学生养成终身受用的好习惯。这些习惯主要包括：一是培养学生作好课前准备的习惯；二是培养学生服从指挥的习惯；三是培养学生主动参与、大胆开口、正确朗读的习惯；四是培养学生良好的书写习惯；五是培养学生改正自己错误的习惯。

---

① 转引自：http：//club. jledu. gov. cn/? 25102/viewspace－243184.

学生良好习惯的养成有赖于教师不断地严格要求，有赖于教师对习惯培养的计划性与持久性。“抓反复，反复抓”是培养学生良好学习习惯的根本所在。不同的年级会有不同的德育内容。这种最基本的、通识的小习惯需要从最低的年级抓起。否则，一旦错过了低年级习惯养成的黄金时期，养成了不良习惯，以后要纠正是极其困难的。

2. 心理健康——“三礼”教育的保障

德育关注的思想问题从根本上说属于心理现象范畴。学生的思想观念、道德品质等都是外部影响与学生内部心理因素相互作用的结果。学生的心理问题往往通过思想问题的形式表现出来，思想问题又需要借助心理教育方式来解决。正是因为此，心理健康是“三礼”教育的重要保障。

世界卫生组织把健康理解为身体上、精神上和社会适应上的完好状态，而不仅仅是没有疾病或者不虚弱。因此，心理健康越来越多地受到人们的关注。为了更好地了解孩子，及时预防或治疗孩子们的心理疾病，调节孩子们的情绪，学校于2004年11月成立心理咨询室。心理咨询室通过多种渠道，为同学们提供咨询。同学们可以单独与咨询老师交流，也可以与自己信赖的任课老师预约，进行心理辅导；还可以以写信的方式进行书面沟通。学校还在网站上开设《心理与健康》专栏，向同学们积极宣传心理健康知识。在组织方式上，心理咨询室向全体学生进行心理健康知识讲座；进行一对一单独辅导，或针对某一团体进行团体辅导。此外，还对高年级同学进行青春期健康教育活动。

《认识情绪，把握情绪》是冯惠敏老师的一个心理健康辅导专题，在这个辅导专题中，冯老师主张让学生通过对情绪的认识进而从元认知的角度对自己的情绪进行积极调控，最终实现心理的健康。以下是其活动设计。

活动目的：

1. 让学生了解情绪的定义和表现形式；

2. 了解情绪对行为的影响；

3. 帮助学生初步掌握调节情绪的方法，为预防心身疾病打下良好的基础。

辅导重点：学会正确对待不良情绪。

辅导难点：对比积极情绪和消极情绪对人的影响。

活动形式：课堂教学

活动时间：1课时

辅导年级：五年级

辅导内容及步骤：

一、认识情绪

（一）导入情绪的定义

（和学生们作简单的交流沟通）

今天天气不错，来到这里和同学们共同探讨一些有关健康方面的问题，老师感到很高兴，心情很愉快。同学们能谈谈自己的心情吗？为什么会有这样的心情呢？

其实，我们平常所说的心情，在心理学中有一个术语叫做“情绪”，指人们对于外界事物的一种感受，它主要取决于外在事物是否能满足我们的内心需求。当你得到一件渴望已久的玩具时，你的心情肯定是兴奋、喜悦的。相反，当你喜欢的玩具无意中丢失了，你肯定会有些沮丧、失落、难过吧。这些开心或是不开心，其实都是情绪的一种表现。

（二）情绪的表现形式

（演示图片，让同学们观察各种情绪的表现特征）

人的面部表情能比较精细地表现出人的不同的情绪和情感，是鉴别不同情绪的主要标志。例如，高兴的时候人的眼睛是眯着的，嘴角是往上提的；伤心的时候眉头是皱着的，嘴角是向下的；害怕的时候眼是瞪着的，嘴是张着的。

二、体验情绪

（一）音乐情境

1. 播放一段flash音乐《卖火柴的小女孩》，让同学们用心去听、去感受。

2. 听这段音乐时，你的情绪产生了哪些变化？请同学们谈一谈。

3. 小结：刚才一段简短的音乐引起了同学们情绪上的波动，那么我们的情绪无时无刻不在受着环境、事件的影响，经常会出现不同的情绪体验，既有欢快的、愉悦的、幸福的，也有烦恼的、忧愁的、沮丧的甚至还有痛苦的、悲伤的情绪体验。

音乐能引起情绪的变化，不同的事情更能引起情绪的变化了，下面我们来联想这样一个情境，来体验一下情绪的变化。

（二）联想情境

傍晚，当你在森林中迷失方向时，突然间前方出现了一只老虎，你此时会有什么样的反应？

那么，此时此刻，如果你在动物园里看到老虎，有什么样的情绪反应？

请同学们展开合理的想象，说说自己的感受。

总结：人们在不同的时间和地点，也就是由于环境的不同，对于相同的事物就会产生不同的情绪。

（三）分享快乐：游戏“击鼓传球”

1. 全体起立，然后坐下。再全体起立，这次的速度要比刚才快 10 倍，然后再坐下。第三次起立要求比第二次再快 10 倍。

2. 接下来抬头看天花板，张开嘴巴大笑三声，保持这个状态，张开嘴巴，看着天花板，然后要求每个人想一件从小到大最快乐的事情。

3. 听鼓声传球，鼓声停后球在谁手中，就请谁讲一件生活中遇到的最快乐的事。

4. 想一想：当你在向同学诉说开心事的时候（或在听别人说开心事的时候），心里有什么感受？小结：从同学们刚才的诉说中，老师已感受到我们每个同学都分享到了别人的快乐。老师也觉得很高兴，因为我也分享到了你们的快乐。

（四）分辨情绪：游戏——“你做我猜”

请几位同学各抽一张小卡片，表演上面的情绪，并让其余同学猜猜是一种什么情绪？

（1）气愤；（2）喜悦；（3）悲伤；（4）烦闷；（5）眉开眼笑；（6）厌恶；（7）垂头丧气；（8）欢喜。

1. 请同学们看了表演后，觉得这八种情绪有什么相同和不同的地方？

2. 分辨出以上的情绪，哪些是积极的情绪？哪些是消极的情绪呢？

小结：其实喜悦、眉开眼笑、欢喜表示了我们的情绪高兴、愉悦，能带给我们幸福、快乐的感觉，对我们的生活、学习起到积极的推动作用，我们把它们称为积极的情绪；而气愤、悲伤、烦闷、厌恶、垂头丧气都是对我们情绪不好、低落的形容，我们把它们称为消极情绪或者是不良情绪。如果对不良情绪不加以控制和调节的话，往往会带来不良的后果。这不，小亮就与同学发生了一件极不愉快的事，我们一起来看一看这件事吧！

3. 课件情境：

（1）在电脑课上，由于其他同学认为小亮不会操作电脑，就嘲笑他，小亮就大怒，出手打人。

A. 小亮这种做法对吗？他有怎样的情绪体验？

B. 面对同学的嘲笑，小亮应该怎样做？

C. 如果你是小亮，你会怎样去控制自己的情绪呢？

（2）在英语期中考试中，小华错了两道题，得了95分，她对自己很不满意，天天指责自己："我真笨！这么容易的题还做错了。"

A. 小华这种想法对吗？她有怎样的情绪体验？

B. 如果你是小华，你会怎样做？

小结：通过学生们的回答，进行总结。为什么同学们会这么容易产生这些不良的情绪呢？这是由于少年儿童的年龄还小，个性还不是很成熟，对自己的控制能力比较弱，因而心情容易变化，情绪也不稳定，特别容易受到外界环境变化和他人态度的影响。当同学们产生不良情绪时，就会表现为学习兴趣下降，注意力不集中，学习效率降低，当然学习成绩也会受到直接的影响。儿童被这种不良情绪（即消极情绪）控制时，在生理方面和身体症状上也会有所表现，例如：不想吃饭，体重减轻；无精打采，萎靡不振，睡不着觉；爱发脾气、打架、骂人、无辜攻击别人、欺负弱小以及破坏行为等。如果对不良情绪不加以合理控制，那么往往会导致不良后果。

三、调控情绪

当出现不良情绪时：

1. 积极心理暗示法：我能行。下次再努力。

2. 注意力转移法：听听音乐、看看书、散步、冲个热水澡、换件漂亮衣服。

3. 合理宣泄法：找人说说话、唱唱歌、大吼、大哭一场、运动等。

4. 学点精神胜利法：问问自己：“为这样的事影响我的情绪值得吗?”

5. 收集关于情绪的格言：鼓励自己。

（1）引起你情绪不好的原因，不是事物本身，而是自己对这件事的解释和看法。改变自己的看法，就能改变自己的情绪。

（2）健康体魄 + 健康心理 + 文明修养 = 美好人生。

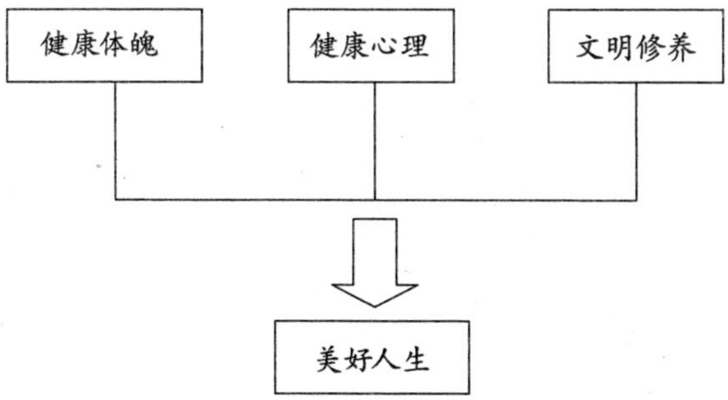

图 5－1　“美好人生”构成图

课堂总结：俗话说得好：“笑一笑，十年少；愁一愁，白了头”“嘻嘻哈哈人添寿，忧忧愁愁命不长”。情绪是一面镜子，你对它笑，它就对你笑，你对它哭，它就对你哭；情绪就像不倒翁，倒下去，最后却总是站起来。那么，请同学们打起精神来，快乐面对每一天、每一件事情、每一个人，因为未来还有许多事情在等着你们去做呢！

3. 体验教育——"三礼"的内化

体验教育是一种在特意设置的氛围中给予体验者真实的感受，使体验者能"身临其境"或"心临其境"。学生能在这种环境氛围的影响下，主动、自觉地通过"体验"和"内省"来实现自主学习，并达到"自我实现"和"个性完善"的内化。体验教育能培养学生用心灵去体验事物的能力，使其在体验中达到情感和理性的升华。体验教育是"三礼"教育的内化过程。

（1）体验生活

教育要回归生活、回归自然。体验生活是有效途径之一。因此，学校开展了由学校到家庭再到社区的大面积体验活动：在课堂上，把综合实践活动融入学科教学中，让同学们体验多层次、多样化的教学形式；在家里，让孩子们真真切切地感受生活的琐碎与不易，体会劳动的辛勤以及收获的喜悦；在社区，积极开展助残等活动，让孩子们走进社区，走进社会。以下是文佳同学的一次体验生活经历。

这个周末，我们全家去亲戚开的菜园里体验生活。

我们来到了一片菜地，得到菜园主人允许以后就开始劳动了。我们先摘黄花菜，妈妈对我说，摘黄花菜不能连根拔起，要摘黄花菜上半截嫩的那部分，这样吃起来才鲜嫩。我点点头，按照妈妈说的开始行动了。不一会儿，手上就有了一大把可爱的黄花菜，看看这些黄花菜都是自己摘的，心里很自豪！

回到家，我们洗好摘回来的这些菜便和妈妈拿去煮了，不一会儿，桌子上摆起了新鲜的绿色食品——黄花菜"盛宴"，我高兴地品尝起来，今天这顿饭是最香的。

从体验中获取知识，享受成功，何乐而不为呢？

（2）角色对换

"横看成岭侧成峰，远近高低各不同，不识庐山真面目，只缘身在此山中。”宋代苏轼的这首诗告诉我们同一事物从不同的角度看，会有不同的收获。同样，对孩子们的教育也要换个角度。同样一件事情，不同的人会有不同的看法。在学校，老师与孩子的角色似乎不可更改。然而事实并非如此，当发生某件事情时，教师可先问问孩子：如果你是老师你会怎么处理；教师也可试试让孩子来尝试当一天老师。这种角色对换，能让对换者切身感受到对方的不易、对方的难处，从而体谅对方。为此，学校开展了“我替父母站柜台，我替父母……”等一系列活动。吴华老师《让孩子懂得同学之间需要友爱互助》的教育心得富有一定启迪。

现在的孩子集诸多宠爱于一身，到了学校，反映出的自私、任性十分明显。进入小学后，我发现一年级的孩子大多以自我为中心，比如，同学走路时不小心碰他一下，有的会马上告诉老师说别人打他了，有的甚至回家告诉父母说，有同学欺负他了，把事态扩大。当然，其中不乏某些家长的“不能吃亏论”对孩子产生的影响。因此，当新生一入学，我便注意营造一种“我们现在是个大家庭”“大家都是班级小主人”的氛围，让小朋友知道大家要在一起生活六年，要互相帮助、互相谦让，共同培育一段珍贵的友谊。平时不小心碰到谁了，要马上道歉，因为“一声对不起会消了心中气”，被撞的人也不要太计较，说声“没关系”，大家还是好朋友；有同学忘带文具了，旁边的小朋友借给他了，及时予以表扬，开展经常性的师生、生生同演借文具还文具的礼貌对话小话剧等，让孩子在简单的活动中受到教育；有孩子身体不舒服了，让另一个孩子陪同去医务室，并让他们进行换位思考：“如果今天身体不舒服的是我自己，是不是很需要人帮忙？”等等，这些看似平常的爱心互动，会让孩子渐渐地懂得：关爱别人、感激别人是传统美德。

4. 爱的奉献——“三礼”的升华

情感在人的发展中的作用至关重要。婴儿以母亲为中介，以母亲为安全基地，探索外部世界，发展社交行为和探索行为。因而，亲子依恋是个体建立对人的基本信赖感的基础。

进入学校后，儿童的发展又以良好的师生关系为中介。皮格马利翁效应告诉我们，对一个人传递积极的期望，就会使他进步得更快，发展得更好；反之，则会使人自暴自弃，放弃努力。皮格马利翁效应在学校教育中表现得非常明显。受老师喜爱或关注的学生，一段时间内学习成绩或其他方面都有很大进步，而受老师漠视甚至是歧视的学生就有可能从此一蹶不振。一些优秀的老师也在不知不觉中运用期待效应来帮助后进学生。因此，教师的期望引导着儿童的发展，爱伴随着儿童的成长。教育也是一种情感交流活动。没有爱，就没有儿童的成长。“母爱”“师爱”既是儿童发展的条件，也是学校进行道德教育的无尽资源。引导儿童从感受爱到创造爱，从爱亲人到爱教师，从爱同伴到爱朋友，从爱班级到爱学校，从爱自然到爱社会。通过多种途径，让学生接受爱、传递爱，创建和谐校园，便成了学校德育活动的关键，也是学校教育的根本目的。

（1）学会关心

“学会关心”是1989年召开的“面向21世纪教育国际研讨会”中提出的教育思想，时至今日，其已成为21世纪的教育主题之一。“学会关心”反映了教育自身的人性化发展趋向，表达了现代教育的“关爱”品格。“学会关心”包括关心他物、关心地球的生存条件等，它体现了对人生存环境的关心，也体现了对人的关心。其中，对人的关心是“学会关心”的核心。它强调对人的精神的关怀，旨在以精神关怀培育关怀精神、以爱心培育爱心。近些年来，大新小学着重把关心弱者作为实践学会关心的重要策略。关心弱者，广义地说就是从只关心自己的狭小圈子里跳出来去关心比自己弱的人，凡在学习、生活、能力上等比自己差的人都属被关心的范围。

2008年5月12日，一场世纪大灾难——四川汶川8.0级的大地震轰然而至，再一次让中国人揪心。在这场天灾过后，平时充满欢声笑语的球场，变成停尸间，更多的人在寻找自己的亲人，孩子、丈夫、妻子，突然间都已阴阳相隔。一幕又一幕的人间悲剧晃动在人们眼前，不断攀升的死亡数字令国人揪心不已，撕心裂肺的哭喊声震撼着大家的心灵。大新小学及时向学生报道灾区的情况，组织全校学生向灾区人民捐款、写信鼓励灾区的孩子们战胜困难，从而让学生在亲身实践活动中学会关心他人。

（2）学会感恩

感恩是中华民族的悠久传统，“谁言寸草心，报得三春晖”“滴水之恩，当涌泉相报”“吃水不忘打井人”等这些经典的词句很好地说明了我国古人常怀有一颗感恩之心。“鸦有反哺之义，羊有跪乳之恩”，人作为万物之首应懂得感恩。西方有句谚语这样说道：幸福，是有一颗感恩的心，一个健康的身体，一份称心的工作，一位深爱你的家人，一帮可以信赖的朋友。感恩为幸福之首，不知道感恩的人，永远就不会幸福。应该说，感恩是一种文化素养，是一种思想境界，是一种生活态度，更是一种社会责任。感恩教育作为一种教育方式是一种以情动情的情感教育，以灵魂唤醒灵魂的人性教育，以德报德的品性教育。学校把感恩教育区分为三重境界：感恩恩人、感恩大自然、感恩生命。

第一，感恩恩人。

这是一种最基本的感恩境界，具体表现为通过教育，使青少年对父母、师长以及曾经帮助过自己的人心存感激，并在适当的情况下做出报恩的行为。从身边的人开始对其进行感恩，这也是学校进行感恩教育的第一步：感恩父母、感恩老师。

在感恩恩人活动的教育下，一位只在大新小学读了一年书就留下深刻印象的同学在她小学即将毕业的时候给她的启蒙老师陈瑞松写了这样一封信寄回给母校。

敬爱的陈老师：

您好！

您还记得我吗？我是您一年级教的一名学生——张思思。您也许已忘了我，可我却牢牢记得您——我的启蒙老师。

一年级的时候，我的学习成绩并不怎么好，刚进小学，一切都不适应，还经常因为一些小事儿哭鼻子，您却像妈妈一样帮助我开导我，还利用放学时间辅导我学习。

您总是那么和蔼，那么关心我。一次，我不小心从高大的石凳上摔了下来，手腕和膝盖擦破了皮。我疼得“哇哇”大叫：“我的脚，我的手，妈妈……”这时，您冲了过来，把我扶起来就向学校医务室奔去。到了医务室，医生帮我上药、包扎，您心急地安慰我。我听了您的话，看见您脸上挂着那只有在妈妈脸上才有过的担心，便忍住泪水，没有哭了。因为我知道，您说过，好孩子是不哭的。

二年级，我要转学了。是您亲自送我出了校门，还对我说了许许多多的知心话。“记住，好孩子是永远不哭的。”这句话直到现在我也忘不了，因为它帮助我克服了学习和生活上的许多困难，使我变得更加坚强和自信。

陈老师，谢谢您！谢谢您对我那么好。

现在，给您写信的女孩，已经快小学毕业了。我真为有您这样一位启蒙老师而感到骄傲。

祝您身体健康、工作顺利！

您的学生：张思思
5 月 24 日

不同的年级，不同的个人，各有不同的感恩方式，但是却拥有一颗相同的感恩的心。学校感恩教育的宗旨是让感恩在每一个人的心里扎根、发芽、开花。

感恩父母是学校感恩教育的重要突破口。五（1）班肖丽芳老师组织开展的“感恩的心”主题中队会曾经令全校师生、省市教育督导专家及南山区教育局领导和德育干部感动得热泪盈眶。

第一个节目：感恩节的来历。

主持人甲：没有阳光，就没有温暖；没有水源，就没有生命；没有母亲，就没有我们自己。同学们，母亲为我们所做的一切，我们是怎样对待的呢？是理所当然，还是心存感激？

有一位成功学家说过，成功的第一步就是先有感激之心，时时刻刻对自己的现状心存感激，时时刻刻对别人为自己付出的一切充满敬意，心存感激。同学们，让我们学会感激，懂得感激吧！

主持人（合）：父母是我们人生的第一位老师，即使最简单的衣食、最质朴的关怀，也无不倾注了父母的辛苦和热爱，感恩从感谢父母做起。

主持人乙：同学们都吃过玉米，知道跟玉米有关的节日吗？什么节？（感恩节）谁能讲讲“感恩节”的来历？（背景音乐：《花之韵》）

第二个节目：诗朗诵《妈妈的眼睛》。

主持人甲：是啊，感恩不仅仅是感谢帮助过自己的朋友，不仅仅只感谢养活我们的食物。

主持人乙：同学们，从小到大，我们每天都生活在爱的怀抱里，父母、老师、同学给予我们的爱，比天上的星星还要多，比海洋里的水还要深。

主持人甲：在我们的成长中，爸爸妈妈为我们付出了太多太多……

主持人乙：请听诗朗诵《妈妈的眼睛》（配乐：《花之韵》）（幻灯片）

第三个节目：教师配乐故事演讲《野桃的故事》。

主持人甲：每一个儿女，谁不是吮吸着母亲的乳汁长大？谁不是接受着父亲的教育成人？

主持人乙：请听一个真实的故事。这个故事发生在湖北省西南山区恩施土家苗族自治区的一个小山村里。故事中的“我”是湖北大学在读大学生。（配乐：《我的父亲母亲》）（故事投影）（师演讲故事内容）

第四个节目：诗朗诵《谁不爱自己的母亲》。

主持人甲：催人泪下的故事！

主持人乙：这位可怜又可敬的母亲，用自己的生命谱写了一曲爱的悲歌！

主持人甲：同学们，儿子撕心裂肺的忏悔和那烫金的大学录取通知

书，能让他的妈妈起死回生吗？（全班齐：不能）你们希望这种悲剧在我们中间重演吗？（全班齐：不希望）

主持人乙：是啊，母爱，人世间最无私的爱；母爱，人世间最仁慈的爱；母爱，人世间最宽容的爱；母爱，人世间最伟大的爱！

主持人甲：无论你平和、躁动，无论你失败、成功。

合：母爱无处不在。

主持人甲：不懂得母爱，你就迷失了生命的真谛；忘却母爱，道义何在，良知何在？

主持人乙：同学们，请站起来面对着自己的爸爸、妈妈，深情地说一声："爸爸、妈妈，我爱你们！"（全班齐）

主持人甲：请听诗朗诵《谁不爱自己的母亲》（全班齐）

主持人乙：亲爱的爸爸、妈妈，请您相信自己的儿女吧！

合：我们不会辜负您的期望。从今天起，从现在开始，我们会做好自己能做的事情，好好学习，再也不让您为我担心，再也不让您为我伤心，再也不让您为我流泪了。

第五个节目：管乐演奏。

主持人乙：孩子的成长有父母的呵护，更有老师的培养，我们所掌握的知识绝大多数都是在老师的培养下获得的，下面同学们表演的管乐演奏就是老师辛勤培育的结果。（表演团管乐）

第六个节目：学生讨论如何尊敬父母。

主持人甲：人们常常看到这样的镜头：吃过饭后孩子扭头看电视或出去玩耍了，父母却在那里忙碌着收拾碗筷；家里有好吃的东西，父母总是先让孩子品尝，孩子却很少请父母先吃。

主持人乙：孩子一旦生病，父母比我们还难受，他们宁愿疾病以10倍降临在他们身上。

主持人甲：每个刮风下雨的夜晚，他们都在担心着儿女的安全。

主持人乙：临行时，千叮咛万嘱咐。而孩子们却极少为父母着想，甚至嫌父母啰唆。

主持人甲：同学们，这，难道是尊敬父母、热爱父母的表现吗？你

们想做这样的孩子吗？（齐：不想）那我们应该怎样做呢？（让同学自由回答）

第七个节目：介绍母亲节的来历。

主持人甲：你们真是个好孩子。

主持人乙：（投影《永远的康乃馨》）有一位美国女子，终身未婚，一直陪伴在她的母亲身边。母亲去世后，她悲恸欲绝，奔走呼号，希望母亲节能成为一个法定节日。

主持人甲：1913 年，美国国会决定将每年 5 月的第二个星期天作为法定的母亲节。从此，这位女子成了千千万万母亲心中的骄傲。

第八个节目：学生讲故事《小黄香的故事》。

主持人乙：在中国，有一个古今传诵的故事，说的是一个孝敬父母的好儿童，同学们，你们想知道吗？（想）这个故事叫做《小黄香的故事》，那么，让我来告诉你们吧。

第九个节目：集体朗诵《我是小黄香》。

主持人甲：“谁言寸草心，报得三春晖”，同学们，你想当个小黄香式的好儿童吗？全体起立（齐读《我是小黄香》）（幻灯片）

第十个节目：父母和孩子零距离接触。

主持人乙：×××同学，今天，你最想对爸爸妈妈说点什么？

学生 1：爸爸妈妈，谢谢你们 11 年来对我的关心和照顾。我会……

主持人乙：×××同学的妈妈，您对孩子的最大希望是什么？

主持人甲：（现场采访几位家长）

第十一个节目：武术表演《男儿当自强》。

主持人乙：林健伟同学今天也为在场的妈妈准备了一个特别的礼物。有请林健伟表演。

第十二个节目：集体表演《手语舞——感恩的心》。

主持人甲：同学们，大爱无疆，让我们一起感谢生我养我的父母吧！

主持人乙：大恩难报！让我们都拥有一颗感恩的心吧！

主持人（合）：在心存感激的同时，以同样的爱意和热情去回报父母和周围的人，回报生活，回报社会。全班起立，表演手语舞。（音乐《感恩的心》）

从感谢自己的父母和老师做起，从自己身边的人开始感恩，感恩教育对学生的影响非常大。吕劭玉老师在自己的教育日记中也道出了孩子在感恩父母方面所带来的惊喜。

小霖懂事了

在学校统一部署下，我们从二年级下学期开始又在礼貌教育的基础上开展了“我为长辈做件事”的感恩活动主题教育，号召学生以实际行动回报父母养育之恩、长辈关怀之恩。活动开始前我先给家长发了一封信，说明感恩活动的意义，要求家长予以配合、督促并及时反馈。这项活动得到了家长的一致好评。每个家庭都根据自己家庭的情况开展了各具特点的家庭感恩活动。有的孩子为老人端茶盛饭，有的孩子为妈妈洗脚，有的孩子学做家务……我班小霖同学以往在家很霸道，吃饭时非要自己先吃，把好的吃了才让爸爸妈妈吃饭。通过感恩教育之后，他主动把爸爸妈妈的饭先盛好，把好菜夹到爸爸妈妈的碗里。她的妈妈特意赶到学校向我热泪盈眶地述说着儿子的变化：“小霖懂事了，现在真的长大了！”家长们都为孩子在这么短时间就发生了如此巨大的变化而惊叹不已。

在感恩教育中，六（1）班的小雨同学抒发出这样的情怀。

曾经有多少人称赞过母爱？然而，又有多少人称赞过父爱呢？在我认为，母爱是无私的，是温柔的！而父爱也是无私的，甚至是博大的，只是多了一点儿严肃罢了！可是，生活中不知有多少人曾经为了这点严肃而与父亲“斗气”。

我以前也是个很爱“斗气”的孩子，例如：别人说我的不是，我就很生气。有时候，母亲叫我做家务，我不但不做，而且还有意搞破坏……每当这个时候，父亲就教育我：“你应该谦虚点，懂事点，妈妈批评你，是为了你好。妈妈叫你做家务，你就当做是体育锻炼。那样，既可以替你母亲做家务，又可以强身健体，同时还能学到很多课本上没有的知识。何乐而不为呢？”父亲的一番话使我受益匪浅。我在学校虽然不是个品学兼优的好学生，但我至少要在家里做个听话的好孩子。

最近，我的学习成绩上去了，老师经常表扬我，父亲也很高兴，我心里乐滋滋的。这都应该感谢父亲的严格呢！

记得去年，我得了腮腺炎。这是一种流行性传染病。而父亲不顾会被传染的危险，帮我量体温。我发烧了，父亲就带我到医院看医生。我要洗澡，父亲担心我洗澡时着凉，就亲自帮我洗澡。每天夜里他还几次起来观察我的病情，有时还轻轻地问我：“好些了吗？”

就在我生病期间，父亲哪儿也不去，整天照顾我。有一次，父亲本来是有一个宴会要参加的。但那时，我正在打吊针，结果父亲为了我而主动放弃。那时，我才知道我在父亲的心里是多么重要！

有一次是一个星期天，我和父母亲一起去舅舅家。由于我一整天都在上网，和小朋友玩耍，到回家的时候我感到很困，刚一上车，我就靠在父亲的肩膀上睡着了。就这时，我才感觉到父亲的肩膀是多么的宽广和坚实！

此时此刻，我才知道父亲的肩膀承受着沉重的压力，担负着那么多的艰辛！父亲是我们家的顶梁柱，他承担着整个家庭的责任，而我却这么调皮，有时还惹父亲生气，我真感到愧疚！

现在，我已是一名小学六年级的学生了，马上就要进入中学学习，我只有勤奋学习，以优异的学习成绩步入中学，才是对父母亲的最好回报！

第二，感恩大自然。

感恩大自然的教育，就是要学生理解、体悟人类的生活与大自然紧密联系，唇齿相依。因此，要教育学生节约资源、保护环境；让学生明白，健康的自然环境是人类美好生活的前提。正是因为有大自然的绚丽多姿、异彩纷呈，才使得人类的生活魅力无穷；反之，只会给人类生活带来种种苦果。因此，在感恩恩人的基础上，对学生进行感恩大自然的教育，如对他们进行绿色生态的教育来爱护人类共同的家园——地球。在这方面，大新小学是立足于自身来做的。

学校操场旁边曾有一个较大的垃圾站，对学校师生的身心危害非常大，2003 年，在那里建成了一个压缩式垃圾站，但仍然具有很大的污染性。拥有一个良好的环境，一直是大新人的期盼。基于这种考虑，学校在感恩大自然的活动中紧密结合自身所在的社区和学校实际开展了一系列的环境保护主题教育活动。

一是开展主题演讲活动。学校利用班会、队会、校会这“三会”的形式在全体师生中开展环保主题演讲活动，参加人数达 2000 多人次，除了低年级由老师组织以外，高年级同学都是自发组织演讲活动，并搜集了同学们大量的演讲稿。

二是举办环保专题板报。每学期全校各班都举办了以“绿色环保”为主题的板报和手抄报，教科室和美术组还将学生的优秀手抄报通过展版的形式在全校展出，同时利用学校的大型电子显示屏、宣传橱窗和标语，宣传环境保护方面的知识。在全校范围内实现人人讲环保，人人做环保的主人，并通过红领巾监督岗和“三礼”评价体系建立环保奖惩制度。

三是开设绿色环保课程。为了使全体师生的环保知识更加丰富系统，从 2005 年下半年开始，学校专门开设了绿色环保课程。

四是开展环保知识专题讲座。近两年来，学校先后请深圳大学李臣之教授、深圳市教研室吴江老师、华南师范大学刘良华教授等来学校作关于绿色学校建设等主题讲座。

五是开展系列环保教育实践活动。学校不仅将环保教育课程化，而且扎扎实实地结合本校所处地理位置的特点，开展一系列环保教育实践活动。

除此之外，学校还专门组建了环保小队。环保小队的同学，利用周末休息时间，自发组织队员到公共场所作环保宣传，清除各类非法广告，到垃圾站，在社区内走巷串户回收废旧电池，定期到社区打扫卫生等；在学校，他们更是环境宣传和保护的主力军。能够做一名环保小卫士，用自己的实际行动为学校、社区的环保事业出一份力，同学们感到既开心又自豪。

以下是陈若雪同学的环保建议书：

居委会的叔叔阿姨们：

你们好！

地球妈妈让我们生存在这个世界上，让我们受到保护。我们也是地球的小主人，谁不想让我们的家园变得更漂亮、更美好？可是，我们总能在身边发现，街道并不干净，尽管早上街道被清洁工人打扫得很干净，可到了中午或下午，纸屑果皮，便随处可见了，甚至有些地方还积着污水，污水不仅破坏了环境，还滋生着蚊虫。这是为什么呢？

为了找到答案，我以我上学放学时常走的街道作为重点观察了解对象。经过一段时间的观察，我终于发现了原因。

一是行人。行人中有些是很不讲卫生的，他们随地吐痰，即使再走几步就到垃圾桶了，可还是把垃圾随手扔在地上。更不可思议的是，有些汽车司机还从车窗往外丢垃圾，既破坏了环境，也给行人的安全带来威胁。

二是店主。街上有很多小吃店和小卖店，小吃店店主常常把客人吃剩的食物包也不包就扔出去了，而且店里的厨师在煎炸食物时油烟四飞，味道呛人还污染环境，小商店里的杂物也经常被店主扔在路旁。

因此，我提出以下建议希望您们采纳：

1. 在路边悬挂一些关于保护环境的宣传标语，警示过往行人和商店经营人员：保护环境从我做起；

2. 在那些小店前面放置一个绿色垃圾桶和环保箱，让小店的工作人员把垃圾扔进垃圾桶、放进环保箱；

3. 在人多的地方放置一个宣传栏，上面贴上一些关于污染环境带来的害处等方面的知识，对市民进行环保知识普及教育；

4. 发挥好环境保护执法队的作用，对那些随意破坏环境的人员进行教育和必要的处罚。

住在地球上的每一个公民，让我们共同努力，把地球变得更加美好吧！

赖若萍老师在带领学生开展“环保从我做起”的综合实践活动中，用北京奥运口号“科技奥运，绿色奥运，人文奥运”为深圳2011年大运会建言献策。他们在活动中倡议：深圳办大运会，首先从文明开始，从环境保护开始，用我们中华民族的文明礼仪传统迎接世界各地的朋友，从我做起为大运会加油，节约用水，节约纸张，不乱丢果皮，不践踏草地，做好本职工作，用行动爱护我们的生活和学习环境。

第三，感恩生命。

人是自然存在和社会存在双重的复杂体，而自然存在是社会存在的前提。人最宝贵的是自己的生命。一个人从其出生起，便是独一无二的价值存在，是芸芸众生中的唯一。因此，人的生命是最高的意义存在，失却生命，一切都将化为乌有，无从谈起。

那么，如何使自己仅有一次的宝贵“今生”具有人的价值、人的尊严、人的高贵，使自己的生命充盈深远的意义，蕴涵无限的情思，闪耀动人的光芒？这些都取决于人所受的教育和人对自己生命意义的追求。有首歌这样唱道：“感谢明月照亮了夜空，感谢朝霞捧出了黎明，感谢春光融化了冰雪，感谢大地哺育了生命，感谢母亲赐予我生命……感谢这一切一切的所有。”感恩生命的教育，就是要激发学生对生命的感悟，既关心自己的生命，又关心他人的生命，敬畏生命，珍惜生命。永怀感恩之心，才能享有生命的幸福喜乐。

学校德育处刘勇良主任通过一次对小学生生命教育缺失的调查，让学生明白了生命的宝贵。

一、问题的缘起

触目惊心的青少年暴力事件，居高不下的青少年自杀率。近年来，发生在青少年群体中的暴力事件频频见诸报端，马加爵事件举世震惊，是这些年来发生的青少年暴力事件的一个典型。究其原因，大部分是因学习或生活中的琐事引发纠纷而发生的残杀、伤害他人。

2003年9月1日，是“世界预防自杀日”，国家有关机构公布的数字更令人触目惊心：我国每年至少有25万人自杀，200万人自杀未遂。自杀已成为15—34岁人群的首位死因，据世界卫生组织（WHO）的统计，中国青少年自杀率占自杀总人数的26.64%，中国青少年女性的自杀率之高为世界之冠，更令人担心的是，中国青少年的自杀率呈逐年增长之势。

小学教育作为整个教育的基础，在青少年的成长中起着至关重要的作用。面对着一朵朵被摧残的或自残的花朵，我们尝试提出一个问题：在小学阶段，儿童的生命教育是否存在缺失？

二、实践设想

通过网络、报刊搜集青少年暴力及青少年自杀的案例，感知儿童生命教育缺失的现状及带来的严重后果。通过调查小学生对生命的认识、情感的现状、对自杀的看法以及有自杀意念的同学的比例，通过调查统计小学教材中对生命珍惜的课文比例，调查教育的重要组成部分——家庭教育对生命教育的看法和做法。

三、实践目标

1. 初步培养学生围绕问题搜集、调查、整理、研究材料的方法和能力。

2. 通过有关的调查，感知儿童生命教育缺失的现状及其带来的严重后果，达到生命教育的目的，使参加活动的所有学生远离暴力，坚定珍惜生命、热爱生活的信念。

四、实施步骤

通过网络、报刊搜集青少年暴力及青少年自杀的案例和有关数据，感知儿童生命教育缺失的现状及其带来的严重后果。

1. 搜集生命教育相关材料。

2. 制作调查问卷，所有参加实践的同学按实践的设想，根据自己的意向制作问卷，然后综合整理出用来实施调查的问卷。

3. 学生实施调查。

五、调查结果分析

此次系列调查采用无记名方式，共发放中小学学生调查问卷120份，有效回收119份；教师调查问卷80份，有效回收79份；家庭调查问卷50份，有效回收50份。通过统计分析我们得出如下结论：

1. 学生学习压力大，过半学生过得不开心；

2. 学生的情感沟通渠道不畅，家长、老师是学生最不愿意倾诉的对象；

3. 面对困扰，自杀并未远离青少年；

4. 当前的教材中珍爱生命的题材远远不够；

5. 生命教育中教师、家长的缺位。

六、思考和建议

通过这次综合实践调查，许多血淋淋的校园暴力让我们震惊。在社会的力量面前我们无能为力，但减少这种影响我们却是可以主动的。学生、老师、家长如果对青少年的暴力根源有清醒的认识，是可以有所作为的，比如在本次调查活动中，许多学生改变了自己的行为习惯。原六（4）班学生傅××同学从此远离了网吧，远离了暴力游戏。

我们建议相应增加热爱生命题材的课文内容。在国家没有设立自救自护的课程之前，针对目前学生普遍缺乏自救自护的知识，我们应发挥地方课程、校本课程的作用，积极开展这方面的研究和探索。

生与死是个亘古话题，是每个人都不能回避的课题。生有如夏花之绚烂亦有如枯叶之悲哀；死有轻于鸿毛，也有重于泰山。因此，由此次调查，应进一步促使学生思考生命存在的价值，进而学会珍惜生命、尊重生命。

（二）确立原则 规范“三礼”教育

“三礼”教育是“做”的学问，它需要在实践活动中予以体验。在认识明确后，关键是如何把“三礼”教育的要求转化为学生具体的行为习惯和文明素养，所以选择恰当的教育行动策略就成为关键。于是，学校从小学生的认知特点和心理发展规律出发，确定“三礼”教育要小一点、近一点、实一点。为此，大新小学确定了“三礼”教育的四个基本原则。

1. 适切性原则

“三礼”教育是小学生养成教育及思想品德教育的具体化。因此，“三礼”教育目标的确定、教育内容的安排、教育方法的选择和评价的实施都要与小学生的认知特点和心理发展特点相适应，遵循教育过程的规律和思想品德形成的规律，从调查研究入手，从学生生活、学习、与人交往等方面的小事做起，从学会做人的基本方面做起，从学生、家长、社会对学生发展的需要做起，贴近学生生活、学习实际，贴近学生家长的需求。

2. 示范性原则

小学生的模仿能力非常强，而教师和家长是他们最直接的模仿对象。教师和家长的一举一动、言谈举止都在潜移默化地影响着学生。因此，“三礼”教育不应该仅仅是针对学生的，同时也应该面向教师、家长。教师的行为要突出“三礼”规范，要起表率作用；家长要成为孩子“三礼”的榜样。

3. 实践性原则

“三礼”作为文明习惯和良好品德的表现，只有表现在实际生活中，才能为人所体验，也才能同时被人所认可。所以，“三礼”教育强调实践性，要在学生实际的学习、生活、交往实践环境中进行培养，可以模拟真实的生活场景进行训练，最后形成学生自觉的行为习惯。要避免单纯说教、脱离实践的简单做法。

4. 协同性原则

学生不但生活在家庭和学校中，而且生活在社会中。学生是社会人，在学生与社会广泛接触中，形成了一个与周边的人（家庭、社会）互相学习、互相交往的网络。因此，“三礼”教育是一个系统工程，必须做到“三结合”，即课内外相结合、校内外相结合、学校与家庭相结合，这种“三结合”体现的正是协同性。

（三）形成策略　实践“三礼”教育

在以上四条基本原则的指导下，学校采取了一些具体的策略。

1. 将“三礼”教育内容细化为学生的日常规范

学校坚持从大处着眼、小处着手，把“三礼”教育内容细化为“学生一日常规”，引导学生言行，注重在学习、实践中提高文明意识，养成文明行为，做到人人讲礼仪、懂礼貌、知礼节，营造知“三礼”、用“三礼”的氛围。

在此基础上，把这些具体要求编成儿歌并写在教学楼楼梯的台阶上方便学生熟记：“走路脚步轻轻，上下楼梯右行。说话轻声细语，着装干净整齐。作业准时认真，学习主动积极。公共场合守序，交通安全牢记。团结友爱礼让，‘三礼’常驻我心。”

2. 通过“三会”“三查”“三活动”，让学生知礼、明礼、行礼

一是通过“三会”宣传介绍“三礼”教育内容。利用校会、班会、家长会“三会”的形式，向全体师生和全体家长进行宣传，使他们明白“三礼”教育具体包括哪些内容，怎样具体实施。

二是通过“三查”把“三礼”教育落实在具体行动中。一查学生每天穿戴情况。二查学生礼貌礼节情况。每天早上、中午上学，学校都安排有老师和学生在校门口值勤，向进校师生问好。平时在校园遇到老师、来宾和同学主动打招呼问好，同学之间发生矛盾时，要互相谦让。每天回家主动向爸爸妈妈打招呼，主动帮助爸爸妈妈做力所能及的家务活，学会关心他人，处处替他人着想。三查课堂表现情况。学校把课堂教学作为落实“三礼”教育的主阵地，制定了《大新小学学生课堂常

规要求》。

三是通过“三活动”强化“三礼”教育要求。一是组织好每周的升国旗仪式。学校每周都举行隆重的升国旗仪式，从出旗、升旗、唱国歌到国旗下的讲话，整个过程井然有序，庄严隆重，全体师生用行动表达对祖国的崇敬与热爱。二是组织形式多样的少先队活动。学校充分发挥少先队组织在“三礼”教育中的重要作用，组织队员们开展丰富多彩的活动，让学生在具体的活动中，感受“三礼”教育，把学生置于活动的过程之中，并从这些活动中受到教育。三是组织好教师的“三礼”教育活动。“三礼”教育，教师是关键。要求学生做到的，教师首先要做到。

3. 开展读、讲、赛、评等一系列活动，深化“三礼”教育

读，即读书活动，组织学生阅读有关“三礼”常识及古今中外的名人讲文明懂礼貌的故事；讲，即讲学习“三礼”后的心得体会；赛，即组织年级或全校性的“三礼”知识竞赛；评，即对学生的仪容穿戴、文明礼仪、卫生习惯、遵纪守法等行为规范进行长期评比，建立学生个人文明量化评定制度。

在开展读、讲、赛、评活动中，学校非常注意低、中、高年级学生的不同接受能力，由浅入深，注重教育的差异性和层次性。如在低年级坚持开展亲子读书活动，每月的最后一个星期五的下午，请家长与孩子一起到学校图书馆读书。而在高年级，则针对一些现象或问题，组织学生辩论，重在引导学生自我教育。

4. 内外结合，形成“三礼”教育合力

“三礼”教育要取得整体效应，必须使家庭、社区教育与学校教育一体化，形成合力。因此，学校经常组织教职员工认真学习各种礼仪规范，普及生活礼仪、社会礼仪、教学礼仪、学习礼仪等基础知识，使他们了解掌握日常礼仪常识，以“学为人师、行为世范”为准则，时时做好学生的榜样。在此基础上学校再通过“家长学校”等各种形式，加强对家长礼仪意识的教育，充分发挥家长的“身教胜于言教”的作用。

学校还充分利用公益活动、寒暑假等时机，倡导学生走出家庭，走进社区，宣传礼仪知识，实践礼仪行为，做文明礼仪的宣传者、实践者、示范者。经过努力，这些活动取得了街道办事处、居民委员会等社区单位的认可、理解和支持，也让文明礼仪教育活动真正走进了社区。

中国是礼仪之邦，有优良的礼仪传统文化，“礼”的教育在中国社会里有良好的培养根基，在家长和社区群众中很容易产生共鸣。学校扬弃传统礼仪文化中的封建糟粕，在建设社会主义和谐社会的今天，挖掘其中有用的东西，找到了传统礼仪文化和当代公民教育的结合点。通过“三礼”教育，使孩子们具备了作为现代公民的最基本素养，为以后成为一个有修养的文明人、有责任的社会人、有能力的现代人打下了坚实的基础。

三、“三礼”教育扎根实践

通过几年的努力，“三礼”教育已在大新小学初步绽放出绚烂的花朵，产生了积极的效应。“三礼”教育对校园、家庭甚至社区都产生了积极的效应。

（一）润物无声　“三礼”育校园

“走路脚步轻轻，上下楼梯右行。说话轻声细语，着装干净整齐。作业准时认真，学习主动积极。公共场合守序，交通安全牢记。团结友爱礼让，‘三礼’常驻我心。”这是大新小学学生自己创编的“三礼”歌。目前，所有的大新小学学生都能演唱这首歌。“三礼”教育在大新小学已渗透到学校的每个角落，“三礼”教育已经深入到每一个师生员工的内心。具体说，“三礼”教育对大新小学的学生、教师、校园都产生了深远的影响。

1. “三礼”兼具的阳光少年

在“三礼”教育的影响下，孩子们变得更活泼、开朗、大方，更干净、有礼貌了。一位学生在日记里写道：“以前我的衣服天天都会沾上污渍，肮脏难看。现在，我像小天使一样干净整洁，爸爸妈妈都对我刮目相看。”“上课预备铃响了，同学们有秩序地进入教室，恭候老师的到来。”

正因为“三礼”教育的有效开展，使得许多原来被称为问题的学生，现在都变成了阳光少年。

就读于大新小学五（2）班的小宏，长得斯斯文文，是班里的积极分子。他不仅是老师开展班级活动时的得力助手、同学们公认的好相处的朋友，也是父母眼里懂事的孝顺儿子。然而这个“人见人爱”的小宏，三年前却是令人头疼的“问题学生”。上二年级的时候，小宏随打工的父母从汕头来到深圳，因为父母常年在外工作，疏于管理，生性调皮的小宏养成了很多不好的习惯。据班主任张艳老师介绍，刚来到大新小学时，他不爱说话却好出风头，经常迟到、早退甚至逃课，行为懒散，与同学相处也不和谐，经常会因为一点小事和同学闹矛盾，小则争执，大则发起“战争”，对同学拳脚相加。班主任张艳老师因此经常有意识地私下找小宏聊天，摸清了他好强的性格特征后，有针对性地跟他讲解“三礼”的基本礼仪，告诉他“人树立威信最好的武器是靠自身素质，而非拳头”。此外，了解到小宏热爱管乐器后，积极推荐他参加校管乐团，并经常安排他在课堂上表演节目，让表现欲强的小宏有机会健康地展现自己。在同学、老师的熏陶下，小宏慢慢地意识到自己行为的不当，从准时上下课到遵守课堂纪律、礼貌待人，他逐渐“抛弃”了自己的坏习惯，成为一名健康乐观的阳光少年。“这孩子现在懂事多了。”提到自己的儿子，小宏的父亲感慨地说。刚来深圳时，因为儿子“常犯事”经常被老师“请”到学校，现在很少因为这个原因到学校了。相反，在开家长会的时候，儿子还会经常受到表扬。有时候在家里，他本人说话大声或是不讲卫生时，儿子都会在一旁监督并及时“批评”。最让他感到欣慰的是，儿子不但学习成绩提高很快，而且学会了关心人。一次自己生病了，生性好动的儿子没有像往常一样出去玩，而是默默地守在他身旁照顾他，直到他痊愈才露出笑容。“看着儿子这么懂事，我打工再辛苦也都值了。”小宏的父亲每每提起孩子的变化眼里就噙着泪花。

“三礼”教育对学生学习的影响也是明显的。过去，许多同学不按时完成作业。学校通过“三礼”教育让学生明白，不按时完成老师布置的作业，就是对老师的不尊敬。学生慢慢认识到这一点，慢慢改正了不按时交作业的坏毛病。一位学生的爷爷高兴地说：“过去孩子一回家就看电视，现在孩子一回家就写作业，学习可认真了，成绩也提高得很快。”

在“三礼”教育的影响下，学生的行为习惯正在发生悄然的变化：由于男同学争当“绅士”（可爱、宽厚、稳健、亲切、有礼、得体等），女同学争当“淑女”（态度真诚而不虚假、性格文雅而不胆怯、着装打扮得体而不过于追求时髦、语言温和而不一味顺从他人等）的活动开展得如火如荼，学生们变得彬彬有礼了。小欣同学们在作文中写道：“三礼”教育改变了他们。

在我没有转来大新小学之前，我有许多的坏习惯。

我小时候，总是不愿剪指甲，既不卫生又难看。我的衣服也总是脏脏的，一点也不干净。在学校见了老师、同学也不知道打招呼，同学和我打招呼也不理睬，借同学东西连声“谢谢”都不愿说。在家里不爱做也不会做家务，什么事情都由爸爸妈妈来代劳……自从转入大新小学接受“三礼”教育之后，我的许多坏习惯都改正过来了。

“三礼”教育不仅改变了我，还改变了我们大家。

上课铃声响了，同学们安安静静地坐在自己的位子上迎接老师进课堂。上课期间，同学们认真听讲，不做小动作，不吃零食，对老师倍加尊敬。老师也没有任何不文明的举动。下课了，同学们不做危险游戏，进行益智游戏或运动比赛，比如下棋、跳绳比赛……大家互相谦让，很少会有争吵、打架的行为。有的同学还利用课间休息时间在学校走廊开放式书架上看书呢！

“三礼”教育还培养了学生善于吃苦、敢于拼搏、刻苦钻研、勇于探索的精神。全校各班之间无论在学习、纪律、卫生、安全、组织活动等方面，都形成了一种比、学、赶、帮、超的良好竞争局面，使学校各方面工作得到了很好的提升。

2. 爱生敬业的儒雅教师

教师受“三礼”教育以及学生的影响，工作热情也空前高涨。陈燕老师认为，自己是一位年轻的美术老师，常常产生急躁情绪。自从与学生一起参与“三礼”教育活动后，自己的性格也发生了转变。陈老师深有感触地说：“老师要懂得尊重学生，课堂上一定要循循善诱地教育孩子，不能采取粗暴的态度。”教师们无论是骑自行车上班，还是开车上班，一到校门口，都会主动下车或者打开车门向值日老师和同学回礼。

开展“三礼”教育后，老师的教育方式方法也发生了很大的改变。老师也讲“三礼”了：少了冷漠，多了微笑；少了粗暴，多了耐心和尊重。一位家长这样说：“过去，我送孩子到学校上学，孩子给有些老师打招呼，这些老师都不爱搭理，这对孩子的自尊心是个很大的伤害。现在，学校开展了‘三礼’教育，和从前大不一样了，孩子回家说，我们的老师现在对我们可好了，希望这种活动继续坚持下去。”在管理方式上，过去对学生的管理主要靠老师。现在，学生的管理则主要是自己管理自己的模式，许多班级实行了轮流担任班主任制度，轮流担任班长制度，给每个学生锻炼和自我约束的机会，从而提高了班级管理的整体水平。

3. 焕然一新的文明校风

自从学校开展“三礼”教育以来，学校的环境卫生也发生了彻底改变，从操场到教室，从厕所到过道，看不到一点儿垃圾，就是发现了地面丢有垃圾，许多同学都能主动将这些垃圾捡起来放到垃圾桶里。校园里的墙壁上、桌子上、栏杆上再也没有同学们乱刻乱画的现象了。

“三礼”教育对学校精神风貌的影响也是显著的。胡庆鸿老师来到大新小学之时，恰逢“三礼”教育开始实施，可以这样说，胡老师见证了“三礼”教育给学校带来的深刻变化，对开展“三礼”教育也有着更为深切的感受。胡老师说：“在开展‘三礼’教育之前，大新小学这个以外来工子女为主的学校里，很多人用‘野孩子’来形容我们的学生。自从开展‘三礼’教育以后，我们的学生在学习、生活、人际交往等方面都发生了意想不到的变化。‘同学，你好！请系好红领巾。’每当学生上学的时候，几位少先队员身着整齐的校服，系着鲜艳的红领巾站在校门口值日。一见老师进校门，整齐划一地敬礼问好。见到忘了系红领巾或者系得不规范的同学，走上前去，敬个队礼，再轻轻提醒。”

（二）春风化雨 “三礼”驻家庭

一直以来，在大部分的家庭中，孩子是一个家庭的中心、是长辈们的“心头肉”、父母的“掌上明珠”。“一切为了孩子”这句话，形象地揭示了孩子在家庭中的地位，也道出了孩子是家庭的希望。孩子的成败得失往往直接带来一个家庭的快乐和痛苦。

自从“三礼”教育开展以来，学生每天回家能够主动向大人问好，并逐渐养成了按时回家的好习惯。过去有些学生经常向父母要零花钱，现在这种情况好多了。因为，他们知道父母的钱是他们用汗水换来的，是来之不易的，这些钱要用在正道上，随便乱花钱是对父母最大的不尊敬。在开展“三礼”教育过程中，学校结合综合实践活动课程教学生学习烹饪技术。六年级学生回家能够主动帮父母做一些家务活，这让家长们都感到很开心、欣慰。一位姓陈的家长在给学校的一封信中用真实的故事表达了自己的内心感受，以及因孩子的变化而带来家庭的快乐。

“三礼”改变了我的孩子

“妈妈，今天这顿饭看我的。”孩子那欢快而自信的声音从厨房传来。“好啊！今天，妈妈可要好好尝尝你的手艺了。”孩子今年11岁了，虽然平时煮饭也有帮忙，但今天他是主角，我要收拾好心情，慢慢地等待这份充满孝心的午餐。看着孩子在厨房忙碌的身影，让我想起以前那段不开心的往事：孩子撒谎、玩游戏、懒惰、自以为是……为了教育他，我伤透脑筋，常常独自流泪。自从学校开展“三礼”教育以来，在老师的帮助下，家校共同努力，我看到我的孩子变了：懂礼貌、学习自觉、收拾自己的房间……看着走回正道的孩子，我那悬在嗓子眼的心终于放了下来。有时，我不开心，他会像个小大人似的安慰我：“妈妈，有什么不开心的事说出来，什么事都看开一点，没什么的。”孩子的话深深地触动着我。是啊，有个这么懂事的孩子，我还有什么奢望呢？虽然他学业不是最好的，但人的一生并不只是学习成绩，还有更多值得去追求的。其中，最基本的做人道理，是万万不可丢弃的。让孩子形成良好的学习习惯和行为习惯，会让他们终身受用。

此外，孩子的“三礼”行为也改变了家长的行为习惯，家长们变得更文明礼貌了。以前学校开家长会时家长穿背心、拖鞋进校园的现象没有了，也没人交头接耳、打手机了。

（三）梨花千树 “三礼”遍社区

孩子家庭的文明直接带来了社区的文明。为了使“三礼”教育成为学生行为的指南，让全社会都能意识到“三礼”教育的重要性和必要性，学校组织学生到工厂、商店、社区群众的家里宣传“三礼”教育思想。这些工作虽然刚刚开始，但已经得到许多居民的认可。许多居民变得更为有礼了，讲话聊天也注意文明用语了。文明礼貌做得好，社区邻里间纠纷也少了。

现在，“三礼”教育已成为大新小学在德育工作上的一张名片，一提起大新小学，人们就把“三礼”教育和学校结合起来。当你进入大新校园的时候，无论老师还是学生都会主动向你微笑问好，为你提供帮助。每天师生进出校门互相迎送问好，每天早晨师生共进早餐、共同出操，这已经成为学校的一道亮丽风景线。当然，“三礼”教育不是一朝一夕能够实现的，它需要持之以恒的坚持，需要全体动员、全体参与。每个公民的文明素养提高了，整个社会的文明水准就提高了。

附录：大新小学学生“三礼”行为规范

一、着装部分

校服：

穿校服的具体要求是，内穿衬衣，扣齐纽扣，把下摆束进裤子里；整理好衣领，把外套穿好，拉链拉到衣领下。

校牌：

把出入证挂绳挂入衣领内，出入证封面朝外。

红领巾：

先把红领巾折四折，完全系在衣领内，检查红领巾的三角尖是否对正脊骨；打好领结，使它置于第一个纽扣或链扣的下方；翻下衣领，检查红领巾是否居于衣服的中缝。

总结：

照镜检查是否合乎规范。

二、进校门

见了老师立定行标准队礼，待老师回礼后再走开；见了同学互相问好。

三、入课室早读

见了老师喊报告。找到座位先坐下，然后再放下书包，拿出学习用具，开始早读。

四、下课

老师离开教室，学生备齐放好下节课学习用品（课本、文具盒置于课桌正中，字典放在座位上角)，待组长检查合格后才可离开教室；垃圾丢入垃圾桶，见了垃圾主动捡起来。我们提倡文明游戏，注意礼让。

五、上课

预备铃响起，学生一分钟内进教室，文娱委员指挥唱歌。老师进教室班长喊起立，全班同学立正后向老师问好，班长喊坐下后才可坐下。上课发言要举手，老师示意才坐下。

六、排队放学

下课铃声响起整理书包，收齐衣物，挽在右手，走出教室排好队(值日小组留下五分钟整理课室)，等候班主任带领出校门。临出校门师生微笑挥手说再见。

第六章 创条件搭平台：倾情打造和谐进取的教师队伍

一个学校的办学目标、教育理念最终需要教师予以落实。教师的素质关系到教育改革的成败。一个优秀的教师团队，才能培养出一批批优秀的学生。判断一所学校的教育质量、哪门学科优秀、哪些方面有特色，关键看这些方面有没有优秀的教师。然而，长期以来，大新小学的教师队伍建设问题一直不尽如人意：缺少钻研精神，缺少读书热情；专业素养不高，缺少反思精神和反思意识，课堂教学技能不尽如人意；团队合作意识欠缺，人际关系比较紧张；创新精神较弱，对新的教育理念、教学方法等缺乏必要的敏感。正是基于对教师价值的认识，以及对大新小学本身教师发展现状的把握，学校非常重视教师专业发展。

一、营造和谐进取的教师文化为教师发展引路

人类创造了文化，文化反过来又在塑造人。文化性是人类的特性之一，人是文化意义上的人。教师文化作为一种亚文化，虽然受社会文化变迁的影响，但也有其自身的独特性。作为一种群体文化的教师文化，其核心部分是它的精神层面。在精神层面上，教师文化有精神性、融合性和可塑性的特征。精神性是就其价值观而言，共同的价值观是教师文化的核心因素所在，因而教师文化具有精神导向。融合性指的是教师文化融合了教师群体的价值观，教师群体中具有共同遵循的价值准则。可塑性指的就是教师文化的可改善性，教师文化不是自然而然产生的，而是在一定的基础上进行引导并在实践中不断丰富和完善的。科学合理的教师文化能够引领教师的发展。正是基于这种考虑，大新小学把教师文化定为教师发展的引路者，旨在通过教师文化的营造，为每一位教师的发展指明目标。

（一）教师文化的教育意蕴

1. 教育变革需要教师文化支撑

教育从来没有像今天这样受到人们的关注和重视，然而也从来没有

像今天这样备受指责。无论人们是称赞它还是批评它，都是因为它关乎国家与民族的发展，关乎每个家庭乃至每个人的切身利益。学校教育改革是一个极其复杂的过程，对于这样一个极其复杂的变革，不应该是机械的控制过程，而应该是一个渐进的生态进化过程。教育变革的复杂性决定了任何期望短期内发生奇迹的想法都是非常幼稚的。教育变革的真正发生，在于营造一个宽松的鼓励创造的文化环境与氛围，使教育变革自下而上地发生于教学第一线。真正的教育变革需要改革管理方式，从执迷于控制到鼓励创造。教师在学校文化的建设或重塑中，起着承上启下的主体作用，教师个人价值观是教师个人价值的体现，只有教师个人价值观与学校的办学目标相结合时，才能发挥最大的合力，教师文化也才能去引导、熏陶学生文化的发展，离开教师，再好的文化理念都将得不到落实。由此可见，没有教师文化的深层次支撑，任何教育改革都将流于表面。

2. 学校发展需要教师文化推进

一所学校变化首先体现在课堂之上，这需要从改善师生关系做起。生动的景观背后是美好的、坚定的教育理念和健康的价值观。而这些美好的、坚定的教育理念和健康的价值观即是一个学校教师文化的具体表现。

教师文化主要包括教师这一职业群体的教育理念、思维方式、价值取向、职业意识、态度倾向和行为方式等。其中，教育理念、思维方式和价值取向属于深层因素，内隐于人的内心，而职业意识、态度倾向和行为方式是表层因素。作为教师文化的核心价值观念，决定着对教师教育教学活动直接产生影响的态度倾向与行为方式。

这种文化通常属于“软文化”，是无形的、抽象的，具有内隐性和渗透性，是一个迫切需要解决的问题。因为良好的教师文化不仅能够促进学校发展，创造一个保证总体目标能够达到的精神氛围，而且可以促进教育教学、科研以及学校管理工作，具有强大的凝聚力、吸引力和战斗力；能较好地调节和激励教师的行为，促进教师的自我约束、自我调整和自我完善；使每一个教师得到更好的发展，培养和激发教师的群体意识和集体精神，使之得以振奋和升华，形成进取合作的氛围。

3. 学习型学校的建设需要依托教师文化

大新小学从2003年开始创建学习型学校，经过多年的努力，“在学习中成长，活出生命的意义”的办学理念渐渐成为全体师生的共识。学校为了教师和学生的学习创建了一系列的学习制度，创设了多元的学习途径，搭建了丰富的学习平台。一个崇尚学习、热爱学习的学习型学校渐趋形成。

学习型学校的核心理念是以学习为原动力推动学校的发展。学习型学校的学习应该是深度的学习，是能够修正自身教学行为的学习。现阶段，学校教师的学习热情还有待提高，学习能力还有待培养，学习的内容还需要与学习型学校倡导的价值观相一致。此外，新世纪复合型、创新型、实践型人才的培养，给教师的教育教学观念带来了极大的挑战。这些都需要重新审视现有的学校教师文化，以期建设能够推动学习型学校发展的新时期教师文化。

4. 教师的职业生命提升需要文化建设

学校精神文化需要教师文化作为支撑，学习型学校的建设同样需要以教师文化为依托，教师的职业生命同样也需要通过教师文化建设进行提升。教师队伍的优劣，直接影响着学生，直接影响着学校。大新小学一直以来注重教师的职业生命的发展，并试图通过教师文化建设提升教师的归属感。

目前，由于烦琐的教学工作以及巨大挑战所造成的职业懈怠，已严重影响到教师的职业生命，教师的职业生命找不到归属。因此，建设积极向上、奋发有为的教师文化势必成为摆在我们面前的课题。

（二）和谐进取：教师文化建设的向度

根据学习型学校的构建主旨和教师文化的内涵以及目前学校教师的

基本状况三个方面的因素，学校在教师文化建设内容方面作了以下探索。

1. 教师角色文化

教师角色蕴涵着一定的教育思想、教学观念与教育价值判断，是一定的教育思想、教育价值的投射。因此，教师文化建设首先应该从教师角色文化开始。教师角色的重新认识，要以适应学习型学校发展的要求为前提，以建立良好的师生关系为基础，逐步使教师认识到自己首先是一个学习者，其次才是知识的传授者、智慧的启迪者。如此建构新的教师角色的价值取向，推动其行为方式的根本转变，从而推动教育实践的根本改变。

2. 教师交往文化

由于教师在课堂教学中可以独立自主地处理教学事务，因而大多数教师一直奉行“专业个人主义”作风，表现在对自己的要求上是独立成功观，对其他教师的态度是不干涉主义。“关起门来，三尺讲台就是自己的统治领地。”教师不欢迎他人介入自己的课堂教学，也很少求助于同事，如果求助于其他教师，便表明自己的无能。因为把帮助他人视为自以为是或者侵犯他人隐私，对待其他教师，他们不愿意作出实质性的指导和评论。同事之间往往达成默契，恪守“互不干涉”原则。显然，这种封闭性的教师文化潜在地排斥开放与合作，使教师的教学行为陷于彼此孤立的境地。这种思想的存在，也导致课堂教学的僵化和单一等。

学习型学校建设中倡导团队的合作学习，因此，应让教师在民主平等的师生关系、团结协作的师师关系、尊重信任的领导与教师关系、沟通对话的教师与家长关系等多元开放的交往方式中，形成乐于分享、勤于思考而具有开放视野的学习型教师。

3. 教师的形象文化

教师形象一直受到传统思想的束缚，停留在正统、刻板、威严、师道尊严等方面，这些都束缚着教师的思想和行为，使他们不能适应新的社会要求。在声光色影世界里长大的一代学生，更需要理解他们、和他们做朋友的老师。学校应给教师一个开放的空间，激发教师的创造性，并形成他们丰富多元的个性。

（三）和谐、进取——教师文化的营造方略

大新小学需要的是以和谐、进取为特征的教师文化，和谐是组织凝聚的基础，进取是组织发展的动力。学校构建和谐进取教师文化的第一步，是倡导教师形成“10 种意识”，并将这 10 种意识具体化为实践。

1. 形成“10 种意识”

（1）发展意识

发展意识是衡量一个团队整体素质和生命力的重要标志，也是实现科学决策的根本前提条件。人们只有不满足于现状，追求更大、更新的进步，具有争先恐后、不断进取的心理，才能实现个人的发展和团队的发展。只有具备强烈发展意识的团队，才能同心同德、畅所欲言、集思广益、共同发展，才能最大限度地集中集体智慧，为团队的发展开辟宽广的道路。

（2）规则意识

规则是现代社会文明的一大特征。近些年来，学校制定和完善了各项规章制度，涉及教育法规、党政管理、教育管理、教学管理、后勤管理、功能室管理等各个方面。

（3）学习意识

要求教师每天坚持阅读“三个网站”：中国教育信息网、南山教育网、大新校园网，不断了解新信息，使学校的信息化管理和无纸化办公体系更加完善；每人具备“三个理论”，即教育理论、心理学理论、学

科教学理论。

（4）沟通意识

教师应善于通过书信、邮件、对话、问卷等形式，与学生、家长和社区加强沟通与了解，取得共识。

（5）和谐意识

要特别强调人与人的和谐以及人与自然的和谐，进而构建一个和谐的精神文化体系、和谐的办学目标体系、和谐的办学思路、和谐的价值体系、和谐的知识体系、和谐的制度体系以及和谐的方法体系。

（6）责任意识

每一个教师要明确自己的职责，对待工作要有责任心，对待同志要有热心，对待孩子要有爱心。教师的责任意识表现在学校工作的各个方面。如何把责任真正落到实处？学校的做法是把每一项工作分配给每个人，让每一个人明白每一项工作的程序和方法。

（7）创新意识

创新是现代社会不断发展的原动力。无论是在日常教学工作中还是在教育科研中，每位教师都要树立创新意识。

（8）协作意识

每一位教师应该在上下级之间、同行之间、同组之间、家校之间、学校与社区之间注意相互协作。

（9）反思意识

每一位大新小学的教师都应当随时反思自己的言谈举止、反思自己的教育教学行为、反思自己的工作和学习方法等。

（10）健康意识

教师应该注意体育锻炼和心理健康。为此，学校把开展丰富多彩的体育文化活动，聘请相关专家为教师作心理健康辅导成为常态化的工作。

2. 倡导教师主体性

营造和谐进取的教师文化，应激发教师自我超越的学习内动力，以教师的自我学习推动整个教师文化的重构。教师文化重构的要义在于唤起教师发展自我的内在需要。因为教师文化重构主要是通过教师自觉的实践行为来实现的。

学校应采用信息传递的方式，通过专题学习、交流、各种会议（如行政会、研讨会、汇报会、专题会、论证会等）、校刊、报刊、校园文化环境设施等多渠道、多样化地向教师传递有关社会变革、教育改革发展动态、本校的文化理念及具体文化建设决策等信息，使教师在接收信息的过程中，理解教师的价值和意义，了解教育改革发展和教育竞争的态势，感受面临挑战的严峻，审时度势，产生忧患感，思变思进，并与学校的行政决策达成共识，从内心产生“我想发展，我需要发展”的主动意识。

除此之外，还要鼓励教师多读书。当前的课程改革要求教师重新认识教育的价值观，需要更新教育观念，改变传统的教育教学文化。新课程实施与传统教育之间既冲突又融合的现状既使教师陷入迷茫之中，又促使教师不断地进行学习。教师需要在学习中发展自身的素质，调整自己的知识结构。因此，就当前而言，把握课程改革这一契机，有层次地引领教师读书活动，增加教师的书卷气，使教师达到发展自我的境界，才可能真正形成教师的学习文化。

3. 提倡教师反思性

这也即做反思型教师。反思型教师的核心是在不断的实践与反思中改变固有的心智模式，适应新的教育环境。“学而不思则罔。”教师工作的对象是学生，每一个学生都是独特的生命体，有不同的个性和特点，如果不去思考与理解，那么何以做到因材施教？面对复杂的教育世界，只有不断研修和反思，教师才能以质疑的态度、批判的精神实事求是地看待周围的一切。学校则要形成有利于教师不断反思的研修文化，鼓励教师在教学、备课、与师生交流过程中不断反思与修正。

（1）建立研修文化的制度化机制

一方面与高校建立研修的合作伙伴关系，另一方面形成学校教师校本研修机制。通过学习，提高反思力，提升其专业化水平。

（2）建立学习型教研组

学习型教研组是指通过培养学校教师群体的学习研究氛围，充分发挥同学科教师群体研究能力而建立的一种人性化的、可持续发展的、以教科研为基础的组织。学习型教研组与传统的教研组明显的差异体现在是否强调团队意识上。传统教研组在功能上更多地强调如何完成教育教学任务，如何提高学生的学业成绩，对教师的专业发展关注不够。而学习型教研组更多地强调教研组成员的合作学习和群体智慧开发，强调全体教师共同的价值取向，使教师在工作研究中获得工作绩效与个人成长的“双赢”。建设学习型教研组是建设学习型学校的基础，学习型教研组建设是创建校本教研的基层平台。“以校为本”把学校作为培养教师群体的阵地，“以组为点”把教研组作为培养教师群体的基点。大新小学建立的学习型教研组旨在以教研组为单位积极做好从课堂出发再回到课堂的教学研修机制，其教学研修是按照“学习——实践——反思——再学习——再实践——再反思”的思路进行的。学习型教研组为教师之间的信息交流、经验分享、专题研究、专业发展提供平台，为学校营造了学术探讨与学术批评的文化氛围。

4. 构建教师合作团队

构建教师团队文化的核心是通过建立新的教师教学研究交流方式——教师学习共同体，来形成一种新的教师交往文化。重视团队学习，让教师走出自我封闭的天地，形成主动与他人交流的行为方式，在与同行、专家的对话交流中促进其专业成长。

（1）建立教师博客联盟

大新小学基本是按照以下步骤来进行的：第一步，建立以学科为组织的集体教学研究博客群；第二步，建立教师个人的博客；第三步，建立主题研究博客。

（2）组织各种论坛活动

组织各种教师论坛、教师沙龙、教学成果分享会、教师深度会谈等，促进教师交流和学习。通过各种论坛活动，促使教师深入探究教育教学的规律，逐渐转变观念，不断修正自己的行为。

应该指出的是，以上从教师应具备的“10 种意识”、教师的主体性、反思性、教师团队的构建几个方面阐释了营造和谐进取教师文化的基本思路，但在大新小学的教育实践中，这几种思路往往是复杂地交织在一起的，具体可通过中山大学教育学硕士王华兰在大新小学的一次“1+1”读书活动交流会所写的教育叙事来体现。

2008 年 6 月 19 日 16：00　　学校小会议室

这天下午，我参加了大新小学青年教师“1+1”读书活动交流会，除了吴希福校长和陈副校长外，共有 24 位青年教师到场。交流会的主题是“不要偷走孩子的梦想”，本期阅读的推荐书目为张文质的教育讲演录《教育是慢的艺术》。

五年级的班主任 Z 老师第一个发言，她讲述了自己的教育憧憬和困惑。在面对班里“慢”的孩子面前，在教育理想与现实的距离面前，在付出与收获之间，教师应如何平衡、如何面对自己的这份教育使命？带着这些困惑，她和大家分享了一段曾被自己放弃的一位“慢”学生的真实故事。Z 老师的故事道出了班主任的教学反思与心声，一位科任教师接着发言：“一个人的成长到底需要多长时间？其实，不只是孩子，我们每个人都在生活与工作中成长。我一直在反思自己的教学，觉得自己过于‘温情’。孩子到底需不需要惩罚？我认为是必要的。‘小慈是大慈之敌’，一味地包容只能害了孩子。”这个话题引发了大家激烈的讨论，有的教师认为，在教育孩子时应该在惩罚中鼓励，注重引导；有的教师谈到应该利用好正负强化；还有的教师则认为孩子犯错一味地循循善诱、好言相劝有时候并不能解决问题，还举了一个发生在学校的真实故事。说的是一个女孩中午在楼梯间不知为何号啕大哭了近 40 分钟，很多教师不断地询问和相劝都无济于事，后来一位男教师二话没说，把她带进办公室训斥了不到一分钟，结果女孩渐趋平静，相安无事了。这件事对她触动很大，她认为教育一个孩子，仅仅只有母性关怀的一极是不够的，有时也需要类似父亲刚性的教育。另一教师则认为，教育本质上是母性的。像大新小学的孩子家长，他们很多时候不懂得如何教育自己的孩子，那么教师有责任对家长进行适当的引导。

后排的一位女教师结合解决一位家长望子成龙的教育方式表达了自己的教育反思。她认为家长对孩子期望很高，强制孩子去学很多自己不喜欢的东西，结果孩子学不好，产生了厌倦和反感，家长也很失望为什么孩子不懂得他们的艰辛与付出。两者不开心的原因很简单，有时候我们要是能放下姿态去听听孩子的声音就好了。还有一位教师结合班里的一个小男生，引发了一个生命问题的讨论。她说男生调皮捣蛋，有多动症。他家庭条件较好，被爸爸送到了一所文武学校，进步很大。可是，并不是所有类似他这样的孩子都这么幸运。孩子一出生的时候，很多东西并不是能自己决定的。像大新小学很多家庭条件差的孩子，或许根本没有这么好的条件被引导发展。话题比较沉重，陈副校长从命运的角度，阐述了对生命的敬畏和尊重，作为教师我们没有任何理由去嫌弃任何一个孩子！

讨论氛围很激烈，我注意到很多坐在后排的教师都跃跃欲试发表自己的想法。二年级的一位语文老师给大家念起了一篇并不符合作文要求的学生作文《找春天》。孩子在作文中写道："我想变成一只鸟，飞回家乡去看望爷爷奶奶"，孩子在作文中说他想起了当时离开家乡，爷爷奶奶站在村头和他分别的场景，想起了爷爷家的小狗……这位老师说班里大部分孩子都是按要求写的，但是对于这个孩子的作文，她经过一番思想斗争后，给了他高分并让他在课堂上朗读。记得当时班里的很多孩子都哭了，他们很多人的家乡都在很远的地方。小小的愿望，我们作为教师为什么要去封杀呢？

吴校长听了这位学生的作文，也很感伤。"是啊，我们学校的孩子更需要我们去关怀，今天很高兴听到大家这样发自肺腑的探讨，也希望大家在工作困惑中不断探究和成长，这才是我们作为教师的意义所在。"

以上案例便是综合发挥了教师的主体性并运用了教学反思对教育当中的惩罚问题进行了探讨，而这种探讨又是建立在教师们各抒己见的基础之上。这种各抒己见的做法体现了和谐的精神。

二、构建发展性校本教研体系为教师发展搭台

当前社会已经进入了一个知识迅速更新、技术频繁换代、信息爆炸的时代，在这样的时代里，终身学习不仅是一种观念、一种态度，更是一种需要和必须。任何人不坚持学习、不善于学习，就会落伍、被淘汰。国家与国家之间的竞争、企业与企业之间的竞争，最根本的是人力资源的竞争，人才是核心竞争力。一所好的学校，必须要有一支素质高、能力强、品德好的教师队伍。教育现代化要求教师的现代化。教师不再是单纯的知识传授者，而应努力成为培养全面发展新人的专家，学生学习的指导者、未来的设计者、智力资源的开发者和人生的榜样，同时更应是一位创造者。

基于此，学校紧紧抓住教师研修来转变教师的学习状态，促进教师专业发展。要打造高品质的教育教学就需要首先打造一支过硬的教师队伍，必须重视教师的专业发展。学校为教师的发展规划了多样的成长模式，把塑造“学习型教师”“研究型教师”“反思型教师”作为不懈努力的目标。教师的专业发展要从学习入手。对于教师来说，学习意味着了解和掌握一门课程，学习意味着虚心接纳别人的知识。一个教师只有不断学习、更新知识，才能培养出优秀的学生，才能受到学生的尊敬和爱戴。

教师研修的目标是多元的，教师研修的方式也是多样的，学校在多元目标下为将每一个教师培养成为个性鲜明、特长突出的教师，给每一位教师提供了丰富的机会和平台。一是搭建进修平台。每周一次的校本培训、定期完成教育部门的继续教育课程、教师学历提升、保证100%的教师参加国内外相关考察和培训等。二是搭建展示平台。除了学校组织开展的“五节一展示”（艺术节、体育节、英语节、科技节、读书节、技能展示）外，还选派教师参加相关组织开展的各类竞赛、选拔和

展示活动。三是搭建交流平台。校内10分钟演讲、教研组专题研讨、观摩课交流、同伴结对子、教研博客、“1+1”读书会、校际交流，以及深港文化、中西方文化交流等。通过这样的平台，老师们就像不同花朵一样生长和绽放在不同土壤之上。其中，立足于学校实际的多元校本教研体系是学校为教师设置的主要研修平台。除此之外，学校还积极展开校际交流，在学校之间展开教研活动。

校本教研将教学研究的重心下移到学校，以课程实施过程中教师所面对的各种具体问题为对象，以教师为研究的主体，理论和专业人员共同参与。校本教研强调理论指导下的实践性研究，既注重解决实际问题，又注重经验的总结、理论的提升、规律的探索和教师的专业发展。因此，抓好校本教研，就等于抓住了学校的中心工作，它对于教学质量的提高和学校的整体发展起着举足轻重的作用。

根据大新小学的实际情况，学校从内容到形式、到具体方法，再到支持体系，建立起了一个多元校本教研体系（见图6-1）。

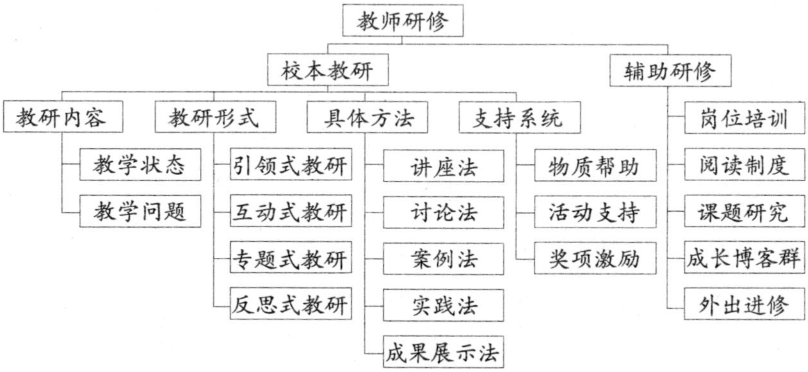

图6-1　大新小学多元校本教研体系

其中，教师研修包括校本教研和辅助研修两部分。校本教研包括对教学状态和教学问题的研究；校本教研形式包括引领式教研、互动式教研、专题式教研和反思式教研；校本教研的具体方法包括讲座法、讨论法、案例法、实践法和成果展示法；校本教研的支持系统包括物质帮助、活动支持以及奖励激励等。辅助研修包括对教师的岗位培训、建立教师阅读制度、课题研究、建立教师成长博客群以及让教师外出进修等。多元校本教研体系体现了学校在教育专业发展上的如下思路。

（一）积极探索校本教研的多元形态

“集体教研、自我反思、同伴互助、专业引领”是校本教研的核心要素，是校本教研的标志和灵魂。学校本着“从问题入手，按需求出发，由课题牵引，重实际效果”的教研思路，积极探索出以“引领式、互动式、专题式、反思式”教研为主要形式的内容丰富、形式多样的校本教研策略。

1. 引领式教研

引领式教研包括五个层面：理论引领、专家引领、领导引领、骨干引领、学生引领。

（1）理论引领

用先进的教育思想、教育理念武装教师的头脑。转变教师的观念是教师发展的前提。怎样提高教师学习新的教育理论的成效？学校结合实际在“学习制度、学习内容、学习方式、学习总结”等方面采用了相关措施。

一是在学习制度上，建立了“一四五”制度，即要求教师每人每月填写一张“理论学习自查表”；定期在教师中开展互查、展览、评比、交流四活动；每人每月写五篇理论学习读书笔记，并将读书笔记列入学校的日常教学常规工作。目前，读书已成为了学校教师的一种生活方式，并逐步将自己的读书心得转化成了一定的教学行为。

二是在学习内容上，学校提出了“三个一”的要求，即选择与教学实际和教师实践“近一点”“实一点”“新一点”的内容，采用了向教师推荐书目和教师自选书目相结合的办法，让教师学有所得，学有所用。例如，本学期学校便主要向老师推荐了以下阅读书目：《国际教育新理念》《教育走向生本》《多元智能》《给教师的建议》《赏识你的孩子》《爱心教育——素质教育探索手记》《教学机智——教育智慧的意蕴》《教育是慢的艺术》《教师怎样和学生说话》等。

三是在学习方式上，学校采用丰富多彩、教师喜闻乐见的形式，如根据各学科特点和年级组的差异采用了分散与集中、专家引路与平等对话、集体交流与个人专题发言等形式。教师自觉吸纳新理念，扬弃旧观念，学习的主动性得到了充分的调动，理论修养得到了显著提升，理论学习的过程成为了教师快速成长的过程。

四是在沟通与交流平台上促进教师拓宽视野，拓展思维。建立大新小学校园网，建立教师成长博客、创办大新小学校报、大新小学校刊，及时反映课改最新信息，交流读书心得、开展好书推荐活动、反馈教师学习成效、展示教师学习成果。学校在校园网上专门开辟了《理论学习论坛》园地，教师们可以就自己学习课程改革的体会在论坛上充分发表自己的观点，在相互研讨中碰撞出智慧的火花，激活教师的思维，激发教师的灵感。

（2）专家引领

专家引领在提升学校教研质量、促进教师专业成长中具有重要的作用，专家的提示和建议成为促进教师成长的"催化剂"。为此，学校设置了专家扶持热线，建立了专家辅导平台，让老师们与专家直接对话，让问题得到及时解决，架起了专家与教师相互沟通的桥梁。这种专家与教师的直接对话所产生的效果是以往单向聆听、被动接受所无法比拟的。学校常年聘请的专家有：北京师范大学教育学部裴娣娜教授，教育部小学校长培训中心副主任、北京师范大学培训学院院长陈锁明博士，《中国教育学刊》执行主编、编审鲍东明博士，教育部小学骨干校长高级研究班成员李烈、刘可钦、张伟、李先启等校长，华南师范大学刘良华教授、广东教育学院阎德明教授、深圳大学李臣之教授、华南理工大学管少平教授、生命教育专家张文质、深圳市教科院研究员吴江老师等。这些专家通过看、听、察、议等方法，采用集中讲座、现场授课、小组讨论、个别交流等形式，指导学校校本教研，使教师个性得到持续发展，深受教师们的欢迎。

与此同时，学校还定期组织教师收看专家录像，如观看了北京师范大学周玉仁教授关于北师大数学实验教材的报告、孔企平博士关于新课程标准的解读报告、全国特级教师支玉恒的学术报告等。每收看一次专家的报告录像，教师们就会带着新的理解进入课堂实践，带着新的认识逐步融入教育改革的大潮之中。

再者，学校还经常组织教师外出参加有影响的知名教师和专家的现场报告会和课例示范活动。近五年来，学校先后派教师到清华大学、北京师范大学、浙江大学、中山大学及广州、昆明、大连、兰州、西安、武汉、上海、长沙、海南、山东、西安、杭州、苏州、成都等地参加高规格的学术报告会和现场课例展示活动。

通过一系列的校本教研活动，教师们开阔了眼界，增长了知识，逐步学会用研究者的眼光审视、分析和解决自己在教育教学过程中遇到的实际问题，教师们的实践智慧得到积累、科研素养得到提高、创造能力得到开发、专业发展得到促进、学校的整体办学水平得到提升。

（3）领导引领

在校本教研中，校长既是教研效益的第一责任人，又是参与者，更是指导者。学校坚持校长带头进行“校长讲座”“校长上课”“校长论文”“校长说课”“校长评课”“校长研究课题”等，这既是对学校其他领导的极大促进，又是对学校教师的专业引领。学校每学期都要利用校本培训时间，由校长、副校长亲自作理论和业务讲座，并结合学校实际进行专题辅导，针对具体问题提出有效对策。例如，六年来，我便分别作了《今天的教师怎样当》《学校制度建设与发展》《新课程改革的思考》《新课程与教师角色的转变》《如何创造性使用教材》《关于新课程评价的几点思考》《如何开展综合实践活动研究》《校本教研与学校发展》《课程改革应当实现的两个突破》《新义务教育法解读》《教师是学校的核心竞争力》《在教育这块热土中寻找生命的真谛》等近100个专题讲座。

除此之外，学校坚持校领导每个学期都要给全校教师上公开课。这些课都是带着课题研究性质的，如习作及其讲评、句子教学、阅读教学、口语交际、综合实践等。

（4）骨干引领

学校通过对教师工作态度、工作热情、工作能力、工作绩效等多方面的考察，将教师分为三个层次：一是骨干层，二是中间层，三是新手层。骨干层为教学经验丰富，工作责任心强，勇于创新的教师，如赛课获奖教师、特级教师、学科带头人、市区优秀教师、教学能手等；新手层为刚参加工作不久的新教师；中间层介于两者之间。学校采用的策略为“抓两头、带中间，全面提升教师素质”。

骨干教师的引领更具有实践性和可操作性，发挥骨干教师的引领作用是学校校本教研的重要举措。为了更充分发挥“骨干层”教师的骨干引领作用，学校在学期初进行教师分工时，便有意识地把“骨干层”与“新手层”教师安排在同年级、同科组内相互搭配。在各级教学研讨课活动中，也让“骨干层”教师手把手辅导“新手层”教师，引领他们在业务上尽早、尽快地成长起来。在日常教学工作中，让“骨干层”教师的言行潜移默化地影响“新手层”教师，引领他们尽早、尽快地从思想上迅速成熟起来。学校对于“中间层”教师也注意选拔和培养，让这批教师承担一些示范课、研讨课任务，让“骨干层”教师全力以赴支持他们，做好参谋、建议和辅助工作，努力帮助他们逐步提高业务水平，不断自我完善，让“中间层”尽早、尽快、尽多地向“骨干层”转化，寻求机会，搭建平台。

当然，为了使教师团队更快、更和谐地成长，学校还开展了“一路前行”工程，通过教师间自由结对子，自由选择研究课题，实行最佳组合，达到最佳效果。这种自由结对子的方式，实质上是在倡导骨干教师与其他教师之间的自主合作。以此更好地发挥骨干教师的引领作用。

（5）学生引领

学生的需要就是教师的需要，就是教学的需要，就是学校的需要。在学生需求的引领下，充分利用校本资源，开设符合学生兴趣、可供学生自主选择、适合教师专业成长、具有特色的校本课程，让学生、教师、学校得到共同发展是学校校本教研的重要内容。如何开发校本课程以抓住前所未有的机遇，促进学校发展？这是一个没有现成答案的问题。面对这一全新的领域，学校决定分三步走。

第一步：学习培训，转变观念。从校长到每一位教师，人人参与学习，了解新课程理念，明确新课程培养目标，把握学生发展在学校教育中所具有的根本性价值，理解校本课程的概念及开发校本课程的价值诉求。

第二步：需要评估，寻找依据。召开“三会”，即“学生代表会”“家长代表会”“社区代表会”，以学生代表为主，谈学习和生活中遇到的困难，谈对教育的意见和看法，谈所关心的教育教学问题，为合理开发校本课程寻求依据。

第三步：讨论研究，确定课程方案。学校领导及教师代表聚集一堂，针对学生、家长的意见，尤其是学生的意见，结合现有的环境、条件、设施和可开发的社会资源等客观实际，对开发校本课程进行论证，围绕中心目标延伸、拓展、发散，确立了学校校本课程开发方案。在全校近 30 位教师自愿申报的前提下，学校安排了统一的时间，让学生听教师作课程介绍，然后将各课程科目、执教教师、课程简介制作成菜单形式分发给学生。学生们拿起校本课程“自选课”菜单，坐在“餐桌”前圈点，选择自己需要的营养，最后学校批准开发了以“广泛阅读、崇德尚美、开拓创新”为目标的 20 多门自助餐式的具有大新小学特色的自选课程。

2. 互动式教研

互动式教研包括以下方式：教师间互动、师生间互动、学校间互动。

（1）教师间互动

教师间互动是思维交流的平台，是实现教师共同成长、共同进步的有效校本教研方式。新课程倡导的合作的学生学习方式同样也适应于教师。一个人的认识毕竟有限，集体的智慧才是无穷的。

学校除了每周一次的集体备课时间是教师间互动的“法定时间”之外，相同学科之间的教师经常“私下”进行交流学习，也不乏跨年级的交流。备课实行两级检查制，即学科召集人检查制，重点查量；教导处督查制，重点查质。同时，对新形势下的备课模式进行研究与应用，要求教师“下笔先思考，落笔讲详略，教后重反思，智慧应共享”，为教师交流互动搭建平台。通过教师集体备课活动的互动在三项工作上达成共识。一是互相交流和反思一周的教学情况，这是集体备课最重要的工作；同学科、同年级组的每一个教师对自己一周的教学情况及教学中遇到的问题进行交流和反思；全组教师轮流陈述各自的观点和见解，共同商讨解决的最佳途径和措施。二是互动协调做到“五统一”，即教学目标统一、教学进度统一、知识点的训练统一、传授知识的深度和广度统一、单元测试时间统一。三是互动完成“三备”，即单元集备、重点课时集备、难点课时集备。在集体备课之外，学校也注重开展专题教研活动。在每个专题教研活动之前学校都会向教师们先“预约”，让教师们作好准备。让教师们有备而来，有问题可提，有收获可得是学校专题研究的目的。

陈春华副校长在《让教研成为真正关心和爱护教师成长的基石》中讲述了一次教师间互动式教研：

下午四点三十分，如约坐在小会议室，参加全校语文教师的教研活动。

语文科组长张华老师对今天的教研活动准备得很充分，开宗明义讲明今日教研的四个内容：

1. 总结期中考试情况；

2. 通报两条语文教师参加区里比赛获奖的好消息（吕劭玉老师朗诵比赛获得一等奖，张苑老师命题比赛获得二等奖)；

3. 本学期语文学科学生活动的安排（词语抽测)；

4. 温馨提醒一年级老师关注孩子的书写习惯，迎接下个月区内的写字水平检测。还有四年级的老师作好下周文化课和教学工作抽查的准备。

本次教研活动的重点是总结期中考试情况。张老师通报了期中考试情况，并将每个年级的教学经验进行总结，和语文老师交流分享。这是实在而有效的教研活动，一切基于现实的情况，经验来自老师们，一起分享，互相启示。

张老师还专门腾出时间请老师们交流自己的教学情况，可以分享成功的教学案例，也可以交流教学的困惑和难题，这是个很开放的话题研讨。

老师们开始有点拘束，于是，我率先向大家说了我的教学困惑，因为长期没有在低年级上课，尤其是“课改”后的低年级课堂管理发生了很大的改变。“新课改”倡导的理念是尊重学生的个性差异。课堂要求少一些整齐划一，强调因人而异，当我走进二年级的课堂时，那些小家伙非常活跃，然而在率性张扬的同时，毫无羁绊。看来学生的生命的确是最本真的成长状态，只是苦了我不得不时不时组织课堂纪律。于是，我提出“低年级课堂如何有效管理才能求得有效的教学效果”的问题，请老师们赐教。

没想到一番话引发了老师们对班上一些好动、多动的学生对他人影响的担忧，因为他们的存在，很不好组织教学，对他人也带来很大的影响，并且还有一个让老师不可言说的暗伤，那就是这些孩子严重地影响着班里考试的平均成绩，老师对分数的重视也来源于学校对教学质量的要求，这是人之常情，也是社会压力所致。

其间，有两个老师的发言让我颇有触动。三年级的麦灿贵老师说：“小孩子好动、多动是很正常的，要承认现实，主要做到两点：一是忍耐，二是引导。”五年级的廖淑珍老师说：“不要太在意分数，不要去逼迫他们，应该更多地关注孩子的生命状态。”

的确，老师有时为了分数，在不自觉当中也会要求一些有智障的孩子能如常人一样考多一点分数，这样弄得孩子紧张，老师也辛苦不堪。也许，我们需要的是更多地探讨如何应对教学的差异，尽量尊重每个孩子，始终相信“爱”是教育的最好良方，只有爱才能生爱，只有生命才能润泽生命。

二年级吕劭玉老师也提出了一个很有价值的问题，她的教学困惑是在让孩子自由表达和有效表达的问题上如何把握一个度？这也是语文老师经常遭遇的问题。看上去很难两全，其实这是一个由必然王国到自然王国的过程，时间可以说明问题，当然也是对教师教育智慧的挑战。

热烈的讨论结束了，然而却给我留下了很深的思考：如何让教研活动成为关心和帮助教师成长的基石？

今天的教研活动很温馨，大家都是在商量、探讨中进行的，老师们愿意说出自己的困惑是最好的现象，教研只有针对具体的问题去研究才具实际价值和意义，才能真的为老师接受和喜欢。让教研成为关心和帮助教师成长的基石，让老师在问题的反思中、在思想的碰撞中分享我们思维的乐趣，深入了解老师所求，尽力满足老师所需，给予彼此教育教学的启迪，即便不能通过一次教研活动就能解决一个问题，给老师们一个倾诉苦恼和困惑的机会也是很有必要的，释放了教学生活中的焦虑和茫然，缓解了老师的工作压力，有利于老师的身心健康。

正是通过这种专题教研活动，学校教师在碰撞与交流中互相启发，达成新的共识。在互动中获得新感受，摸索出解决问题的新途径，不断地反馈、调节、体验、领悟教学的技艺，体味教学的乐趣，改善自己的教学行为，分享成功的经验、鲜活的信息，储存教学能量，提升自己的专业水平，并最终实现教师的共同提高。同时也密切了教师之间的合作关系，使教师们紧密团结，并肩齐飞。

（2）师生间互动

师生间互动可以营造教师与学生平等对话的氛围，密切师生关系。学校在各学科的教学过程中，通过问卷调查、个别谈话等多种形式建立师生互动平台，了解学生的内心世界和真实想法，如兴趣、爱好、需求等，以指导、调整教师的教学工作。师生间互动的一个重要途径，就是课堂教学中的问题分析、专题研究和解决策略的确定，把主动留给学生，实现真正意义上的课堂民主。所以，在教学活动中，应提倡师生互动，使学生在活动中充分意识到自己的主体地位，培养创新精神和实践能力，让学生成为学习的主人。在课堂上，教师多把说话的权利留给学生，让他们有更多的表达机会，教师只是点拨者和引导者；多把活动的权利留给学生，让他们有更多的展示机会，还可以把讲台留给学生，让他们上台来讲、上台来写、上台来算、上台来画，充分体验成功的快乐，培养自己的信心；多把探索的权力交给学生，让他们有更多的自主探索机会，遇到新知识、新问题，不是教师的单纯辅导，而是以学生自己探索为主的师生互动。吴华老师对此也表达了类似的看法：

我很喜欢教语文，因为语文让我在字里行间感受到了语言文字带给我们的神奇感受：相同的文章、不同的读者，就会有不同的感受、不同的心境。正所谓“有一千个读者，就有一千个哈姆雷特”。而我引领我的学生们走进语文，把我对文章、对语文的感受告诉他们，再让他们学习理解文字，他们再把感受告诉我，这让我觉得非常开心而有成就感。

吴华老师甚至曾与学生一起探讨过学习习惯的问题，并得出以下初步认识。

好习惯——习惯决定命运，好习惯终身受益

我国著名教育家叶圣陶先生认为教育就是养成良好的行为习惯。就低年级来讲，要养成以下的好习惯。

1. 阅读习惯。读书是心灵的“旅行”。读书，能使人富有朝气、积蓄底气，从而充满灵气。学生每人在书包里应准备一本自己喜欢的课外书。

2. 思考习惯。爱因斯坦说“学习知识要善于思考，再思考”，思考是人生进步的阶梯。练习在读书的过程中当读完一段就要“快速地在脑海中跳出这一段主要讲什么”，一段一段累积，读完全篇，对文章的内容就会了然于胸。

3. 写话的习惯。结合每次的口语交际和学校、生活中的大事写话，说出对自己的学习、生活进行总结和深化思考。有话则长，无话则短。天天写一点，月月进一步，每年跨一大步。

4. 准备的习惯。包括学习方面的准备工作：书本的摆放、学具的准备、知识的准备、留着写完作业看的一本课外书……书本学具的摆放：组长先提示本组的成员，在本节课下课后准备好下节课的书，以避免占用上课时间；生活方面的准备工作：每项工作的人员安排，例如，阳光体育中每次负责领器材的同学，每次都会提前准备好器材并且在活动后负责送回。

5. 上课认真听的习惯。包括听讲要屏息凝神，听同学发言要全神贯注，听错误的发言，更要两耳竖直。

6. 系统梳理的习惯。每学完一个单元就会要求学生整理学过的生字、多音字、好词等，让他们学会整理知识。

7. 举一反三的习惯。做题目不在于多，而在于善于运用所学的方法，去解决实际问题，让学生在实践中积累法则、经验更为重要。

8. 总结提升的习惯。通过考试和讲评不断总结经验教训。不以高分而得意自满，不以分差而自卑气馁。

（3）学校间互动

校际联合开展校本教研是发挥学校之间优势互补，合作发展的一种重要形式。学校规定每学期至少和区内及区以外的学校互动一次，广泛开展学校管理和教育教学交流活动。三年来，学校先后和区内的南山实验学校、南油小学、前海学校、学府小学等开展交流活动。和深圳市外学校如福州市群众路小学、北京市第二实验小学、北京市第一师范附小、北京市中关村第四小学、辽宁抚顺市雷锋小学、河南省安阳市人民大道小学、河南省实验小学、山西省太原市实验小学、陕西省延安市南侨希望小学、广东镇江市东海学校等开展教研交流活动，并与新加坡格致小学、马来西亚山大根华文教育机构、香港华德学校等国家和地区10余所学校建立了友好姊妹学校，开展了主题演讲、同课异教、活动观摩、经验分享、文化比较、管理透视、习作大赛、图书交流、学具捐赠、经费支持等多层次的教学和管理交流活动。

建立一种更广泛空间里的教研活动，旨在开拓老师们的视野，而且交流的广泛性，促使老师们对实践的理性把握，以下为一具体案例。

大新小学校际合作

2007年1月5日，大新小学40多位教师前往我国香港特别行政区与华德学校开展研讨活动。活动之后，我校陈春华副校长记下了这次活动的思考。

1. 香港的语文教材更倾向于孩子的生活，教育更关注孩子自身的生活、认识自己、认识身边的事物，注重引发孩子的思考。内地的语文教材更重视文学性，培养孩子的想象能力，有时候难如人意。

2. 香港教师在课堂上更多地关注每个孩子的学习状态。课堂是每个孩子的，不是那些积极主动的少数人的课堂，教师会时时关注到那些不积极的、内向的沉默者。“你们都在我的视线里”，课堂就不会成为少数人活跃的场所。我们的课堂也许是因为学生多，关注不过来，所以发言的机会往往只给了那些天性活泼大胆的孩子，而一些胆小害羞的孩子因为没有自信不敢举起小手，老师也没有给予一定的鼓励和帮助，久而久之，他们在课堂上就成为了一群旁观者，“热闹是他们的，我什么也没有”。这样对个体缺少关注，是对他们生命的漠视。想想那些老师眼中的课堂积极分子，因为出色的表现，得到了更多的关注、更多的鼓励，自然就会更加优秀。属于每个孩子的课堂才是理想的课堂，才是每个生命彼此交融、彼此温暖的充满爱的地方。

3. 香港师生在课堂上大多处于一种很自然的生命状态之中。课堂即孩子生活的场所，在这里和在别的地方不会有太大的区别。教师和学生都比较放松，而我们的课堂上，教师和学生往往是一种非自然的生命状态。本来很热情的教师到了课堂必须板着脸面对学生才可以建立所谓的威信，而那些课下活泼可爱的学生到了课堂一个个正襟危坐，不敢随意说笑，不敢随意表达自己的喜好。课堂上的师生时常处于一种紧张的对立场景，教学活动本来就是彼此一种非自然情态的生命活动，可教师总是试图控制学生，学生又因为生命成长的特殊时期不经意就有了一种反控制的行为。

4. 香港课堂给孩子留有更多的帮助和等待。也许是对孩子生命成长的节律有更深的了解，香港老师的课堂有了对孩子更多的等待，当孩子的发音不准时不是急于要他马上学会，而是给了更多的帮助和等待。我们的教师往往对孩子缺少必要的耐心，不懂得等待。没有想到孩子是有差距的，这个孩子能学会，另一个孩子不一定也能马上学会，因为他们是如此不同的生命个体。因此，由于对孩子生命成长的不够了解，就会带来对孩子期望的求全求同，对有差异的孩子缺少善意的等待和温暖的帮助，反而有了更多的责难和批评。也许面对孩子不能及时掌握某些知识时给予必要的鼓励和等待远比严格的要求有效得多。

“教育是母性的：温柔、耐心、期待、激励。”我们应当时刻提醒自己记住这一点。

由于建立了校本教研网平台，不仅同学科的教师互相帮助，同学校不同学科的教师也互相启发，不同学校同一学科的教师也能在一起交流和切磋，从而形成了一个大的“共振圈”，让每一个参与者受益，推进了校本教研工作的纵横发展。

3. 专题式教研

专题式教研包括两个层面的内容：一是共性问题专题教研，二是特殊性问题专题教研。

（1）共性问题专题

这是针对学校普遍存在的问题而言的。如针对以往学校学生缺乏良好的卫生习惯、行为习惯和学习习惯这种局面，学校在充分调查、论证的基础上，提出了开展以“三礼”为主要内容的校本教研课题，并组织成立了“三礼”校本教研专题研究小组。又如针对教师课堂教学效率不高问题，学校开展了“课堂教学结构”探索，针对学习兴趣不高、学习氛围不浓、学校效率低下问题，学校开展了“学习型学校构建”专题研究等。

（2）特殊性问题专题

学科教研活动是特殊性问题专题讨论时间，每一次教研活动解决一个教学问题，循序渐进，教师的问题意识就会在潜移默化中得到培养，直面课堂有效解决问题的策略和方法就会越来越多，教师的实践性智慧也会越来越丰富。

学校学科教研活动由科组长负责落实。每次教研活动做到“五确定”，即中心发言人确定、中心议题确定、人员确定、地点确定、时间确定。其中，中心发言人的确定是学科教研的核心，力争做到人人参与、人人受益。同时，学校还经常登陆南山区教育局的虚拟教研网站开展学科教研，互相交流各自在教学中遇到的问题，商讨解决的方法。教研中，学校解决了许多实际问题，如班级规范化管理问题、领袖人才培养问题、学习兴趣培养问题、师生关系问题、关注全体问题、合作探究问题、练习设计问题，等等。

4. 反思式教研

反思是校本教研最普遍和最基本的活动形式，它被认为是教师专业发展的核心因素，而校本教研也只有转化为教师的反思行为，才有基础，才能得以真正落实。反思式教研倡导教师对教学活动进行回顾、关切与省思，发现其中有待继续保持和还须改进的地方，以指导后期的教学工作，逐步营造“学习型学校”，推动学校文化的改进与创新，促进教师专业成长。

学校开展的反思式教研，主要包括对比式教研、会诊式教研、随机式教研、说课式教研、撰写课后记五种方式。

（1）对比式教研

为了让教师们在校本教研的过程中有更多收获，学校开展了对比式教研，即选择同一节课让同年级、同学科的两位教师各自准备，同时上这一节课，并进行对比式校本教研活动。例如，在学校开展的面向全区的教学开放日活动中，蔡若英老师和吴清香老师共同执教了同一节英语课 Unit 4 Senses，大新小学崔洁明老师与南山区学府小学叶圣凤老师共同执教 Book 8，Unit 4，feeling sick（A）等。老师们相互听课、评课，课后通过座谈讨论、对比分析，更加清晰地认识到各种教学方法的优缺点，各种教学手段的利与弊。老师们意识到，在每一节课的教学过程中应该科学整合各种教学方法和手段，扬长避短，互相补充，让课堂教学这门遗憾的艺术不断走向完美。

（2）会诊式教研

每学期的教学研讨课听课结束后，学校都会安排授课者与听课教师面对面交流校本教研活动。针对教学中出现的问题进行“集体会诊”，深入细致地帮助任课教师分析教学中的成功与失败，特别是针对教学中存在的问题，运用集体的智慧，帮助指出“病情”，分析“病因”，开出对症的“处方”。通过“集体会诊”，帮助教师改善教学行为，提高教学能力。

（3）随机式教研

每学期学校领导和老师都要集体深入课堂，推门听课，了解教学情况，并针对具体的问题随堂与任课教师认真研讨。如吕劭玉老师在参加南山区青年教师语文课堂教学大赛之前的试教时，学校发现她在课堂设计、教材把握、手段使用、教学理念等方面还存在一定缺陷，马上和所有在场听课的教师进行现场交流和研讨，大家畅所欲言，澄清了模糊的认识，明确了教学的方向，终于在南山区小学语文大赛中获得一等奖。像这样的例子很多，走廊上、办公室、操场上、餐桌旁、教室里，经常会看到老师们就教学中的某个问题热烈交流的情境。

（4）说课式教研

学校认为，教师在说课过程中，不但要说教材、说教法、说教学思路，还要说理念、说学情、说设计思想、说练习设计；不仅要关注教师怎样教，更要关注学生怎样学。教师通过说、听、评、议、思五种教学活动，可提高分析教材、处理教材的能力，也可促进教学方式的转变。为了更好地促进说课式教研，学校结合综合实践活动课程，制定出《大新小学综合实践活动说课要求评价标准》，包括：①选题背景，②教学目标，③教学重难点，④教学方法及手段，⑤教学实施过程（活动准备、活动时的注意事项、自制的活动卡等），⑥评价方法，⑦活动的拓展七个方面。此外，每学期初学校还会组织一次本学期担任综合实践课程的教师进行说课校本教研活动。

（5）撰写课后记

课后记是教师对教学过程的设计和实施进行回顾和小结，将经验和教训记录在教案上。记课后记也是学校反思式教研的内容之一，学校要求教师养成记课后记的良好习惯。在教完一节课后，及时写上课后记，并倡导一课一思，将课后记纳入教学常规工作检查中。就如何写课后记，学校提出了以下九点指导建议：

①记成功做法，为以后的教学提供参考；

②记失败之处，以便在适当的时机进行弥补，并在以后的教学中改进；

③记教学灵感；

④记教学过程的实施，以审视程序的合理性；

⑤记学生问题，以便以后教学中有针对性地采取措施；

⑥记学生见解，以拓宽教师的教学思路；

⑦记学生活动的反馈，以评估思维的创造性；

⑧记再教设计，以扬长避短，使教学水平提高到一个新的境界；

⑨记同行课后评价，以自我反思。

写课后记，贵在及时，贵在坚持，以记促思，长期积累，必有所获。诸育兴老师曾记下了自己的课后记，节选如下：

这节课前我让学生调查生活中的大数并把它们记录下来。上课时学生们都展示了自己找到的大数，有的是从网上查到了喜欢城市的人口，有的从报纸上剪下了各个地方的经济增长数……我就让学生把自己找到的这些数和大家一起探讨大数的读法和写法，这样就很好地培养了学生自主学习、合作探究精神，他们的学习积极性也很高，而且让他们真正体会到大数在生活中的实际应用。

通过写课后记，教师随时都在教学观念、教学行为、教学效果等方面进行着反思。有的对发生在教学过程中的问题及时发现，迅速调控，进行自动反思；有的在某一个教学活动告一段落（如上完一节课、上完一个单元、一个活动结束等）后，在一定的理念指导下，去发现和研究问题，或者对有效的经验进行理性的总结和提升；有的在日常的教学事件中提取有价值的教学事件形成问题甚至课题，而进行自觉的个案研究；有的针对特殊学生建立“个案研究”档案，翔实地记录了部分学生成长、发展、提高的过程。学校教师正是在及时反思中，不断更新教学观念，改善教学行为，提高教学水平，进而对教学现象和问题形成独立的、有创造性的见解，从而提升教学活动的自主性、目的性，克服被动性、盲目性，努力做到教学行为的科学性。

（二）努力落实校本教研方法的具体化

学校的校本培训，主要采纳了以下具体方法进行。

1. 讲座法

从2003年秋季以来，学校每学期安排专题讲座不少于10次，分别就师德、教学、科研、教育理论等方面以讲座的形式对教师进行培训，如《今天的教师怎么当?》《综合实践活动校本化研究》《新时期的教师形象》《细节决定成败》《新义务教育法辅导》《如何改变教师的心智模式》《在小学如何开展科学研究》《让教育走进学生的生活》《教师是学校的核心竞争力》等。这些专题由学校领导、优秀教师代表、外请专家共同承担。

2. 讨论法

教师们还经常利用教研组活动和年级备课等形式对新教材、新教法、新手段进行交流。除此之外，还对学校的一些大事进行讨论，如2003年上半年《大新小学课程改革方案》公布之后，学校就组织各学科在科组内广泛讨论的基础上，推选了十位教师代表，就《大新小学课程改革方案》进行专题讨论。通过这些讨论，全体教师不仅对课程改革有了比较清晰的认识，也对如何将本次课程改革与本校实际结合起来有了更理性的把握。

3. 案例法

分享案例，资源共享，不仅节约人力、物力，而且让集体智慧得到发展和充实。学校让一线教师把自己的教学过程和新的体会以案例的形式，向其他教师展示，与大家共同分享劳动成果，这是学校促进教师成长的一个重要举措。

张艳丽老师曾是一个“差班”的班主任，在这个班级里，学生素质不高、学习积极性不高、成绩比较差。针对这一实际，张艳丽老师从“关注全体，以励激趣”入手开展工作，并将这个班迅速地扭转为一个“好班”。于是，学校组织老师们集中就此案例展开研讨。以下为张艳丽老师活动设计的基本进程。

一、了解学生，把握班级基本情况

1. 全能学生几乎没有；

2. 上课发言积极的学生有5个左右；

3. 学习较认真的有10多个；

4. 做事比较有责任心的有5个左右；

5. 个别学生经常违反纪律；

6. 上课不听讲，作业经常不按时完成的占一半以上。

二、从抓教学常规入手，初步改善学习习惯

1. 卫生习惯养成；

2. 桌椅摆放规定；

3. 课前怎样准备；

4. 上课如何听讲；

5. 作业按时完成；

6. 读书和听写（含写作）。

具体做法：

（1）设置奖励办法

如同学之间互相读背课文和听写词语，达到一定数量可以换到“优”，作业认真也可以得到“优”，上课举手也可以得到“优”，得到十个“优”就有一个小奖品。这样，获奖的难度不高，大多数后进生的学习积极性被调动起来。

（2）制作表扬卡

表 扬 卡

__________同学：

你在学校表现突出，进步明显，特此表扬，望再接再厉，学习更上一层楼！

____年级（ ）班

年 月 日

（3）取得家长支持

在家长会上对学生进行表扬，尤其针对后进学生和进步较大的学生，让学生和家长都树立信心。同时，和家长共同商讨教育孩子的良策，把学校教育与家庭教育很好地结合起来。

三、培养管理能手和学习帮手

1. 根据学生推选和我的观察先确定了7个班干部。

2. 之后，又发展了一批小组长。班级的工作分为几大块由班干部负责，班干部下面有小组长协助，每个小组长就负责自己本组五六个同学。这样，分工细而且明确，易于管理，又能让更多的孩子参与。

3. 经常开班干部会议，多教给他们方法，如对待经常违反纪律的同学要多点耐心和宽容，多帮助学习有困难的同学等。

四、加强跟踪，让规范成为习惯

1. 制作表格，对每个学生每天的表现进行记录打分，每月评比并奖励；

2. 班干部对作业完成情况进行记录，并每周总结；

3. 每周进行一次班内的小比赛，如写字比赛、查字典比赛、朗读比赛、背书比赛等。

4. 成果展示法

把教学成果展示给其他教师，让其他教师观摩、鉴赏，并提出改进意见。这既是对教师工作的肯定，又是对教师工作的一个评价。为此，学校设置了多个作品展示橱窗，有美术、作文、优秀作业等种类，也将教师们的“少儿军训”“垃圾与我们的生活”“我们身边的标志”“主题队会”“管乐队表演”“抗击‘非典’知识宣传”等内容展示给同行。

学校的教师成果展示没有局限于校内，还向社会和其他兄弟学校展示，并邀请专家点评指导。为此，学校专门建立了大型活动开放日、校园读书节、艺术节、英语节、体育节、科技节（每期举行1—2次）等活动。这些活动是向家长和社会展示教学成果的最有效形式，每次活动吸引了众多学生家长和社区人员前来观摩，并和老师及学校领导交流意见。

每个月以年级为单位举行一次的家长开放日也是通过专门向家长开放来展现学校教育教学基本面貌的一条途径。在家长开放日中，学校把几乎所有开设的课程，如语文、数学、英语、体育、美术、音乐、综合实践、校本课程等都对家长进行开放，并专门邀请相关专家来学校听课，组织教学研讨活动，请他们现场点评会诊。

在教学开放交流互动活动中，为了收集和反馈到更多更真实的信息，学校还专门设计制作了“校际课堂教学交流互动意见反馈表”，并指定专人负责发放和回收，对各张反馈表上的意见进行分类、整理、分析和反思，虚心接受和采纳合理化的意见和建议，以进一步促进学校校本教研工作的开展。

（三）全力实现校本教研保障系统的有效性

1. 提供必要的物质资助

学校想方设法为教师的工作提供方便，包括办公条件的提供、教学设施的配备、生活条件的改善、报刊的征订、图书资料的购置、自然环境的优化、校本教研活动场所的开辟，等等。

2. 通过设立奖项推动校本教研

学校各职能部门根据校本教研的特点、学校发展的要求，制订相应的单项奖励方案和标准，把校本教研的特点、学校的发展目标和要求通过不同的奖励标准以具体化。以教学为例，学校设立了最佳课例设计奖、最佳教案奖、最佳作业批改奖、最佳教学成绩奖、最佳论文奖、最佳教学组织奖、最佳教学创新奖、最佳授课奖、最佳说课奖、最佳评课奖，等等。

3. 组织专门的研究会以构筑必要平台

组织专门的教育教学研究会以发现问题、解决问题是对校本教研的最好支持。班主任工作研究会、读书活动研究会、一篇课文多种教法研究会、小学生数学日记撰写研究会、作文教学研究会、艺术教学研究会、体育工作研究会、家庭教育研究会、作业设计与批改研究会等，都可让教师们有机会发现问题，更能从研究会的讨论中得到解决问题的办法，从而提升自身的专业水平。

三、建立教师发展的研修系统 为教师发展助力

除了校本教研策略之外，学校还为教师的专业发展提供了许多辅助性的研修方式，主要有岗位培训、教师阅读制度、课题研究、教师成长博客群和外出进修。

（一）岗位培训

岗位培训是教师上岗的基本要求，是常规化、基础性的教师研修形式。学校通过岗位培训，进一步提升教师的基本素养和基本能力。岗位培训主要包括以下三个方面的内容。

一是苦练基本功。主要包括课堂教学常规培训，教育教学科研培训，班主任工作培训，“三笔”字、普通话、简笔画培训，现代信息技术培训，不同形式、学科、部门的研讨会，劳动技术大比武等。

二是掌握基本的教育技能。如各种教育教学活动组织、班主任工作、教育学生、指导学生的技能技巧等。

三是熟悉所任学科业务。如熟悉所任学科的课程标准和教材的基本内容、编排体系和教学目标等。

岗位培训对于提升老师的综合素养起到了重要的作用。彭莉老师写下了这样的培训感受：

2006 年 10 月 19—20 日，我参加了深圳市教研室组织的首次小学科学老师的培训活动。本次活动是以小学科学课程标准为依据，以选用的教科版教材为蓝本，由专家解读小学科学课程标准，帮助到会教师理解课程标准的编写意图；同时，学习探究性学习的理论和方法，加深对小学科学课程的理解。

通过对教材及教学资源的学习，专家对教材及教学资源的编写和使用的讲座，了解教材的特点，研究如何使用教材、如何合理利用教学资

源，加深了对课程标准的理解。通过本次培训，我们更清楚了国家关于基础教育课程改革的意见和要求，对如何实施新课程、如何提高对新课程的实施能力、如何总结自己的教学经验、如何做到教学相长等方面有了一个全新的认识。

（二）教师阅读制度

建设学习型学校，学校从全员读书活动着手。通过读书来实现心灵深处的渴望——人人自我超越、用新眼看世界——改善心智模式、打造生命共同体——实现共同愿景、团队学习——激发群体智慧、“见树又见林”——学会系统思考。为促使教师阅读，学校从2004年开始，每学期为每个教师赠送一本好书，为每个教师订阅1份报纸送到教师家里，为每个办公室订阅有关报刊，要求每个教师每个月撰写读书笔记、教学随笔、教学后记等，开展读书交流会，不定期举行教师朗诵会、青年教师“1+1”读书俱乐部活动等，这些极大地促进了教师的成长，学校还把教师的阅读情况纳入年度考核以激励教师阅读。教师读书制度的建立，教师读书交流活动的经常性开展，使教师中形成了乐读好读的风气。

尚绪春老师抒发了她的读书感受：

“书到用时方恨少，事非经过不知难。”《学记》曰：“是固教然后知困，学然后知不足也。”对于我们教师而言，要学的东西太多，而我知道的东西又太少了。有人说，教给学生一杯水，教师应该有一桶水。这话固然有道理，但一桶水如不再添，也有用尽的时候。我以为，教师不仅要有一桶水，而且要有“自来水”“长流水”。因此，在教学中，书本是无言的老师，读书是我最大的乐趣。

教书的生活虽然清贫，但一本好书会使我爱不释手，一首好诗会使我如痴如醉，一篇美文会使我百读不厌。

我深深地知道，只有乐学的教师，才能成为乐教的教师；只有教者乐学，才能变成为教者乐教，学者乐学，才能让学生在欢乐中生活，在愉快中学习。常读书和常思考，使我勇于对自己的教育教学作出严格的反省和内省，既要善于正视自己之短，努力探究补救途径，更要善于总结自己与同行的成功经验，从中提炼出可供借鉴的精华，为理论的突破夯实根基。我愿把追求完美的教学艺术作为一种人生目标，把自己生命的浪花融入祖国的教育教学改革的大潮之中。

（三）课题研究

为了培养研究型教师，学校鼓励教师参与不同层次、不同类型的课题研究。近几年，学校在课题研究上主要立足于以下四个方面。

一是积极参与一些专家学者的重要课题研究，如北京师范大学裴娣娜教授主持的国家教育部哲学社会科学研究重大攻关项目“我国学校教育创新研究”课题，深圳大学李臣之教授主持的全国和广东省“十五”规划课题中的子课题“移民城市背景下小学综合实践活动课程资源有效开发和充分利用”，广东省教育学院阎德明教授主持的广东省“十五”规划课题“学校特色建设”的子课题“‘在学习中成长，活出生命的意义’学习型学校构建”研究。参与这些专家学者的课题研究，不仅提升了教师的课题研究能力、把握了当前教育的最新发展动态，还逐渐学会了用理性的思维去解决教育中的实践问题。

二是开展“小课题研究”活动。根据自己的工作实际，确定一个小课题，由教科室组织开题报告，开展研究活动，把理论和实践很好地结合起来，让科研促进教学。

三是开展“教师文化建设体系构建研究”，提升全体教师综合素质。

四是开展学校的“教育信息化研究”。在办好校园网、加强教育技术装备和教育信息化研究的基础上，加强动漫师资培训，推广动漫教学，并以教研组为单位建立教研博客，鼓励教师撰写教育故事，开展网上论坛活动，做好推荐、统计师生作品的发表和奖励工作。

（四）教师成长博客群

随着博客的日益普及，教师博客也成为教师之间有效的交流方式之一。教师博客具有以下基本特征：一是简单易用、零成本；二是个性化；三是深度交流，资源共享。教师博客能为教师提供一个自由开放的信息平台，可以让教师倾吐自己独特的反思结果，释放并展示自我。教师博客的发表还有利于教师深入思考并把自己隐性的个体知识显性化，从而增进了自己知识的积累，并为教师共享与交流提供一个互动平台。所以说，教师博客是非常有利于教师专业发展的。

大新小学依托新思考网（www. cersp. com）建立起自己的教师成长博客，为教师发展提供了更为广阔的天地。教师成长博客群开设了语文、数学、英语、科学、综合的学科群组和班主任专栏、校长专栏等，现已发表了2000多篇文章，涉及教学设计、教学反思、听课感想、读书心得、生活感悟等内容。此外，在内容上还有教师个人经历的成长记录。这种成长记录，留下的是教师个人的教育生活，反思的是教育人生。然而，这却是从一个更广泛的生活角度以一种理性直观的思维方式对教师专业的独特反思。以下是于岚老师的一篇“成长感言”。

又到岁末，听说葛优的新片《非诚勿扰》已经开映。葛优贺岁，我也来凑个热闹辞旧迎新。刚来大新小学时，写了一篇《有一种感受叫温暖》，如果那篇文章可以视为“序”的话，那么今天这篇岁末的盘点之作则可以称做“跋”了，因为在大新生活的这一年，是完全可以视为一本我个人的成长手记的。

珍惜生命的相遇

李镇西老师的博客上有这样一句话“珍惜我们生命的相遇”，反复揣摩把玩，总觉得这一句看似平常的话，道出了我许久以来的感受。对于身边的大新人，是不能不抱以这样的感恩之心来珍视与欣赏的。

2008年，上帝似乎对我是别有眷顾。首先，我遇到一位好校长——吴希福校长。曾有一位相识的同行问我：你们校长怎么样？我笑答，用4个字来回答你吧——德才兼备！

我自知性格深处是多少有点年少轻狂的味道的，有着与自己的年龄已不太相称的固执与轻率、浮躁与莽撞，相识吴校长则让我成长了许多。所谓重剑无锋，吴校长是颇入管理与学术的化境的。他平和、客观、冷静的思维方式，渊博的知识，开阔的人文视野，让我受益良多。在如此优秀的校长手下做事，时时感到自己的不足与差距，于是得以沉潜下来，平静而踏实地学习。因为我知道，有一种期待，是不能辜负的。其实，平心而论，我觉得从一位优秀的校长那儿“获得”的，与其说是业务水平的提升，不如说是这位体现和代表着知识与智慧的校长的行为方式。他的生活热情、严谨态度、人格力量、强烈的责任感在潜移默化地影响着自己的思想。所以，所谓改变，从心开始，便是这个道理吧！

第二个不能不提及的是我的老师——张华。这个学期开始，向谁拜师学艺这个问题，颇让我感到困扰。幸而麦用乐老师向我推荐了一位好老师，使得我至今感觉要感谢两个人，淡然谦和的麦用乐老师和可亲可敬的张华老师。

如果没有张老师在辩论会上对最初还显稚嫩的我毫不保留的指导、没有在一次又一次午餐时坐在我的对面耳提面命、没有于一点点微小的细节处点拨筹备，我以及参加开放于全校的公开课的领导和老师，是不会享受到那场令人颇为满意的视听盛宴的。这份喜悦，蕴藏了多少张老师的心血，唯我心知。但，我不想轻言感动，在公开课结束而张老师即将再次指导我们本星期的辩论会时，我所想的，是怎样尽得张老师的真传，让辩论会真正成为学生发展的助力，这样，也许才不枉张老师如此的用心良苦吧！

心灵的成长，业务的成熟，是2008年最大的收获！

第三个要说的则是我的“室友”了。所谓“室友”，乃办公室之同事朋友也！张艳虽为数学老师，却腹有文采。暑假时我们将自己喜欢的书共享。读书之时，眼前常浮现出一双闪亮的微笑着的眸子，时而藏着欲说还休的揶揄，时而伶俐清澈得仿佛倒映着云影天光。我曾戏称她为体育全能，因为她乒乓球、篮球、羽毛球样样打得有声有色，活泼开朗自不必说。也常常看她在办公室里静静读书，宜动宜静，活力与智慧并存，每与之交谈，便能感受到她的大气，会工作，懂生活。这样的女子，怎能不引人欣赏！

坐在我旁边两米开外的同事，是可以引学生日记里的一句话说明的，“瞧，那位风流倜傥、英俊潇洒的人正走过来，他是谁呢?”麦帅——麦广强是也！每当办公室茶香四溢，那必是麦老师在冲泡功夫茶了。辛苦了一节课后小啜香茶，悠然芬芳中于心底升起一种幸福，于是，品出一股真挚热情的味道来，此非刻意营造，却别有一番韵味。其实麦帅岂止帅，令人感慨的是纷繁的世界中，仍拥有一颗赤子之心，真诚得不带半点瑕疵。

麦用乐老师，常让人联想到“谦谦君子，温润如玉”。似乎凡事淡然处之的他，自有一种静默的力量，就那样不卑不亢，偶尔在你遭遇难题时，指点迷津，大有一种无论世界如何改变，“我自闲庭信步”一般的悠然淡定。曾读过一首诗“人淡如菊味清寒”，想来传达的正是这种感觉。

室友个性虽各不相同，却有一个最大的公约数——尊重、关爱、共享，于是，办公室弥漫着自由、愉快与和谐，在这样的气氛下工作，人生不亦快哉！

当然还有一种幸福，是一切幸福之根源，便是遇到了一群可爱纯真的孩子。个中滋味，也许在孩子们毕业时回味更有意义，在此不再累述。

2008，我就这样如此幸运地享受着身边每一个生命所带来的快乐，却不曾回报什么……

于岚老师的“成长感言”在全校引起较强烈的反响，跟帖不断，引发了大家对教师成长的共鸣。以下是部分跟帖。

燕子：当我们把寻找快乐变成了一种负担，那我们便会因为专心寻找快乐而错过了快乐。生活的点滴都值得我们满足和感恩。

Mohe：“岚”心慧智，名如其人。

佛说前世五百年修来今世的相逢，你是我生命中又一个重要他人，感谢缘分的安排。

Huakai：一路走来，有人扶持，收获友谊和温馨，乃人生最大快乐与幸福。感同身受。

徐霜：虽是盘点，却让我们读出了“心灵的丰盈”与“生命的深刻”。但愿“顺其自然”会成为“心想事成”。有爱心，有才气的老师一定也有好运气！

香飘飘：好一个才情女子！读你千遍也不厌倦，读你的感觉像春天……

吴希福：在这个世界上最难的是做人。你在大新一年的生活中遇到过的人都是好人、有智慧的人，实在是一件不易的事。能够跟一群好人、有智慧的人一起工作、一起生活，是这个集体的骄傲，也是生活在这个集体的人的福气。你是个学识渊博、思维独特、充满爱心的好老师，这是我作为校长感到欣慰和自豪的。我们——一路前行！

（五）外出进修

对于教师的成长，学校除了将专家“请进来”之外，还为教师创造了外出学习的机会和条件，加强与不同学校教师之间的交流与合作，实行优势互补，资源共享，拓宽教师视野，使其与先进的教育思想接轨。这些进修对个人的成长乃至学校的发展起到了极大的促进作用。以下案例可说明这个问题。

张苑主任是学校2007年暑期派往英国学习的，她对英国社区在青少年德育工作方面所发挥的影响感触非常深：

我做了十多年班主任，却一直在学生德育方面比较无奈，遇到行为不端、打架、逃学、偷窃、吸烟等问题的学生，除了劝说还是劝说，劝说不了就威胁加利诱，谈心、写信、家访都是被用滥的方法，到最后，只能看学生个人的造化了。作为家长，在教育自己的孩子时也有尴尬的时候，女儿常常会反问我，为什么别人可以随地丢垃圾，你却不让我丢？别的小孩子可以在书店里面乱跑，玩耍，我为什么不可以？面对种种的无奈，我能做的，只是无谓而执著的坚持，直到这次的英国之行解答了我的许多困惑。

英国人相信一句话：德育是被感染的，而非被教育的。他们注重的是环境对人的熏陶和感染，强调一个人的德行、举止是在父辈的言传身教中，在环境的潜移默化中积淀而来的，并非由学校、教育者的理论、说教、规劝而来。也正因为此，他们把为青少年塑造良好的生存环境作为德育的根本所在。

经过这次考察，张主任认为，环境影响人、改变人的意义是深远而巨大的。英国教育敏锐地认识到这一点，充分发挥社区的作用，为青少年的成长夯实了道路，为培养国家合格公民作出了特别的贡献。那么，作为教师在学生德育工作上也应该摒弃以上那种纯粹说教式的简单方法，而注重让学生在良好的环境中去亲身体验。

四、倡导参与式学校管理　为教师发展护航

学校管理是学校管理者通过一定的机构和制度采用一定的手段和措施，带领和引导师生员工，充分利用校内外的资源和条件，整体优化学校教育工作，有效实现学校工作目标的组织活动。在新形势下，学校管理的目标是激活全体教职工的潜能，最大限度地解放教育生产力，实现教育效益的最大化。

（一）学校管理的积极探索

实现管理效益最大化，必须加强现代学校制度建设，促进管理规范化、制度化和科学化。2003 年 9 月，面对学校出现的各种问题，如发展规划问题、规章制度问题、教师素质问题、课程建设问题、家庭教育问题、社会支持问题、校园文化问题、学生素质问题等，学校提出了“依法治校与民主治校相结合，制度管理与情感管理相统一”的管理策略，总结出坚持制度先行、领导带头、民主决策、以人为本和科学评价

五项管理原则。

1. 制度先行

制度建设是事业发展的重要保证。一个组织或团体推行一种规章制度的诱因在于这个组织或团体期望获得最大的潜在效益，而最直接的原因则在于提高组织的协调性和管理的有效性，协调组织内各部门之间协作效果和组织与外部衔接的有效性。

在学校管理实践中，经常会发现这样的现象：一所学校的管理不到位，除了没有很好地执行相关制度以外，还有一个最大的原因，就是这个学校原本就没有适合于教师发展的科学制度。大家想发展，想遵守规矩，但苦于没有一套供大家遵守的规则。然而，国内外的知名学校大都拥有非常成熟的管理机制，这个机制逐渐形成了一种制度文化，成为大家的自觉行动。

曾经的大新小学作为发展中的学校，生源状况不好、社会评价不高，造成教师价值追求缺失。因此，学校亟须探索一套适合于且能够激励教师发展的管理制度。围绕这一点，从 2003 年 8 月开始，一直到 2004 年 5 月，经过近一年的实践探索，学校逐步建立了一系列管理制度，包括教育法规、党政管理、教育管理、教学管理、后勤管理、功能室管理六个部分，详细规范了学校运作的各个方面，并做到制度与责任挂钩，讨论一项，出台一项，落实一项。这些制度的建立健全，使教师明确了师德的标准、行为的规则、办事的程序，提高了师德修养，规范了教师行为，做到了有章可循、有规可依。学校管理基本做到了将“劳”建立在成绩的评优上，将“酬”落实在工作的付出上，充分体现出“干与不干不一样，干多与干少不一样，干好与干坏不一样”的管理思想。

2. 领导带头

在学校管理中，学校特别强调班子成员的带头和辐射作用。一要加强修养。班子中的每个成员讲政治，讲学习，讲正气，讲清廉，精业务，勤调查，善管理，会用人。学会自我适应，自我调整，自我完善，自我优化；懂得念人之功，容人之过，学人之长；做到权力不争，责任不推，名利互让。二要准确就位。每个班子成员找准自己的坐标，准确定位，严格按规定和分工行事，各司其职，各负其责，各使其权，管好自己的人，看好自己的门，办好自己的事。同时做到分工不分家，分工不乱抓，保证班子整体行为的一致性和有效性。三要遵守纪律。班子成员的意见分歧必须限定在班子内部，在内充分讨论，在外服从决定。做到违反纪律的事不做，影响团结的话不说，捕风捉影的事不干。

3. 民主决策

在学校管理中，学校特别重视民主化管理。学校对校务公开工作一直非常重视，根据上级有关部门和主管局校务公开要求，并结合学校实际，学校做到了凡是按照上级要求公开的一律公开，凡是学校认为需要公开且群众希望公开的一律公开。坚持执行党员组织生活会制度、教师代表大会制度、工会委员联席会议制度、行政人员每周例会制度、招标领导小组不定期招标采购会议制度。

4. 以人为本

在学校管理中，学校始终关心教师冷暖，千方百计改善教师的工作条件和生活待遇，开展爬山、舞蹈、“园丁杯”篮球赛、朗诵、演讲、瑜伽等丰富多彩的教职工文化体育生活。每天早操时间，老师和学生一道做广播体操。每周星期五下午为教师文化体育活动时间。每个月的老师生日时，工会组织大家举行集体生日聚会；老师或家属婚丧娶嫁病等，学校都组织看望和慰问。这些活动的开展既增强了教师的体质，又增进了教师间的凝聚力，使老师们感到学校大家庭的温暖。2007 年 8 月，学校获得了深圳市“先进职工之家”的光荣称号，这也是南山区教育系统唯一获此殊荣的学校。2008 年 2 月，学校又被评为深圳市文明单位，是南山区唯一获此殊荣的小学，这是对学校以人为本管理的肯定。

5. 科学评价

对于教师，学校采取“表扬激励与批评调控结合、职业道德与教学业务结合、自我反思与多元评价结合、硬性指标和弹性模糊结合”的评价模式。为此，学校在师德师风、教学业务、科学研究、后勤管理、行政领导等方面建立了一套完整的评价体系，并得到了教职工的认可。

（二）参与式学校管理的全力打造

坚持制度先行、领导带头、民主决策、以人为本和科学评价的五项管理原则，要求学校摒弃传统的权威式管理。权威式管理是传统组织的管理特色，在一定历史条件下发挥着重要的作用。但是，这种管理模式随着社会的发展，越来越显示出局限性，尤其在尊重人权、科学决策、高效运作等方面表现出来的问题越来越突出。于是，一种新的管理模式——“参与式管理”应运而生。这种管理模式努力追求人性化发展。它强调在管理过程中，必须了解“需要、内驱力、激励、领导、人格、行为、工作群体及变革的管理”等因素，在民主与开明的领导作风下，使员工在决策上有参与权和机会，以激励个人的内在工作动机，提高工作兴趣，增加工作效率。大新小学在参与式学校管理的构建上，努力围绕以下基本思路进行。

1. 在参与主体上，体现多元性

参与式管理的主体包括行政人员、一线教师、后勤服务人员、学生、学生家长、社区人士以及其他相关人士。这种多主体的参与精神反映在学校日常工作中不同人员的密切配合上。

（1）校长和老师一起工作

校长每天都出现在教师办公室、教室、教学活动场所，和教师一起工作。副校长和老师们在一起办公，定期召开专题研究会议，每周都要组织各学科老师分别研究教学和活动计划，做到计划周密、资源共享、落实到位。

（2）教学人员与辅助人员密切配合

教师教学需要的各种教具都由教学辅助人员来完成，他们帮助老师们做教具和活动道具，协助老师们办校报、编印资料图书等。每次制作教具前都要和任课教师进行详细沟通，最大限度地满足教师教学需求。

（3）家长义工积极参与学校管理

组织家长义工参与学校管理，如提供演出道具、布置班级文化、帮助维持校门口秩序、给孩子讲故事，利用假期或周末带领学生到郊外参加活动等。以下是家长义工参与学校管理的一个小故事。

星期六上午，为了学习和弘扬雷锋精神，大新小学少先队大队部二十几位“三礼大使”在部分家长义工的带领下，在前海路北段及大新小学校园周边开展了一次社会劳动实践活动——清扫街巷，宣传环保。

活动过程中，大队辅导员杨锐福老师、片区民警、家长义工和少先队员们，针对街道两旁的卫生死角和公共设施上的“牛皮癣”进行认真的清理，经过两个多小时才把任务完成。虽然大家觉得辛苦，但都纷纷表示，以后要好好保护自己生活周边的环境。通过扮演环卫工人的角色，孩子们理解了保护环境的重要性，同时也树立起为社会服务的公民意识。

随后，“三礼大使”还和家长义工们一起在社区发放环保传单、环

“三礼大使”开展社会劳动实践活动

保袋，并向周边的市民们宣传环保知识。大新小学通过此次活动，让保护环境的观念融入到“学习雷锋活动”当中，并和学校的“三礼教育”结合起来，让孩子们更好地理解课堂知识和社会活动相互促进的重要性，让雷锋精神在新时代的少年儿童中有更好地理解和弘扬。

2. 在参与范围上，追求广泛性

参与式管理涉及的范围包括参与学校发展规划制定、学校行政管理决策、教学管理策略制定、教学实施过程探索、学习方式研究、教学评价等学校运作的各个方面。这种参与的精神同样很好地体现在学校各项计划的制订和实施的流程中。

（1）收集意见

通过教师问卷调查和数据分析，写出可行性报告，然后交全体会议讨论、表达意见，最后中层以上干部会议对意见进行分析和整理。

（2）制订计划

根据收集的意见制订学校计划，交教代会讨论通过，在此基础上制订教研组和学科组计划。

（3）推行计划

学校发展计划制订以后，由办公室、教导处、教科室、德育处、大队部、总务处等组织，具体工作由教研组、班主任、年级组等实施，并定期召开研讨会议，对计划实施过程中存在的问题进行改进。

（4）反思成效

学校特别注重各阶段的评估，如年级单元知识的测评与分析、学期中期的教学质量分析、平时教学成绩的抽测与分析、学科知识竞赛、备课本作业本活动记录本的检查、每年一次的教师考核，通过问卷调查等形式，广泛征求意见。

3. 在参与实践上，倡导相应制度的建立

为实现教师的参与实践，学校用职责明确的管理系统、民主公平的决策制度和客观公正的评价标准来推进全员参与式管理，实现学校管理的民主化。

（1）职责明确的管理制度

大新小学通过《深圳市南山区大新小学章程》和规章制度将学校的管理系统和学校各部门的职责明确下来。比如在《深圳市南山区大新小学章程》中对校长的权力、职责和义务作了以下规定。

第十一条：校长的主要权力

1. 决策权：依照国家有关法律法规，在广泛听取各方面意见的基础上，对学校行政工作、规章制度修订、学校内部改革方案制定与变更等重大问题有最后决定权。

2. 人事权：经与学校党组织协商，有权任免中层行政干部；有权对校内在职人员实行优化组合，聘任教师；按有关规定对教职工进行奖惩；有权调整行政机构设置和人员配备。

3. 财务权：有权在财务人员协助下，依法管理使用好学校的财与物。

4. 指挥权：校长是学校最高行政领导者，行政各部门都要向校长负责。有权按层次下达工作任务，审批计划和总结，考核工作成效，实施预定政策方案。

第十二条：校长的职责与义务

1. 贯彻党的教育方针，坚持正确的办学方向，全面负责学校行政工作，依法保护师生员工合法权益。

2. 坚持民主集中制原则，充分发挥班子的整体功能，接受党组织和教职工代表大会的监督。

3. 坚持政治和业务学习，探索教育教学和科学管理学校的规律，努力提高学校教育教学质量和办学效益。

4. 配合党组织做好群众思想工作，支持和指导群众组织开展工作。

5. 加强教师队伍建设，抓好教师师德水平和业务能力的提高，积极开展教育科研活动。

6. 管理与维护好学校的校舍、教学设备，优化育人环境，充分发挥其功能，不断改善办学条件，创造良好的教育教学秩序。

7. 密切联系群众，关心师生员工生活，努力帮助教职工解决困难。

8. 依法治校，搞好学校综合治理工作，防止重大安全事故的发生，确保师生员工的人身安全。

9. 廉洁奉献，处事公平，随时接受群众监督和上级主管部门审计。

参与式管理要求班子成员与教师打成一片，参与到教师日常工作和生活当中，注意学校运作的每一个细节。同时，还要求班子成员加强自身修养和专业成长，事事以身作则，处处躬亲示范。

（2）民主公平的决策制度

学校的重要决策都是经由充分的民主讨论而制定的，学校根据《深圳市中小学教代会工作规程》的要求，坚持按期举行教代会。教代会是学校实行民主管理的基本形式，是教职工行使民主管理权利的机构，对此，学校都有明确规定。

1. 教代会的职权

①听取校长的工作报告，审议学校的办学方针、发展规划和年度、学年计划、重大教改方案及财务预决算方案等。

②审议通过校长提出的任期目标、岗位责任制方案及教育基金颁发事项。

③审议决定教职工住宅分配方案及其他有关教职工生活福利等问题。

④评议、监督学校领导干部，每年进行一次。向主管部门提出奖惩和任免的建议。

2. 教代会的代表产生

由教职工直接选举产生。代表人数是全校教职工总数的20%，代表中教师占60%以上。

3. 教代会的任期

教职工代表实行常任制，每五年改选一次，可以连选连任。

教代会每学期召开一次。每次大会均由本届选举产生的由包括党、政、工的主要责任人和教师代表组成的主席团主持。闭会期间由学校工会委员会承担教代会工作机构的任务，处理教代会交办的其他有关事项。

教代会是学校坚持和完善以教职工代表大会为基本形式的学校民主管理和民主监督制度，是积极探索推进学校民主管理的新路。

（3）客观公正的评价制度

建立科学多元的评价体系，是全员参与式学校管理的制度保障，是改进教师工作状态的有效手段。科学多元的评价理念，覆盖到学校工作的方方面面。在教师评价方面，学校采取“表扬激励与批评调控结合、职业道德与教学业务结合、自我反思与多元评价结合、硬性指标和弹性模糊结合”的评价模式，特别突出评价的激励和调控功能，建立起促进教师职业道德与教学业务水平不断提高的评价体系，强调教师对自己的教学行为的分析与反思，形成了以教师自评为主，校领导、教师、学生、家长共同参与的评价制度。

学校在师德、教学、科研等各方面设置了多种奖项，使每一个教师都有机会展示自我，每一个教师都能获得激励。考虑到学校目标具有阶段性和教师发展不平衡的特点，目标设置具有一定的层次性，即对每一个奖励标准都有阶段性过渡方案，待绝大多数成员达到某个项目低层次目标后，再提高该项目的目标要求。为使该项制度有效发挥作用，学校确定评奖程序为：教师个人根据自己的达标情况申报相应的奖项——有关处室根据教师个人的申报及提交的相关证明材料，确定初评结果——公布申报和初评结果——教师反馈初评结果的意见到学校评委会（由学校领导、教师代表组成）——评委会根据条件和反馈意见进行复评——公布复评结果再次征求意见——最后由评委会将复评结果和群众意见汇总，上报学校行政会确定各个项目的评比结果。评比结果与职称考核和评优评先挂钩，各奖项不限人数，达不到条件的可以空缺。

由于对教师专业发展的重视，以及对教师专业发展采取了有力的措施，大新小学在教师发展上初见成效。体育老师李菲菲大学毕业刚来学校的时候，连学生都管不住，现在成长为学校体育骨干，并在南山区小学体育老师技能大赛中获得一等奖。黄灵老师在担任大队辅导员兼音乐教研组长期间，为学校争得了很多荣誉，深圳市优秀少先队大队、深圳市“十佳”鼓号队、深圳市先进音乐教研组等称号是对她和她的团队辛勤工作的肯定。临聘英语教师刘旭在《幸福的临聘教师》中更是以她个人的发展真诚地写出了自己的进步：

来到大新小学，我犹如一张白纸，重新开始描绘我的职业蓝图。

2005 年暑期，学校组织全校班主任参加全国大中队辅导员培训。2005 年 9 月，又派我和另外 3 名正编老师参加广东省首届班主任工作论坛。2006 年，我荣获“南山区优秀少先队辅导员”称号。2007 年 2 月，我荣获首届“全国中小学英语教学设计大赛”小学课件组一等奖、小学教案组优秀奖。在此基础上，2007 年 7 月，学校派我参加“全国中小学英语教学设计高级研修班”。同年 11 月，我取得第二届“全国英语教师教学设计大赛”小学教案组一等奖、小学课件组一等奖的好成绩。2008 年，我的英语教学论文获得教育部重大攻关项目“我国学校教育创新研究”“求索杯”一等奖，被深圳市委市政府评为深圳市优秀外来女员工。

在此，我不是在罗列我曾经所获得的一点点成绩。我只是想让大家知道，在大新，每一个临聘教师，只要好学、勤学，学校就会尽全力为他（她）搭建一个学习的平台、一个发展的平台、一个展示的平台。

目前，学校教师中有特级教师 1 名，中学高级教师 2 名，小学高级教师 65 名，省级骨干教师 3 名。有 1 名教师在教具制作方面获得国家专利。有 20 名教师受市级以上表彰，教师获得各种学科奖励的达 320 多人次。50 岁以下任课教师 65 名，其中已经取得本科学历和正在进修本科学历的教师占 96.9%。

第七章 五个维度：校长领导力的『实然』描述

现在的大新小学已经步入了良性发展的轨道，在课程开发、课堂教学、德育、校园环境等各个方面都取得了一些成绩。但是，回忆起曾经的大新小学，却总是令人伤怀。在大新小学工作近15年的刘勇良老师的一篇《在大新小学的日子》，记下了一些八年前的往事。

大新记迷

这个“迷”当然不是“谜”的笔误，迷者，迷路也！大新当时路难走是出了名的！

第一次到大新，我和杨校长是骑自行车，经南沙酒楼，过大新码头(现在都已经不存在了)，把自行车放在大新渔民新村，走路到建筑工地的！刚刚调进来后，开始几次出去，我都找不到原路回来，虽然我知道方向对了，心想条条大路通罗马吧！但走着走着，明明看到学校了，但眼前就是一条死胡同，还得折回去，七拐八拐穿出去，摸索几回才能回到学校。汽车是绝对开不到学校的，外人来找你，你得在电话里说半天，哪里进来，哪里转弯，把车停在哪里，又如何走路进来，结果半天你还得亲自出去接人家，人家见面第一句肯定是：“太难找了！”当时许多老师都为身处这样的学校感到自惭形秽！

说起大新路难走，我还有一个小故事。我父亲当时从蛇口来我这小住几天，一天说出去逛逛。我担心他迷路，他说就在附近走走，没事！等我差不多下班了，还不见他回来。正在我担心的时候，向南小学的老同事把我父亲送回来了！原来父亲到南头街逛了圈想回来，但找了几圈都回不来，心里急得不得了，那时电话没有那么方便，更加没有手机，他也不知道学校的电话，更加糟糕的是出来散步他根本没有带钱。他急得额头冒汗了，但还算机灵，找不到大新小学，找我原来工作的向南小学也是办法！凭着路人的指点，他竟然真的把向南小学给找到了，向我同事说明情况，我同事马上把他送回了大新小学！

大新之迷，可见一斑！

大新记乱

大新之乱，我认为始于制度，其次才是人为！

所谓始于制度，是因为当时改革开放不久，提倡摸着石头过河，深圳整个社会本身制度就很不完善，主管部门对学校的管理又非常宽松，对学校的一些做法到底是改革还是违规，比如鼓励公款炒股、破墙开店、校办企业、挖掘家长资源（也就是今天的乱收费），谁都不愿意下结论！大家不是把百分百的精力放在内部管理上、教书育人上！从一定的历史眼光来看，当时的情况就是这样，缺乏对学校领导的监督机制，更没有今天的民主治校、法制治校的机制！制度设计上的历史缺陷，为大新后来的乱象埋下了源头的隐患。

当时的大新，由于大家都没有制度意识，许多工作制度都阙如，即使有也是在没有充分讨论的基础上敷衍出来的，群众基础很差！这样的制度，自然也就很难有执行力！再加上分工混乱，没有强有力的执行部门，到处是空子，每个空子都有人钻，导致管理上的极度混乱！混乱到什么地步？老师来没来上课没人知道，即使知道也奈何不了！教职员工开会，大多数是不欢而散，甚至拍桌打凳，吵架收场。最为好笑的是，连有的清洁工也不听劝阻，在围墙一边垒起小店，做起生意来！种种乱象，不一而足，相信大家都记忆犹新！

所谓人为，主要是用人之错！该用之人不用（导致了一些人才的流失），无用之人拼命用，来历不明之人放任用！事实上老师们也没有看错，也就是这样的人，才敢在后来做出一些无法无天的事！领导还无可奈何，甚至为之包庇辩护！真正寒了人心！

大新之乱，当然很多人都把它归结为主要领导的错。但许多过来人，回首荒唐岁月，扪心自问，自己难道就没有半点责任吗？

不堪回首，俱往矣！

然而，在经过近八年的努力，大新小学已经取得了许多成绩：2005年被授予“广东省小学综合实践活动课程样本学校”，2004 年获得深圳市“学生体质先进单位”，2005 年获得由教育部颁发的书法、绘画组织

"先进单位"，2006年被评为深圳市绿色学校和"全国小学德育实验学校"，2007年被中国作家协会授予"全国作文强校"先进单位和深圳市"先进职工之家"，2008年被评为深圳市"文明单位"，2005年、2007年、2009年三次被评为南山区教育先进单位……深圳前市委书记李鸿忠曾对学校的成绩给予了充分的肯定，《中国教育报》《中国教育学刊》等报刊曾专文对大新小学进行宣传报道。

在短短的几年中，大新小学之所以能取得如此的成绩，与广大师生员工的努力是分不开的。然而，作为校长，却在其中起到别人不可替代的作用。校长是一所学校的灵魂。一名什么样的校长往往会带来一所什么样的学校。纵观大新小学近八年的发展历程，在一定意义上也就是其校长在实践过程中不断追求、不断提高和成长的过程。事实上，也正是在校长的这种不断努力追求之中，其校长领导力不断得以完善。在大新小学看来，作为一名校长，应该在学校管理、教学业务、道德修养等方面给教职员工以领导作用和榜样力量。在重大事情的领导、策划、组织、决策、评估等方面具有一定的权威性；在课堂教学、教学活动组织、科学研究领域、班级管理、校园文化设计、家庭教育、社区教育、国际化教育等方面成为行家里手。校长应当是全体教师员工的典范、遵纪守法的典范、为人师表的典范、团结同志的典范、尊老爱幼的典范、勤俭节约的典范、自觉维护集体和自己声誉的典范。正是基于以上把握，我自到深圳以来一直围绕以下五个方面在苦苦求索。

一、高尚的人格魅力

校长的魅力是磁石，能把学校全体教职员工吸引过来，凝聚在一起，围绕着一个共同目标团结奋斗。凝聚人心主要靠什么呢？我认为，就是靠校长磁石般的魅力。当然，这并不等于说我自己多么有魅力，没有学校全体教师、学生乃至家长的大力支持，大新小学不可能有这样一种翻天覆地的变化。大家信任我、支持我，最起码说明我对大家是有一定吸引力的。

我在一个缺乏生命活力和灵气的环境中，从一个几度饿昏的孩子成长为一名人民教师。也许正是这样的环境，磨炼了我的意志和性格，也成就了我人格成长的精神沃土。

有什么样的校长，就能带出一支什么样的教师队伍，就有什么样的学校。多年来，为提高校长的人格魅力，我始终从以下几个方面进行主观努力。

（一）带头领先　从我做起

要率先遵守学校的各项规章制度，时时、事事、处处严格要求自己，发挥模范带头作用，以自己的实际行动，感染带动全体教师。我一直认为，任何一个人，要想让你的朋友、下属信任你，主要有两点：一是渊博的学识，二是高尚的人格。学识和人格可以带动很多人。为什么我不怕这些困难？因为我相信自己的人格是高尚的，我要求别人做到的事情，自己最先做好。我要求别人不贪小便宜，自己首先就不贪，要时时处处想到大家。人，只要是正常的人，都能够有一个是非观，都能够分得清好坏。

《中国教育报》报道我管理思想的文章《聚起改变的力量》① 中对我作了这样一段描述：“2003 年 8 月，吴希福在世人怀疑的目光中，走进了大新小学。从这一天起，上学的早晨，校门口便可以经常看到一个身影，衣着整齐，笑容可掬，亲切地迎接每一位学生……”也就是这些在别人眼里微不足道的小事中，我做到了，赢得了尊重、赢得了信任、赢得了服从。

（二）公平公正　培养教师

尽力维护校园这座圣洁的殿堂，自觉抵制社会不良风气的侵蚀，做到克己奉公。要公平对待每一位教师，公正评价教师的工作，按照上级要求全力做好校务公开。我们学校的员工福利全面而且公平，从校长到

① 李建平. 聚起改变的力量［N］. 中国教育报. 2005－08－23（5）.

校园保洁人员，都享受同样的福利待遇，从来没有任何特殊化。教师出去学习进修力求均衡，让每个人都有机会，不分业务好坏，不论主科副科，不顾正调临聘。仅有的差别在于：参加高级论坛等对学术水平要求较高的机会，一般要留给专业优秀的老师；属于观摩学习的机会则留给业务一般的教师。记得 2008 年上半年，在上海有一个英语教师教学创新交流会，在讨论人员派遣的时候，我们就优先考虑了一位出去学习机会少的王幼娟老师。当我们通知她准备一篇文章去参加在上海举行的教育部重大攻关项目课题组研讨会的时候，她激动地说："我真不敢相信，学校这么信任我，派我去参加教育部重大攻关项目这样重要的研讨会。"接到任务之后，她就开始准备了，对她撰写的《信息技术条件下的英语教学创新》这篇论文，我开始全程"跟踪"：从主题的确定到具体的布局，包括例证的选择，我都和她进行多次交流，并反复修改。上海之行她非常开心，她参加论坛的那篇文章获得了一等奖。她在上海给我的电话中激动地说："校长，今天南山区唯一一篇获得一等奖的论文就是我的，其他人都好羡慕啊！"

（三）集思广益　凝聚员工

要团结全体教职工，善于倾听各方面的意见，充分发挥团队的作用；要善于营造一种人人参与管理的民主氛围，充分调动教职工参与学校管理的积极性；出台任何一项决策，都要征求全体教职工的意见，都要体现集体的智慧。我们制定了学校教代会制度和学校议事规则，涉及学校教职工根本利益的大事，我们都要通过教代会讨论，每一项决策都要经过班子议事会议决定，自己从来不搞一言堂。

现在学校教代会制度逐步趋向规范化和制度化。坚持每学年召开一至两次教代会，听取和审议校长的工作报告、工会委员会的工作报告，并对学校重大事项和教职工切身利益的问题进行讨论，形成决议，向学校党政部门反馈，提出落实措施。以 2007 年 12 月 26 日教代会为例，会议讨论并先后通过了四个重要议题：

一、在编教师签订聘任合同年限，合同期为三年六个月。从2007年12月31日至2011年6月30日。

二、对原有《大新小学教师年度考核细则》进行部分修改，即对考核过程中的加分说明中的第二、第三作了修改，对第七、第八点删除。修改后的方案于2007年9月1日开始执行。

三、对退休教师年度计划生育奖由原来发在编教师的50%改为发100%，从2007年度起执行。

四、《大新小学中级职称聘用方案》征求意见稿。

（1）广泛征求教师意见（以书面意见为准）。

（2）方案确定后，经上级人事部门批准后方可聘用。

（四）主动服务 心系师生

要强化领导就是服务的意识，积极、主动地为师生员工服务，尽力为他们排忧解难；要时时、处处尊重教职员工，重视他们的呼声和要求，要推心置腹，以诚相待。

很多人从孩提时代起就一直习惯于以一种较为坚毅的光环看待领导，媒体也总是把领导者的形象描绘成强硬、神秘、孤傲、睿智和大权独揽。然而我却努力打造校长的另一种解释：学校有哪位语文教师请病假或事假，我只要有时间就非常乐意去代课；教师们有了教学困惑或生活工作不顺都愿意主动通过 E－mail 或者谈心的方式找校长倾诉沟通；我还会亲自参加每月为教师举办的生日聚会；全校教职工的篮球赛上也会看到我的身影；学校教研例会中各抒己见的讨论里也少不了我的一些建议；我在校园里漫步，总习惯发现一些小问题，家长培训会上我努力开拓农民工子女家长的视野并分享自己一些家庭教育经验；甚至有时连学校多功能厅的话筒我也爱摆弄，看看有没有问题……这些琐碎的细节，秉持的就是这样一种教育理念：校长是为大家服务的，校长就是位服务者！

中山大学教育硕士研究生王华兰在大新小学调研时曾拍摄到一组画面，并将其整理成了田野日志：

校长的一次跳远示范

上午第三节的上课铃声响了，学校操场却格外热闹。原来今天是学校组织学生非考试科目即音乐、美术、体育、信息技术等考核的日子，现在正在进行的是体育科目。我站在教学楼的二楼走廊上，拿着相机咔咔地拍了起来。吴希福校长正在和负责体育测试的老师交谈，学生的测试内容分为体前屈、立定跳、仰卧起坐、一分钟跳绳等。后来我抓拍到一个镜头——吴希福校长正在给孩子们示范跳远，他一共跳了3次，第一跳体育老师说他的动作不规范，于是他又跳了第二次，动作是规范了些，可是跳得并不远，于是他跳了第三次，这一跳比前两次远多了，在场的学生为校长鼓起掌来。吴校长摸了摸旁边一个有点胆怯的小男生的头说道："校长老了，你一定比我跳得更远、更好，加油！"

一次简单的示范，是我对孩子的关爱和鼓励，这或许看上去不像为学生服务，然而这就是校长对孩子全面成长理念的服务，这种行为也深深影响了孩子们的教师和我身边的同事。

每年儿童节、妇女节、青年节、教师节、母亲节、父亲节、劳动节、春节等特殊日子，作为校长，我都把它作为服务大家的契机，送去不同的问候与祝福。2008年教师节期间，我除了给全体教师送去亲笔写的个性化贺卡外，还给学校的退休教师、厨工师傅、保安、清洁工等所有学校相关的工作人员都送去了亲笔写的贺卡。这近200张的问候卡不是千篇一律的，而是发自我内心对人真诚的关怀与鼓励：

祝福吴华老师：（教师）

教师节快乐！

您总是把"爱"写在脸上，带进课堂里，藏在作业本中。拥有爱就拥有一切，愿这笔财富属于您，也属于大家！

祝福吴清波师傅：（电工）

您每天奔波在校园的各个角落，一个漏水的阀门、一个不亮的灯泡、一条损坏的板凳……都是您服务的对象。您的岗位同样重要！

全体大新教师祝您健康快乐！

祝福厨工师傅：（厨师）

“兵马未到，粮草先行。”您是学校最重要的后勤保障，“色香味俱全”是您工作的最高境界。您的工作质量事关全局，您的付出将随时得到回报！

全体大新教师祝您健康快乐！

祝福陈彩虹老师：（报账员）

教师节快乐！

特殊的工作性质使您变得原则、严谨而热情，把财务这样的工作交给你，我们大家都放心！

祝福肖磊青老师：（档案管理员）

教师节快乐！

有朝一日，当人们抚去档案上厚厚的尘土，见证学校辉煌的时刻，就会觉得您工作的价值！

祝福黎晓群老师：（图书管理员）

教师节快乐！

您虽然不是共产党员，但是您在用共产党员的高标准严格要求自己，您把书本这个精神食粮亲切地送到孩子们手中，让他们在知识的海洋里遨游，多么重要的工作呀！

2009年的教师节，我又为全体教师题写了寄语：“教师的力量在于相信人是可以改变的。”挂在学校食堂的餐厅里与大家共勉。

服务，它既是一种能力，也是一种意识，更是一种品质。校长在教育管理过程中所形成的服务者形象，不仅取决于校长本身的学识能力，也取决于服务意识和道德品质。有德行的校长，总是勤于服务、善于服务和乐于服务的。[①] 他们在琐碎的管理活动中，以符合伦理规范的方式引领师生不断探寻生命的意义和真谛。

（五）主动担当　乐于奉献

校长应不怕吃苦，乐于奉献，勇于为下属和教师承担责任，切忌推过揽功、文过饰非。有高度的责任意识，勇于承担责任，是作为校长最基本的人格。在一所学校中，在师生团队中，校长应该去承担责任、分担责任。比如，学校某个方面的教学成绩如果不理想，这个责任本来应由主管领导来承担，但是作为校长，应当率先承担起这个责任，因为成绩不好，是校长没有领导好。同时，当校长自觉地担起这个责任后，主管领导也会更有压力，认识到自身责任的重大，他们就会百倍地去改进工作，提高成绩。

（六）理解宽容　诚恳待人

要有“海纳百川”的胸怀，宽容下属，理解、体谅每一位教师。校长在遇到困难和问题时不能打棍子、抓辫子、戴帽子，不能够激化矛盾，相反要化解矛盾。我经常反思自己的工作，发现自己的错误能够第一时间去改正。如果对个别教师的事情处理上出现失误，我就及时把他请到办公室道歉；如果出现教育教学的重大失误，就在全校教师大会上承认错误、作检讨，做到有错必改，人人平等。比如，某些工作由于组织中存在纰漏，教师们有意见都来反映，我会首先承认问题出在校长，向大家表示抱歉，然后耐心听取教师、家长或者学生的意见，最后对问题进行认真调研、分析，并提出改进办法。原则上这些问题都能在两个工作日内得到解决和回复。同时及时总结经验教训，争取不再犯类似的错误。

① 张新平．论校长德性［J］．中小学管理．2007（7）．

二、卓越的学术水平

苏联著名教育家苏霍姆林斯基说：“领导学校，首先是教育思想上的领导。”① 没有一定的学术水平，何谈教育思想？更何谈教育思想的领导？因此，提高校长领导力，提高对学校教育思想的领导，必须不断提高自己的学术水平。

来深圳之前，我已于 1996 年 12 月被评为小学语文特级教师，当时 35 岁，据说是当时全国最年轻的特级教师。2000 年 2 月，被评为中学高级教师，同年 9 月，被评为全国小学语文研究先进工作者。2001 年 7 月—2003 年 4 月，我有幸被教育部差额优选为首届全国小学骨干校长高级研究班学员（全国差额优选 30 名，教育部全额资助培训，拟培养成教育家型校长），先后撰写有 100 余篇 80 余万字的教育教学论文，出版专著 3 部。虽然在一般人眼里，也许我算有一定的学术水平，但学习如逆水行舟，不进则退，更何况要改变大新小学这样一所学校的面貌，更不能坐享其成。

正像著名教育家顾明远先生欣然为我题写的书名《本初子午线》那样，“本初子午线”对我来说，意味着时间的重新开始及工作的新起点。2003 年春天，我离开了生我养我的西部故土，只身来到经济特区深圳，开始了我的第二次创业。昨天和今天，过去和未来，似乎真的被一种无形的东西分隔着而又链接着，曾经的成绩已成为过去，我将踏上新的征程。

多年来，为提高学术水平，我努力做到以下几点。

1. 乐于学习

我不但要认真学习教育教学理论，而且要学习边缘学科理论，尤其是现代管理理论；不但要积极向专家、同行学习，而且要向下级和教师

---

① 苏霍姆林斯基．和青年校长的谈话［M］．上海：上海教育出版社，1983：13.

学习，从全体教职工身上汲取营养和智慧。

学校是一个学习的地方，校长是组织、指挥学习的人，自身的学习问题显得尤为突出。一个好学的人不一定能当校长，但一个校长必须是一个好学的人。一名好校长，要学习、学习、再学习，活到老、学到老。当校长的过程，就是不断学习知识和更新知识的过程，就是不断将所学到的知识运用于实践的过程。来到大新小学后，虽然我的工作琐碎而忙碌，基本没有闲暇时间，但这并不影响我的读书和学习。每天除了定时上网阅读国内外教育新闻、学习报纸杂志外，我还坚持购买教育理论专著。每次出差到外地开会，我都会到书店走一圈，既买一些要送给学校老师的书籍，也要给自己购买“充电”用的资料。来我校讲学的专家和学者，都是我学习、交流的对象，我不仅全程聆听讲座，而且抓住吃饭、迎送的机会，向专家、学者们请教。每次会议都是我汲取精神食粮的好机会，无论哪次出门开会，我都会从头听到尾，力争做最认真的听众，当然也少不了向与会者讨教、交流。在我的电脑里，储存有学校几乎所有的研究资料，包括老师们的很多研究案例，这也是自己向老师们学习的好机会。其次，学校青年教师的读书会我没有落过一次，并积极参与讨论。

校长是“杂家”，校长什么东西都要去学习。当我要和老师签合同时，就要去学习《合同法》；当我要给师生家长讲安全教育的时候，我就要去学习国家关于安全的政策法规；当我进行财务管理时，我就要学习财务制度与管理。同时，我也通过向别人请教经验来学习，比如学校里有两个老师关系不好，当我遇到兄弟院校的校长时我就会请教他，对这种事情有什么好的处理方法。总之，是要把工作当中遇到的困难变成学习的动力。

将每一项工作视为一个学习的机会，从工作中学习新技能、新方法并促进专业知识的成长。就拿与学生谈话来说，与学生谈话是一门要求很高的艺术，在多年的教育教学工作中，我与很多学生谈过话，在和教师的共同探讨中，我基本掌握了与不同性格的学生谈话应采用的方式和语气，包括地点、时间的选择。对待个性较强的学生，应摸清其思想动机，注意给其面子，与其谈话的语气要适当，否则，他（她）会给你难堪，不能接受你的观念。如果你在谈话中能“换位”思考，切入其点子上，做到心与心的交融，让其深深地感到“老师是在教育我，不是在教训我”，这样，工作就好做得多。作为教师，也就达到了目的。对待较内向的学生，应注意大胆地启发，让其树立自信心，因而在公共场合尽可能给他们锻炼和展现自我的机会……当然，作为教师，应不断总结经验，吸取教训，向书本学习，向经验丰富的教师学习，积累自己的教育教学经验，以期达到让学生敬佩的境界，做一名人民满意的教师。

2. 善于思考

要积极思考学校面对的现状，思考工作中存在的问题。不但要自己独立思考，而且要引导班子和教职员工一起思考，在思维的碰撞中，提高自己对教育问题的认识水平、解决学校面临问题的能力。

面对大新小学“人口流动性大，家长素质偏低，独生子女较少，学生学前教育薄弱，学生行为习惯较差”的现状，如何为这些外来人口子女提供优质的教育服务，让他们能够融入城市，成为有理想、有道德、有文化的公民，是我到任大新小学校长后思考的主要问题。经过思考，我选择“三礼”教育作为学校开展公民教育的重要基础，也是学校发展的突破口。因此，“三礼”教育就是对学校现状思考研究后的产物。如今，“三礼”教育不但成了学校品牌的代名词，而且也成了我对外来工子女教育思考的学术结晶。

3. 勇于创新

学术水平的提高不仅仅是继承，更重要的是在继承基础上的创新。唯有学术创新，才能使自己的学术思维始终处于激发状态，才能激活提高学术水平的欲望，才能保持旺盛的学术生命力，学术水平也才能得到不断提高。

来到大新小学后，我对生命化教育进行了认真研究。通过研究，我发现，对于以外来工子弟为主的大新小学而言，生命化教育更有现实意义。我认为，生活在特区底层这些外来工子女，更需要来自生命本源的关怀和呵护，需要以火热的生命激情去温暖孩子的生命，需要引导他们用心地学习，丰富自己的生命。但考虑到学校的实际，我们对生命化教育作了自己的诠释，形成了“在学习中成长，活出生命的意义”的办学理念。此外，在开展综合实践活动过程中，我认为，必须抓住“移民城市”“外来工子女”这两个关键词，选择适切的活动内容和方式，加大创新力度，形成自己的特色。

4. 勤于笔耕

语言文字是思维的结晶，学术水平往往与自己的论文、专著呈正相关。因此，提高学术水平就必须适时把自己思考的精华转化为文字，写成论文或专著。

来到大新小学后，我撰写的《发展性学校文化构建》论文获得全国评比一等奖，并应邀在辽宁省抚顺市，北京市丰台区、顺义区，浙江省台州市，江苏省苏州市，广东省广州市、东莞市、清远市，以及我国香港特别行政区、马来西亚等地作了20余场专题讲座。作为南山区家庭教育讲师团成员，在区内应邀为10余所学校作家庭教育讲座。应区内学校邀请为教师作《教师是学校的核心竞争力》专题讲座，这些达到了“提高自己，带动团队”的目的。此外，我先后撰写了《发展性学校文化探索》《试论实践作文与素质教育的关系》《运用现代技术手段，进行情境教学，培养学生说话、阅读、作文能力》《关于小学综合实践活动课程的校本研究》等80余篇论文，出版了《本初子午线》《阅读·习作·口语交际》、《移民城市背景下小学综合实践活动课程开发》《特级教师点评小学生夺魁作文》等专著。2006年7月，我被公派前往英国学习，一个月的时间里，我在听报告、参观考察期间，撰写50多篇随笔，并在学校举办专题演讲和展出。2008年4月，我被派往香港特别行政区考察学习一个星期，其间，我撰写了20多篇考察随笔，并以《先从能够做到的开始》为题，应邀在南山区教育局向全区校级领导作考察汇报，得到了广泛认同。

坚持写教育日记是我的一个习惯，近六年时间里，我先后写了600多篇教育随笔，《找一份工作真不容易》是其中的一篇：

2006年8月28日　星期一　晴

来深圳工作三年了，从来没有像今年这样体会到要找一份工作有这样的难。可通过两个例子来说明：

例一：众多的应聘者

从今年4月份开始，我先后收到不下20位应聘者的个人材料，接到过30多位应聘者的电话，收到了30多封应聘的电子邮件，受理过10多位不同级别的领导过问应聘教师的事情。我感到欣慰，一个不起眼的小学校，一个不起眼的小学校长，能够得到那么多人的青睐，能够有那么多的应聘者前来应聘，真有一点得意扬扬、喜不胜喜的感觉。因为这里面有许多优秀人才供我们挑选，有许多有一定身份的人能和我们在一种平等、友好的氛围中交流，真还有那么一点幸福感。

但是，这种幸福我们不能享受，因为这些人才我们不能要，因为我们的学校原本不缺人，尽管某些岗位的工作不令人满意，但是为了使这些同志（包括正调老师）不丢饭碗，我和行政人员再三研究决定，还是留下了他们，这次招聘只能是个别老师被录用。但是，看到那些优秀的人才不能为我所用，我真感到惋惜；看到他们一个个垂头丧气的表情，我真感到无奈。假如他们当中有一个人是我，心中的感受又会怎样呢？

让我几个晚上没有睡好觉的是一个中年教师。我不知道她为什么要来深圳，我只知道她已经是饱经沧桑、一脸的憔悴。那天下午，她按照学校的通知最先一个来到学校进行面试的前期准备，我分明知道她对这个职位的看中，她唯一要给我们留下深刻印象的是责任、守时、热情，希望多给自己增加一些印象分。40分钟的准备对于他们来说，实在太残酷了，因为在这一点时间里，他们要读课文、写说课稿、设计板书，还要以《今天》为题写一篇小作文。如果平时没有一定的积累，我断定他们当中有的人是无法完成的。出乎意料的是，他们都完成得还算不错。但是，我们的职位只有一个！应聘结束后，我和我的考官们在认真比较后，选择了其中的一位留了下来。我不知道留下来的同志是怎样的心情，但我知道被放弃的同志的真实感受。

那天晚上9点多了，我接到了那位饱经沧桑、一脸的憔悴、说实话还算不错的老师的电话。她一连给我打了3次电话，第一次是询问我应聘结果怎么样，我告诉她由于名额有限，我们只留下来一个人，请她再重新找工作。她没有回答，放下了电话。不一会儿，我的电话又响了，我知道她还要跟我说点什么。为了不伤害她，我接了电话，她请我再仔细看一下她的获奖证书等材料，看在自己过去的成绩上，再考虑一下给她一个机会。我很无奈，还是婉言谢绝了。5分钟以后，电话又响了，我一看还是她，这次，我听到了她的哭泣声，我无言以对。就让她哭吧，这样，她的心里会好受一些。最后，她呜咽地对我说："吴校长，我没有被录取不是您的错，也不是我的错，只因为这个社会竞争太激烈，找一份工作真不容易！再见！"

她挂断了电话，从此再也没有和我联系过，我不知道她最近是否找到工作，我只能默默地祝福她：一路走好！

例二：残酷的主考官

今天上午，我荣幸地被区人事局和区教育局聘请担任今年南山区教师招考的面试主考官。说实在的，这样的工作我担任过很多次，但不知怎么的，今年一走到面试考场，心里特别郁闷。

听说南山今年总共招考40多位教师，但是报名参加考试的竟有800多人。算算账，比例是多少！好不容易通过笔试了，还要接受考官们面对面的考问，而且是3选1，或者4选1，甚至是10选1，太残忍了！我们这些考官们为了帮助政府选拔最优秀的人才，当然也为了显示一下自己的身份，偶尔也出一些很尖锐的问题让他们回答。有时也对他们的答辩百般挑剔，那些应考者，从准备考试到接受面试，不知度过了多少个不眠之夜。有一个参加面试的教师走进考场的时候，说的第一句话是："各位领导和专家辛苦了，为了我，你们付出了这么多！"我不知道这段话会不会增加考官们给她的印象分。我们分明知道，付出了这么多的不是考官，而是她自己。她颤动的声音，发抖的粉笔字，让每一位考官们心里很不是滋味！考官们在一起交流最多的话题是今后再不要来做考官了！

当一群人掌握着一个人命运的时候，那感觉几乎是惨无人道的！但是，又有什么比这更好的办法呢？至少现在没有。我们只能说：“如今的社会，找一份工作真不容易！”

三、高超的教学艺术

教学是教育的主渠道，其地位不言而喻。校长要实现对学校的有效领导，必须是教学的行家里手，必须有高超的教学艺术，必须能够指导教师的教育教学业务。作为校长，在业务上没有超出一般教师的水平，不仅没有发言权，而且必然丧失指挥权。

我认为，要想教师从内心敬佩自己，就要在做好校长之前，必须是个优秀教师，上好每节课，研究好每个课题，让老师感觉在自己麾下工作能有所收获。想要教师做好，自己首先要做好。

当校长后，尽管事务繁忙，但我仍坚持给学生上课，每学年至少给全校教师上2~4节公开课，听课不少于100节，组织教研活动不少于20次，为教师开辟专题讲座不少于10次。

刚来大新小学的第一个月，我给全校教师作了一场《今天的教师怎么当》的专题讲座。讲座结束后，老师们纷纷议论说：我们在大新小学工作几十年了，听了那么多讲座，这是最精彩的一场。

我到大新小学的第二个月，南山教育局组织专家来听我讲《田忌赛马》这一课。听课结束后，专家们交口称赞说：这个校长太了不起了，从来没听说哪个校长能上课，这个校长居然能上课，而且把课上得这么好。那一天他们先后听了将要特招到南山工作的20多位老师的课，给我打了96分，名列第一。

2005年春天，学校有个五年级的语文老师患了重病，我毫不犹豫地接下了这个班的语文课，这一代就是3个多月。刚接手的时候，这些孩子的平均成绩列年级最后，我鼓励孩子们不要泄气，共同寻找差距，共同制定新的奋斗目标。期中考试结束后，我带的这个班语文成绩上升了一个新台阶，同学们欢呼雀跃，我也感触良多。我在《短期目标是长期目标的积累》的教育日记中写道：

帮学生确立短期目标，对实现长期目标有关键性的作用，因为一个个短期目标的实现是实现长期目标的必经之路。

五（1）班的语文老师生病了，我代了这个班的语文教学工作快一个月了，再过两周学校要进行期中检测。我特意查了一下这个班过去的语文成绩——年级最后一名，平均成绩比倒数第二名相差3分。怎么办？我是校长，是特级教师，平时对老师们的教学质量要求也很高，考试必定是检查教学效果的重要手段之一。我有压力，但必须想办法。我一边教学新知识，一边指导学生复习学过的知识。在教学过程中，我特别注意对知识的整理和归类复习，把理解和记忆结合起来，把口语表达和书面表达结合起来，把课内知识和课外知识结合起来，把学校教学和家庭督促结合起来，把本班学习状况和平行班学习状况结合起来。同学们经过这样一分析比较，找到了自己的不足，明确了奋斗的方向，做到了有的放矢，学习起来很有条理。

为了激发大家的学习斗志，我跟大家一块儿确定了短期的奋斗目标：力争在本次检测中取得较好成绩，摆脱最后一名。如果达到了预期目的，我们开个庆祝会，一是交流各自的感受和心得，二是“五一”假期尽情休假，享受成功的快乐，这个决定得到了大家的一致赞同。

在以后两周的学习过程中，大家按照老师的安排，自觉地、富有创造性地开展学习活动，终于在期中检测中取得了较好的成绩，摆脱了年级末尾的名次，和年级第一名只差1分多。这次检测极大地树立了大家的信心，也使我和同学们找到了提高成绩、快乐成长的办法。

此外，我还担任南山区特级教师大讲堂第一讲，为南山区特级教师、副校长语文课堂教学作现场点评。

老师都把我看做是教学方面的专家。教师们期待的不仅是我的评价，更是我对他们的指导性甚至是直接性建议。徐霜副校长曾记下这样的故事：

来大新小学之前，就曾听过吴校长讲座。他敏捷的思维、流畅的表达给我的印象很深！2006 年去英国学习考察，有幸与吴校长分在一个组。一个月的学习与交流让我对他的教育思想、为人处世更加钦佩，于是，在心底不由自主地渴望着——能在这样“有德有才”的校长身边工作该多“过瘾”……

这学期我真的成为吴校长的助手，成为大新小学的一员。于是，我有了更多的学习与进步的机会。

启示一：聆听校长评课

一来大新小学，我先以听课为主了解学校情况。吴校长一有时间就与我“一路同行”走进课堂，听老师们上常规课。我们除了在听课中倾心交流，课后还坐在一起，认真地给老师评课。

吴校长的评课，既一语中的，又一针见血。褒扬之处实实在在，贬抑之处又不失中肯，观点新颖，视角独特，思维活跃，理论与实践并重。特别是语言流畅优美，富有诗意，的确是我所见过的评课中的佼佼者。苏霍姆林斯基说过：“一个有经验的校长，他所注意和关心的中心问题，就是课堂教学。评课是校长的一项极为重要的工作。”听了吴校长的评课才知道，这绝不是有无“经验”的问题，而是有无学养和有无水准的问题。吴校长的语言字字句句透着隽永之气，散发着智慧的芬芳，听他的评课不仅仅是一种学习，更是一种享受，且大开眼界，让我这个教了一辈子书的老教师如沐春风，看到了与时俱进的无限空间……

与此同时，我在吴校长的评课中，也学到了一个管理者关爱教师的高尚品质，加深了对“关注儿童生命质量，促进儿童全面发展，为儿童终身幸福奠基”办学宗旨的理解。

可以说，校长走进了课堂就等于走近了教师，校长听后评课就是与老师们心灵的沟通、情感的交融和思想的碰撞。从某种意义上说，通过这种方式履行了一个学校的最高行政长官开展教学研究的发言权，行使了严格教学常规的指挥权，掌握了指导教学改革的主动权。他给予了老师们热情的鼓励和诚挚的指导和帮助，指引大家不断端正教育思想、更新教学观念、改革教学方法、优化课堂教学、提高教学效果，使大新小学的教学改革更加深入、健康地发展。

启示二：观摩校长讲课

听老师们说：吴校长上示范课，是他来大新小学的传统节目。我相信校长能讲好，但是，就单说听课，一般校长都很难坚持做到。且不说校长忙，繁杂的学校事务缠身，是局外人难以想象的。就是在这种情况下，还坚持听课，而且不单单是“听”，还用心去评课，这是当今校长之中的少数，或许是绝少数。于是，听吴校长讲课便成了我来大新的一种期待……

终于，12 月 11 日，我和老师们一起欣赏了吴校长给三（1）班学生上的《自编童话故事》一课。整整 40 分钟，校长精神抖擞，与学生亲密对话、和谐交流。他以严谨的治学态度、高超的教学技巧向语文教师展示了“自编童话”习作教学的全过程！让听课的所有老师受益匪浅……

习作教学对语文教师来说，是相对困难的内容。吴校长知难而进，选择三年级这个习作坡度大、指导问题多的学年上课。很显然，他是要帮助语文教师解决习作教学的热点、难点问题。从选课上我们就看出吴校长的良苦用心。

除此之外，我还努力通过自己上课来引导教师们提升自己的教学水平。不少老师正是在听我的课的过程中学会对课堂进行总结和反思的，以下是徐霜副校长对我的一节公开课的评价。

吴校长上课的教学内容是人民教育出版社小学三年级语文课本上册

第七单元习作训练。我们知道，让学生读童话是件快乐的事儿，让学生讲童话也是件快乐的事儿。可让孩子自己编写童话故事学生能快乐起来吗？然而，我们在课堂上亲眼见到了，三（1）班学生在吴校长的循循善诱中度过了编写童话故事的快乐时光。这是因为有以下几个原因：

一、教学设计贴近学生的实际

吴校长利用学生都喜欢读童话故事这一点，引导他们利用自己熟知的童话故事，弄明白童话的特征。当孩子兴致勃勃地讲完童话故事之后，吴校长立刻问孩子：“你讲的童话故事说明什么？”

“遵守承诺。”学生对答如流，显然是读懂了故事。

“有一个问题我不明白，青蛙怎么能和公主说话呢？”

“这是拟人写法。”

“对了，在童话故事里不一定是真人真事。”

如此简单的对话，学生说出了编写童话故事应该注意的几个问题。可见，在教学中，只要教者与学生的交流贴近学生的实际，从学生学习的兴趣点出发，就能够启迪学生获取知识，发展思维能力。

教学设计贴近学生的实际，孩子有话可说。我们在吴校长的设计中，不断地发现这一点。

当学生所编的童话被认为是童话书里的故事的时候，吴校长马上告诉孩子们可以“仿写”。这是教者始料不及的，事前没有估计到。为了稳定学生情绪，鼓励孩子说下去，吴校长的教学设计发生了改变——尊重学生的实际需要，在此基础上继续指导……我想，这是抓住了学生的“最近发展区”，为他们搭建了一个合适的阶梯，让他们在原有的知识结构上得到肯定与发展。

此外，吴校长在整体设计上，从题目的命名到中心的确立，再到介绍开头的方法（开门见山，交代时间、地点、人物开头，倒叙开头等），如何写故事的经过和结果，都作了贴近学生实际的示范。

二、习作重难点得到落实

怎样使学生把童话故事写完整？怎样展开丰富的想象？是本节的教学重难点。吴校长以孩子们熟悉的格林童话《狼和七只小山羊》为例，有计划、有步骤地把学生带进编写童话的境地。

首先，在孩子讲《狼和七只小山羊》时，吴校长边听边把“狼”“小山羊”“母山羊”三者的关系板演出来：让学生对故事情节的发展一目了然。复杂的过程变成了几个小动物的名称、箭头和三个动词，学生顿时有了兴致。在小组合作、探究之后，我们欣喜地发现：

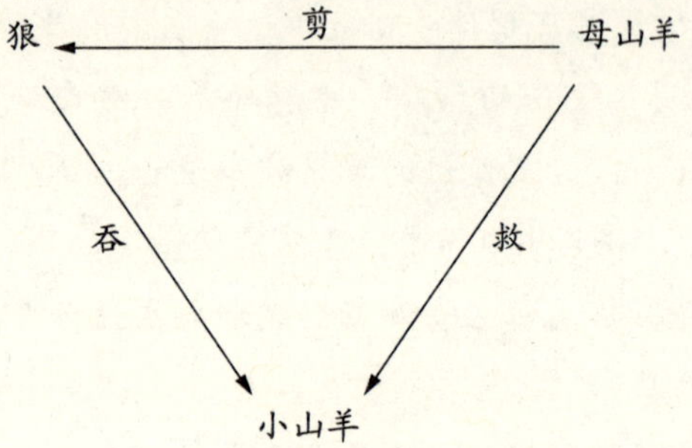

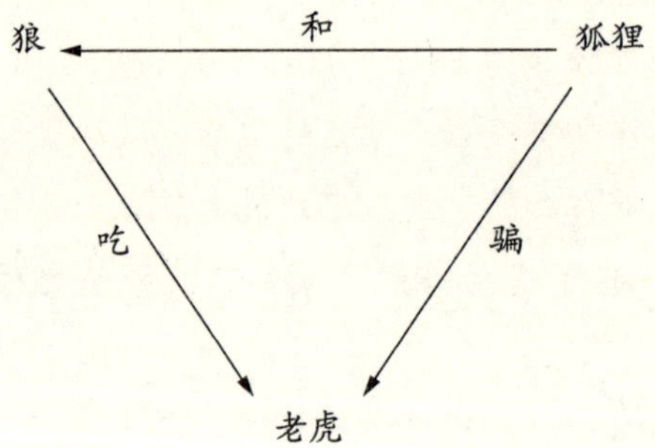

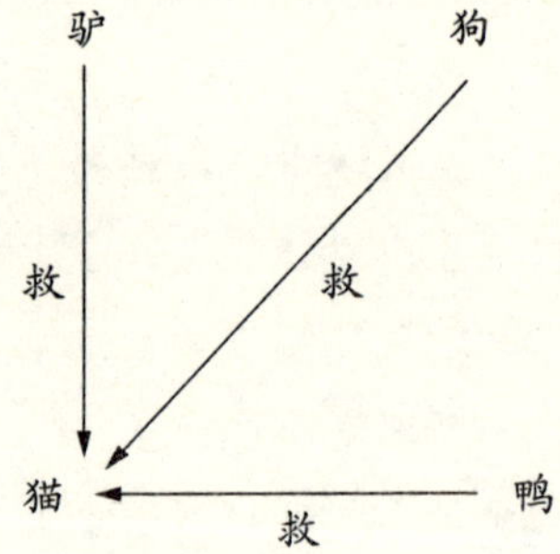

这些出自三年级学生之手的“关系图”，说明孩子已经知道在编写中要详细地把小动物之间的事情写出来，故事才具体生动。

还有，吴校长在听学生编故事中，敏锐地发现问题，及时指出并解决问题。于是，让没有语言的小动物在故事里说话了，让“驴”“鸭”“狗”3个朋友救“猫”的过程逐渐清晰起来、生动起来。孩子们是在与吴校长亲切的交谈中一点一滴地学会编写，学会超越生活，展开丰富想象，学会注意故事的合理性、完整性和趣味性。短短的一节课，学生不知不觉地学到很多写作方法。

三、教学方法灵活开放

《全日制义务教育语文课程标准（实验稿）》给教师留下了发展、创新的广阔空间，再创造成为教学过程之必需。吴校长摆脱了按部就班的凝固的预设目标和计划，植根课堂，超越教材，敢于突破狭义的课堂教学的封闭性，灵活运用教材，激起了学生多思、创新的火花，并重视对学生能力的培养，引导学生在学习中不断总结出学习方法，为终身学习打下良好的基础。

1. 课堂教学的开放，充分发挥主体的积极性

平时吴校长就经常强调课堂教学的开放性，要求老师们“开放学生的眼睛，提供观察的机会；开放学生的嘴巴，提供表达的机会；开放学生的头脑，提供思考的机会；开放学生的教材，提供凭借的机会；开放学生的双手，提供操作的机会”。在吴校长的课堂中，正是从各种途径与手段入手，使学生置身于一个开放的空间，充分发挥主体积极性，让学习充满乐趣，在乐学、好学的氛围中有层次地解决问题，从而培养并发展学生的思维能力，提高了学习的效率。

2. “授之以鱼”与“授之以渔”

在教学过程中，吴校长能够尊重学生的独特感受，充分发挥学生的积极主动性，教给学生学习的方法。

小学阶段的教育，除了让学生掌握一些基础知识外，更重要的是教会学生一种良好的学习习惯与学习方法，而后者应比前者更为重要。在本节课上，学生在学习编写童话故事的同时，更在自主探究的过程中掌握了习作方法。对于学生来讲，学会方法比学会几个字、学会几首诗、会背几篇课文更为重要，为其终身学习奠定了良好的基础。

四、教学语言魅力四射

我觉得吴校长的教学语言是充满爱心、充满灵性、充满智慧、充满尊重、充满信任、充满幽默与风趣的，大有“胸藏万卷任吞吐，笔有千钧任翕张”之势。为了让学生命题准确，他一边倾听孩子的发言，一边指出孩子命题的方法：“你这是概括事件命题法”“你这是概括中心命题法”“你这是用故事结局来命题”……为了让学生增长习作本领，吴校长在每个孩子发表意见之后，都作出恰到好处的评价：“你的思考很独特”“你说的是倒叙开头”“你的想象比我的好”……为了让学生从细节中捕捉到编写的注意事项，吴校长巧抓“吞”与“吃”的用法区

别，让学生从中知道故事的合理性。一个孩子在讲故事时，把“挠”的音发错了。吴校长不慌不忙地问全班学生：“我记得它不读‘sāo’，好像读‘náo’，认为对的同学就不用查字典啦……”

大家也许与我有相同的感觉，听吴校长的课时间过得很快。你的情绪完全被教者与他调动的孩子们所表现出来的激情感染了，随着教学的进程与深入，你完全投身在学习编写童话故事之中。这就是语言魅力发挥的作用。

“操千曲而后晓声，观千剑而后识器”，平日的厚积是校长上课薄发的必然结果。我希望所有的老师能在校长不断的引领下，越发明确课堂教学的真谛，并自觉在日常教学中厚积。我希望有一天所有的老师都可以展示出各自的教学风采，成为大新小学史册中辉煌的一篇“童话”。

四、独特的领导风格

领导风格一般指习惯化的领导方式所表现出的特征。不同的校长因为个性、学识、阅历等的不同，而具有不同的领导风格。不同的领导风格，导致校长领导力的差异。一般来说，领导风格可以分为专制型、权威型、亲和型、民主型、领跑型和教练型等不同类型。基于我个人的生活经验、学习经历，以及对教育的理解，我努力追求的是亲和与领跑为主，辅之以民主与教练，很少运用专制和权威来管理学校。

教师的发展状态，就是教师的工作状态和生活状态的体现。他们的“状态”写在脸上，表现在行动中。作为校长，对教师“状态”的洞察力是检验其管理成果的重要指标。对于他们的表现，诸如兴奋、沉默、尽责、痛楚、无奈，甚至愤怒等，都要有所觉察，并取得沟通，我把这叫做“心灵预约”。每次交流，他们都会推心置腹地告诉我，让我觉得我是他们最信任的朋友，对于他们的想法，是优点我会在不同场合给予肯定，是缺点我会一针见血地指出，并帮助他们改正，是经验我会选择在一定的范围与大家分享，是点子我会在具体的工作中应用，是困难我会采取具体的措施帮助，是隐私我会替他们守口如瓶……如果问题能够解决，我会当场提出解决方案。如果一时解决不了，我会设法通过其他渠道，或者请别人帮助解决。如果真的解决不了，我也会向他们说明原因，得到谅解。

在学术教研和教育教学活动中，我努力做一个领跑者。学校的重大课题研究，我既是课题的策划者和支持者，也是具体研究的参与者。对于综合实践活动课程，大家都有畏难情绪，我就做“第一个吃螃蟹者”。研讨课没有人敢上第一课，我只能冲到最前面。

吕劭玉老师在《我所认识的吴希福校长》一文中写道：

我教书已经十年了，在好几所学校工作过，平心而论，吴希福校长是我见到的最优秀的校长。

吴校长是个心胸宽阔、知人善任的领导……记得我刚来大新小学应聘时，吴校长和考核组老师通过对我的考核、面试和交谈后，当即把“八岁儿童能读会写”的教改实验班交给了我并让我担任班主任。他还热情地鼓励我说：“让你来担这个重担说明我们看好你、信任你。你大胆去做，只要用心做了，就一定能够成功。我给你做后盾。”吴校长的一席话坚定了我的信心。在他和同事们的帮助下，我还在全区小学语文新课程课文诵读竞赛和全区语文课堂教学大赛中获得一等奖……吴校长及学校领导班子不论资排辈，勇于把青年教师推到一线，才使得我有脱颖而出的可能。正是这样坚持任人唯贤、唯才是举的原则，吸引了一大批热爱教育的优秀教师来大新小学工作。

吴校长还有一个最大的特点就是：“实干”。他决不是那种把担子压给教师就不问事的领导，而是时时刻刻在关心着工作的进程，经常深入课堂听课，和教师共同研究解决教学过程中出现的问题，和教师一起研究教案设计。

追求自身独特的领导风格，需要把握好学校管理，努力提升自己的管理艺术。管理是一门科学，更是一门艺术。管理艺术是指领导者具有创造性的领导才能、技巧、艺术和方法，包括决策的艺术、创新的艺术、应变的艺术、指挥的艺术、统筹的艺术、协调的艺术、授权的艺术、用人的艺术、激励的艺术。

我认为提高管理艺术的关键是处理好理性与现实、传统与现代、原则与细则、高明与精明四对关系。

首先，要处理好理性与现实的关系。面对初入大新小学时的现状，我们不可能一下子提出过高的目标和要求，但也不能不思进取、甘于落后。目标和要求过高，达不到不但会挫伤教师的积极性，也会使自己的自信心下降甚至消失。觉得学校基础太差，而不去理性思考未来的发展策略，只会使学校停滞不前。

其次，要处理好传统与现代的关系。既要发扬传统管理方法的优势，又要学习和运用现代管理方法，两者不可偏废。我在大新小学的管理，一方面狠抓常规管理不动摇，把其作为管理的基本底线，以确保学校正常工作的运转；另一方面，积极推进现代学校制度建设，开展民主化管理实验，把其作为提高管理效率，营造和谐校园的手段。

再次，要处理好原则与细则的关系。严格执行原则，是每一位管理者必须做到的，但原则管理并不排斥模糊处理，模糊处理表现管理者高超的艺术。原则要严格，执行可模糊。执行的模糊是为了使原则更有效地得到落实。因为这样做，一方面能使管理者发挥更大的能动性，挖掘管理的潜在活力；另一方面，可以避免把大家的注意力集中到“细则”上去，从而影响“原则”的落实。我提出的“以法治校与民主治校相结合，制度管理与情感管理相统一”的管理策略，实践证明是行之有效的。

最后，要处理好高明与精明的关系。做一个高明的而不是“精明”的管理者，应该成为每一位校长的追求。高明的管理者不会对下级及教职员工苛求言听计从、唯命是从；高明的管理者会用欣赏的眼光看待下级及教职员工，而不是抓住问题、不足不放；高明的管理者善于营造宽松的管理氛围，允许不同声音的存在。

五、终极的生命关怀

校长领导存在三种不同的境界，一是事务管理，二是制度管理，三是使命管理。学校管理不可能没有事务性内容，学校管理不可能不进行制度设计，但如果校长的领导仅仅局限于具体事务和各项制度之中，学校就不可能逾越已有的高峰，学校发展也难以踏上一个新的台阶。

美国德鲁克基金会主席弗朗西斯修·赫塞尔本指出：“一切工作都源于使命，并与使命密切相关”“使命之所以如此重要，是因为它表达了我们为什么做‘我们所从事的工作’。”[①] 如果一个学校没有使命，那么它只能知道自己在“做什么”“何时做”，而不知道“为什么做”，它将永远不能取得应有的绩效，也永远发挥不出组织的最大潜力。

作为南山区教育局引进的特殊人才，我明确自己肩负的使命，那就是“在教育这块热土中寻找生命的真谛”。我不仅把它作为自己的使命，而且把这句话印在大新小学全体教师的名片上，将其转化为全体教师的使命：为大新小学的每一个学生提供优质教育，使大新小学成为学生向往的乐园、家园。

在我的理解中，教育是一方热土。成为一名人民教师是我从小的梦想，从事教育事业是我一生的追求，对学生我有无尽的希望，对讲台我有无限的眷恋，对学校我有无法言语的深情。从 1984 年走上教育工作岗位，如今已经整整 27 年。在这 27 年中，我没有彷徨，没有倦怠，只有对教育事业的热情和忠诚。曾经有很多到政府部门做行政工作的机会，但我都放弃了。我想，既然我选择了教育，选择了自己热爱的事业，就要一直做下去。因为教育已经深深镌刻进我的生命里，学校就是我的水源。离开了水，我还能活得这么灵动，这么有意义吗？

在我的理解中，教育还是一项会呼吸的事业。因为教育是在雕刻生命，生命在教育中成长，教育在生命中润泽。世界上没有哪一种事业比

---

① 彼得·德鲁克．管理的实践［M］．齐若兰，译．北京：机械工业出版社，2006：58.

教育更富生命力，因为我们是在呵护生命、健全生命、成全生命、发展生命。我认为教育的过程就是孕育生命、滋养生命、提升生命的过程。我们虽然活在当下，但我们的目光早已射向未来，我们肩负的是民族的希望、祖国的未来。同时，我们作为教育工作者，只有在教育这块土地上才能找到生命的内核、责任，找到生命的起点和终点，也只有在教育中，我们的生命才能找到土壤，保持完整和鲜活。

我觉得世界上没有任何东西比生命更宝贵，没有任何事情比学习更快乐。对于生命，我是存有敬畏和感激的。

（一）生活的痛楚：关怀生命之肇始

我出生那年，正好赶上三年自然灾害最严重的 1961 年。所以，我天生先天性营养不足，缺吃少穿，自然瘦弱多病。父母总算让我活了下来。7 岁那年，我穿着二哥穿小的旧衣服，背上由妈妈缝制的上面绣有“红五星”的书包，进了生产队办的一所只有二十几个学生组成的 4 个年级的学校里。从此，我就成了一名学生。

天有不测风云，上小学三年级时的这年夏天，又碰上上学的这所学校被“反革命”给烧毁了。望着这化为灰烬的学校，二哥失学到“三线”当工人了。我想，这下完了，我也该回家帮家里放牛放羊了。没想到父亲说离家十里外的地方有一所小学，于是，叫姐姐带我到那儿继续读书。我们背着做饭的锅，提着大人节省下来的玉米针和炒好的酸菜等，来到了这所学校继续进行苦难的学习生活。上完课后，同学们就在学校后面的土坡上“各自为政”，挖个洞，支起锅开始做饭。日子过得很艰难，艰难得一想起来就心酸，甚至流泪。

上初中了，我又来到了离学校 15 里地的公社附近的七年制学校读书。我们是住宿生，记得当时睡的床是用树棍拼成的。一觉醒来就像干了一天的重活一样，全身疼痛。吃的粮食（一律是玉米粥，八个人一盆，每人一大勺子，由“盆长”给均分）、烧的柴火都是自己从家里扛来的，这年我才 12 岁。每次回到家里看到红肿的肩膀、消瘦的身子，母亲心疼地说：“为了上学，我娃好苦啊！”我总是安慰母亲说：“妈，只要我还能上学，再苦也不怕，我喜欢念书。”

转眼到了1976年春天，我又到离家30多里的蜀河中学读高中。这时，正赶上弟兄几个要分家（我们姐弟八个，我排行老七），几个大姐出嫁了，两个哥哥要分开过日子。家里只剩下父母亲、两个姐姐、一个妹妹和我，一家6口人，老的老，小的小。要知道那年代是靠挣工分吃饭的，面对这种情况，两个姐姐和一个妹妹坚决不读书，一心在家帮父母干活儿，供养我继续把书念下去。在高中的两年半时间里，我靠吃玉米粥、蒿子菜、蒸红薯维持生计。一次上体育课时，竟昏倒在操场上。幸亏学校每月给我两块五角钱的助学金才勉强维持下来。后来“四人帮”被打倒后，国家重视教育，为学习优秀的学生颁发奖学金，我非常幸运，由获得的“奖学金”帮我完成了最后一年半的高中学业。整个求学历程，我都得到了老师、同学、学校的关怀和照顾，没有他们的帮助很难有今天的我。

1982年，我荣幸地考入了师范学校。这时的家境依然没有好转，每学期花家里的钱不足50元，是学校每月给的伙食费和奖学金帮我完成了中师学业。这时，我仿佛从苦中看到了希望，我的“苦”快熬到头了。我好像打了一场胜仗，终于从一个农民的儿子成了一名国家干部。一瞬间，过去所经受的那么多苦难似乎不存在了，自己仿佛是这个世界上最幸福的人。①

我对生命的理解是刻骨铭心的，甚至是带着痛楚的。我是一个在缺失爱的环境下成长的。我4岁多才会说话，当时在村里我的大名是没有人叫的，说到吴希福，他们都用“哑巴”代替，甚至我的哥哥姐姐也用“哑巴”来称呼我，这在我幼小的心灵上埋下了深深的阴影！

那是一个能把生活搓成粉末的年代，人们疲于奔命，就为了一顿饱饭。怎样留有一口气活下去便成了人们最迫切的追求，而精神层面的需求都是遥不可及的奢侈品，学知识更是一种奢望。所以，当时大部分人不仅生活枯燥，而且头脑干枯，生命干瘪。

① 吴希福．本初子午线［M］．北京：中央民族大学出版社，2005：4．

我就是在这样一个缺乏生命活力和灵气的环境中，从一个几度饿昏的孩子成长为一名人民教师。在走上教师工作岗位之后，我下定决心，决不能让我的学生再次经历我的痛楚。我要让我的学生活得滋润、活得丰满、活得灵动、活出生命的意义。

我不敢说我有大爱情怀，但是我的爱会化作涓涓溪流去滋润我的学生，会化作阳光去照耀他们成长的前途。每一个学生都是我的孩子，对他们的生命，我会不自觉地承担起责任，让他们在爱的包围下健康、健全地成长，活出生命的精彩。

2003 年 4 月，我从教育部主办的首届全国小学骨干校长高级研修班毕业后来到深圳，来到大新小学，我的第一感觉就是大新小学在“生病”。

提起大新小学，人们就自然地和外来劳务工以及“城中村”联系在一起。的确是这样，大新小学地处南山区的商业区和老城区交界地带，环境复杂，生源特殊，近 90% 的孩子属于暂住户口，学生家长大多是从外地到深圳打工的农民个体户。它看上去和充满时尚气息的现代化都市是那样格格不入，基本就是一所乡村小学。记得在我接任学校校长前，时任局长与我进行了一次谈话，他动情地说：“那是一所农村学校，你去了后如果能够使学校有所发展，我就心满意足了。”在当时来讲，局长的要求并不高，但真正接触到学校实际，就会觉得那句话的分量。不少学生的家庭经济条件不好，家长文化水平不高，家长中具有中专及以上学历的不到 12%。因为历史原因，学校校舍破旧，硬件设施严重不足，教师队伍年龄偏大（平均 41 岁），学历偏低（任课教师本科学历仅占 12%），身体有病者也很多（10% 的教师因癌症、肝炎、心脏病等不能正常上班）。

深圳是一个典型的移民城市，也是全国流动人口总数最多的城市。据 2003 年发布的《深圳蓝皮书——中国深圳发展报告》公布，深圳实际人口已达 1300 万，而流动人口所占比例竟高达 83.45%。适龄劳动人口平均文化程度最低，劳动力人口文化水平在初中以下的比例高达 66.52%。

面对如此庞大的外来工队伍，深圳的教育比其他城市面临着更严峻的考验。

大新小学位于南山区几个南头老村交界之地，“学生来源特殊，家庭背景特殊，地理环境特殊”是学校所在社区的基本情况。89.7%的学生为外来人口，持暂住证件，他们大多生活在社会的底层，居住条件较差，缺乏必要的学前教育。“人口流动性大，家长素质偏低，独生子女较少，学生学前教育薄弱，学生行为习惯较差”是学校生源的基本情况。绝大多数家长对孩子既没有辅导能力也没有辅导时间，孩子的学习缺少必要而有效的督促，他们的日常行为习惯和应有的修养也缺少相应的培养，孩子学习自觉性差。家长对孩子的学习及成长因无能为力也就处之漠然，对孩子的未来发展走势很模糊，致使许多学生胸无大志。记得在我刚来到学校不久的一次六年级毕业班情况问卷中惊讶地发现，学生的理想也让人心情沉重，一位学生在《我小学毕业后有什么打算》的问卷中回答“帮妈妈在地摊上卖菜”。

如何为这些外来人口子女提供优质的教育服务，让他们能够融入城市，成为有理想、有道德、有文化的公民，成为社会健康向上的一分子，这是大新小学从2003年就开始竭力探索的问题。

“自强不息，永不言败”的学校精神也应运而生。这是我个人成长的精神支柱，在踏进这样一所特殊学校的同时，我也将这种精神带进了大新小学。

2003年，适逢国家新一轮课程改革率先在南山区实施，教育系统的这一举措，也为学校的发展注入了生命活力。

“在课程改革大潮到来之时，等待、观望是无法进步的，守旧、封闭是难以发展的，模仿、复制是不能创新的。学校要前进、要发展、要出成绩，就得创新，就得积极参与课程改革。”从2003年下半年开始，我就告诉老师们如何来看待课改这场冲击波，这段话曾先后两次被《中国教育报》引用。而新课程的核心理念就是关注每个生命个体，关注每个生命个体的情感和生命质量，提倡注重孩子的多元智能，促进孩子的全面发展。

在多年的学校教育实践中，我发现中国基础教育的根本弊病之一在于忽视学生主动性的培养，缺乏对教育中的人的关注以及对个体生命质量的关注。学校教育在相当程度上抑制了学生多方面的生动活泼地发展。解放儿童，给他们创造更多的学习和锻炼机会便成为现实背景下学校教育的必然趋势。

由此，借助南山课改的背景，结合大新小学的现状，遵循基础教育的规律，再加上我个人对生命的独特感受，一个尊重生命、关怀生命、珍惜生命的教育理念便成了学校教育的主线。

关注生命，尊重生命是教育的第一要义。教育是生命的教育，学校是生命的学校。只有知识传授的教育是残缺的，教育因人的生命而存在。教育是生命的存在形式。受教育是生命的一种发展需要，非外力所施。经过生命的教育过程人才能由一个自然人成长为一个社会人。

（二）呵护学生

学生生命是教育中所有生命当中最具根本性意义的。关怀学生的生命，既包括关怀学生的自然生命，还包括关怀学生的精神生命。

1. 将学生的生命放在第一位

随着社会的发展，各种安全问题浮出水面。《海南日报》曾报道说，据统计，因为安全措施不到位，车祸、拥挤造成的踩踏事故、学生斗殴等安全事故呈上升趋势，全国每天消失一个班。深圳近年来学生安全事故也经常见诸报端。“安全”两个字像泰山一样压在教育职能部门和学校身上。校长作为安全第一责任人，必然要将学生的安全放在重要的位置之上。

安全是生命教育最基本的保障，如果连生命都没有了，那教育就无从谈起，更何谈生命？所以，在我的努力下，学校先后制定了《消防应急预案》《地震应急预案》《火灾事故应急预案》《集体活动事故应急处置预案》《食物中毒应急预案》《特大自然灾害救灾应急预案》《预防和控制传染病预案》《校园突发事件应急预案》《重大伤害事故应急预案》

等安全规则，并尽力做到责任明细、方法明确、措施得力。以《集体活动事故应急处理预案》为例，为了应付学校集体中出现的突发事件，我们学校构建了由组织机构、报告（警）程序、应急处置等一整套环节。

在“组织机构及职责”中，我们规定：

组织机构的责任人一般由校长、主管校长、班子成员和具体组织者担任。下面设立若干工作小组：如应急指挥组（负责事故的协调指挥、联络报告、应急处置等）、警戒保卫组（负责人员有序疏散，设置警戒区域，维护现场秩序，疏通道路交通，劝退围观人员）、医疗救护组（负责对伤亡人员实施救治和处置）、后勤保障组（负责及时提供车辆、物资供应，做好后勤保障工作）、思想工作组（负责师生及学生家长的思想工作，做好安抚慰问，保持情绪和秩序稳定）、善后处理组（妥善处理各种善后事宜，进行或配合进行事故调查，恢复正常的教学秩序）。

在“报告（警）程序”中，主要有以下流程：

1. 学生集体活动发生事故时，现场教师立即报告校（园）医和校（园）集体活动事故应急处置工作领导小组；2. 应急指挥组立即拨打报警电话110或120，报警内容为：“深圳市南山区大新小学在（集体活动的位置）发生（具体的事态）事故，伤害情况是（人、财、物受损情况），请迅速前来救助”，并待对方放下电话后再挂机；3. 校（园）应急领导小组立即向区教育局应急救援指挥中心报告；4. 校（园）应急处置工作领导小组立即通知各工作小组到位，按照预案规定职责开展工作；5. 应急指挥组立即与伤亡学生的家长或伤亡教师的家属联系。

在“应急处置”环节中，必须做到以下几点：

1. 现场负责人立即中止有关活动；2. 警戒保卫组负责有计划地组织学生有序撤离至安全地带，班级教师清点人数，上报校（园）应急处置领导小组；3. 医疗救护组立即组织学校校（园）医对受伤人员进行抢救治疗；4. 警戒保卫组设置警戒区域，保护现场证据；5. 警戒保卫组疏通道路交通，维护现场秩序，劝退围观人员，保安员在指定路口等待引导110、120等救助车辆到达指定地点；6. 应急指挥组及时与涉及事故的学生家长、教师家属联系救治。在适当条件下以适当方式告知事故原因、处理结果等；7. 后勤保障组保障车辆和有关应急物品需要，协助抢救受伤学生；8. 思想工作组负责师生及学生家长的思想工作，做好安抚慰问工作，稳定现场及校；9. 善后处理组妥善处理各种善后事宜，进行或配合进行相关调查，恢复正常的教育教学秩序。

构建这一较完整的环节的根本目的，在于尽最大可能地保护学生的生命安全。

2. 为学生发展创造条件

孩子进入小学时是一个自然人，是自然成长的，有无限的发展空间。我们不知道他们将来能够成为什么样的人，他可能成为普通劳动者、科学家、领导者甚至犯罪分子，一切都是未知数，我们无法预测。从学校提出的“习惯良好、身体健康、基础扎实、人格健全，发展全面”的基本要求来讲，基础教育就是要给孩子作一个全面的铺垫。开齐、开足国家的课程，这是孩子最基本的需求。作为校长，作为教育者，我们不能违背教育规律、教育方针去办学。体育、思想品德、语文、数学等，这些都是最基本的知识结构。如果这些基础课缺失，将来人格就不健全，知识就不全面，就不能有效地服务于社会。

我们有劳技课程，像队列训练、内务整理、激光射击、学农认知、茶艺初步、陶艺制作等，这些课程都是四、五年级必须学会的课程。这些课程也许孩子们当下的考试用不上，但却是他们将来发展可能涉及的基本知识。我们需要给他们准备全面的基础知识，为他们的发展提供可能的保障。我们不可能让每一个孩子都能够成为领袖和科学家，但最起码，我们的孩子不能危害社会，要对社会负起责任。

我们要求六年级的孩子会做基本的家务活，学会炒一两个菜，让他们成为一个最基本的劳动者，让他们从小承担起家庭的责任、社会的责任，成为一个有责任的社会人。《礼记·大学》里讲：“古之欲明明德于天下者；先治其国；欲治其国者，先齐其家；欲齐其家者，先修其身；欲修其身者，先正其心；……心正而后身修，身修而后家齐，家齐而后国治，国治而后天下平。”修身、齐家、治国、平天下，这是一个人的发展层次。大新小学的孩子，就是要从细微之处着手，修身而正、齐家而和。社会结构最基本的是家庭，他们将来不管做什么，都会有自己的家庭。这就要求他们会做一些最基本的家务事，这也是组织一个和谐、美满家庭的最基本因素。让我们的孩子能够从小事做起，而且把小事做好，因为细节决定成败，一屋不扫，何以扫天下？一人不立，何以立天下？

深圳市 2005 年在南山区选择 7 所学校进行国家标准的体质测试，大新小学成为唯一一所体质测试达标学校。这是上级部门和社会对我校办学的充分肯定，也充分说明学校在学生体能发展方面所取得的成效。身体健康才能服务社会，如 2008 年 5 月发生在四川汶川的地震，就需要身体健康、生命力顽强的人，不仅能够自救，还要有能力去救助别人。

我倡导学校上下一心，要为了孩子的发展和生命的成长不遗余力。就经费来讲，别的地方都可以省，但是孩子的教育不能省。为了实现教育公平，我们不能因为孩子家庭环境不好而制约孩子的发展。孩子来到大新小学，他们都是站在大新小学公平、平等的起跑线上，应该接受同等情况的教育，获得同等水平的发展。多年来，我一直支持学校全部提供开设舞蹈班、合唱团、篮球队、田径队、乒乓球训练班、武术队、机器人训练小组、科学实验小组、管乐团、烹饪、书法、绘画、小记者班、数学思维班等数十万元的培训经费。

学校管乐队于 2001 年成立，多年来，经过国家一级演员黄铭发教授等老师的耐心辅导和孩子们的刻苦训练，为中学输送了 300 多名优秀音乐人才。金于佳同学作为南山区交响乐团的首席长号手，在 2008 年上半年随团参加澳大利亚国际大赛上获得金奖。目前，学生能够熟练演奏几十首曲目。每周星期一学校升国旗唱国歌、唱队歌时都是由管乐团的同学演奏的。除此之外，他们还经常性地承担校内外的演出和迎宾庆祝活动，得到了上级领导的高度评价和学生家长的欢迎。在所参加的市、区管乐比赛中，先后两次获得金奖，3 次获得银奖。

黄灵、杨斌、苏国发、陈燕等老师辅导的鼓号队在 2004 年六一儿童节前夕，夺得南山区大赛一等奖的第一名，并代表南山区参加 2004 年 10 月的全市鼓号队总决赛，又夺得一等奖，并被评为深圳市“十佳鼓号队”。

长期以来，学校不仅重视教育教学质量，而且注重培养学生学科学、爱科学、用科学的思想，让“科学”融入学生的生活。每一年，校内都会举办小发明、小制作、小实验等各个方面的学科竞赛活动，科学老师身体力行带领同学们开展养蚕、种花、参观农作物培育中心、制作机器人等科技活动。在参加区、市、省，乃至全国的各种活动中获奖 20 余次。师生多篇科技论文在各种报刊上发表，科学实验报告在省内外引起一定反响，尤其是养蚕、无土栽培和凤仙花的种植等科学实验在全国都产生了一定的影响。谢铉老师指导的学生在南山区、深圳市和广东省开展的机器人设计大赛中多次获奖，其中两次获得广东省二等奖，学生参加的广东省头脑奥林匹克竞赛中，分获省级二等奖和三等奖。学校目前建有两个实验室：一个是气象观测站，一个是机器人训练室，大多数科学课都是在实验室里通过动手操作和实践体验来完成的，有效地培养了学生的科学素养和创新意识。学校拍摄的科技专题片《让科学融入我们的生活》被南山区电视台作专题播放。2006 年 8 月，学校被中国少儿科学院确定为“科普教育基地”。2008 年 10 月，学校种植凤仙花录像片在中国小学科学网站上连续登载。

乒乓球队、篮球队、舞蹈队等兴趣活动小组，也努力创造条件实现学生的发展。近六年来，陈锋老师指导的男子篮球队三次获得冠军，一次获得第 3 名，黄海民老师指导的女子篮球队两次获得第 3 名，一次获得第 6 名，是南山区小学生篮球赛中成绩最突出的学校。王冲老师指导

在首届深圳国际文化产业博览会上大新小学学生的表演

的学生参加南山区小学生田径比赛中分别获得冠亚军。程丽华老师指导排练的舞蹈《OK，烹调课》在2004年全国第四届“蒲公英杯”大赛中获得金奖。音乐组经常性地开展丰富多彩、富有创造性的活动。每年元旦、儿童节期间都要举行各种文艺演出活动。在2004年学校艺术节期间，由音乐组老师自己创编的手语舞《感恩的心》用歌声和动作表达了自己的内心世界，这已经成为我校“感恩教育”的保留节目。黄涵老师作为南山区艺术团团长，除了负责全区艺术工作，还为学校的艺术教育作出了突出的成绩，使学校艺术教育成绩非常突出，2004年被市、区教育局评为先进音乐教研组。

美术教研组的老师，承担着美术教学任务，还努力为学生构建优美的校园文化。在他们的努力下，先后有近10000篇学生作品获奖、发表和展出。2004年6月，被教育部艺术教育委员会评为“先进集体”。美术作品已结集出版。陈燕老师和尚徐春老师指导学生发表和参赛作品近万幅，为学校的美术教育作出了重要的贡献，多次受到教育部门和艺术团体的嘉奖。周汉湘老师应邀在厦门大学等多家单位举办印象派水墨画作品的个人画展，为学校赢得了声誉。

对孩子生命的关怀，赢得了孩子们健康的真挚情感。在一次毕业典礼会上，毕业班学生代表甘莉同学的《再见了，我的母校》演讲深深打动了现场的老师和同学。

敬爱的各位老师、同学们：

在这艳阳高照、流光溢彩的日子里，我们最后一次欢聚在母校的操场，欢聚在这美丽的会堂中。

风风雨雨，朝朝暮暮；花开花谢，潮起潮落。六年来，每一个欢笑，每一滴泪水，每一段故事，每一次经历，每一声感动，都让我们难以忘怀。如今，我们即将告别母校，眷恋之情从我心底油然而生。

我记得，一年前下雨的那一天，原本热热闹闹的校园一下子变得冷冷清清。同学们一个个被家长接走，教室的人也越来越少。看着落在地下的雨滴，我心里越来越急！突然，一道甜美的声音把我从紧张的状态中“拉”了回来：“甘莉，怎么了，父母还没来吗？下去打个电话吧！别着急！”是吴老师，她慈祥的面容让我如暴雨般的心情一下子放晴了。在我下去打电话时，一个同学还送来了一把雨伞：“不用打电话了，你就用这把伞吧！我爸爸来接我了！”说完便转身离去。我撑着那把充满友谊之情的雨伞，顿时感到：天晴了，太阳出来了，云更白，花更艳，树更葱，一切都变得更加美好了。

还有一次，五年级上学期的那场运动会，我参加了“袋鼠跳”这个项目。开始，前面的同学都跳得很快。轮到我跳时，我感到十分困难。下一位同学和后面的同学都叫着：“加油，加油！”当我勉强完成这个任务时，才发现我已经落后别人很多了。我很歉意地把袋子交给下一位同学时，他却说：“没关系，我会努力追上的！”心被感动了：“这就是同学，感谢你们，因为有你们，我才有勇气，才能进步！”

在母校的生活中，我渐渐地明白了人生的真谛：一个人，可以没历史丰碑般伟大，但应该奋斗终生；一个人，可以没有智者观察世界的悟性，但要懂得去热爱生活、拥有生活。我感受到老师的无私奉献，就像一支粉笔为他人化身成灰，却写活了立体的人生。我体验到了友谊的真诚：互相帮助，雪中送炭，用满腔热血浇灌友谊的方田。

敬爱的老师，亲爱的同学，六年的光阴，转瞬消逝，但校园里的花草却还是如此美丽。我们要告别多彩的童年，告别美丽的母校，告别多梦的少年时代，去到一个陌生的校园，真是心潮澎湃，思绪万千。

别了，母校。忘不了那清脆悦耳的钟声，敲醒了我们的无知和愚昧；忘不了校园里的桌子，我们曾趴在上面，做过多少事情——演算未来，探索奥妙；忘不了校园里的一花一草，陪着我们度过六个春秋，一起成长的六个春秋；忘不了校园的一切、一切，您赐给我们智慧、自豪。无论我们走到哪里，我们都记住您的容貌，就像永远记住童年的摇篮和妈妈的微笑！

别了，老师！在您的教导下，我从一个什么都不知道的小女孩，变成了一个聪明能干的合格小学生。除了“谢谢老师！”这句话之外，我不知道用什么来表达我的情感。

别了，同学！与你们在一起是我最大的荣幸。也许过久了，我会忘记很多事，但我不会忘记同甘共苦的知己，那是你永远的美丽；不会忘记共同的努力，那是我们恒久的珍贵记忆。就让我们带着这一切的一切走向未来吧！

（三）心怀自然

我还主张组织多种特色活动，让我们的孩子走出课堂，走入自然。让孩子们认识到，不仅人的生命是宝贵的，自然也有生命的，自然的生命也同样是需要呵护的。将人的生命融入到自然中去，这样他们的生命才有价值、才完整。所以，我们组织了“养植凤仙花”、“我和动物交朋友”、养蜗牛、养蚕等一系列走进大自然的活动，拉近了孩子与自然的距离，培养他们对自然的热爱和敬畏，让他们认识到自己是大自然的一部分，我们人类不是自然的尊主。

在我们的学校里，到处可见长势茂盛的植物。这些花草都是孩子们自己在照料，没有一个人去攀折，孩子们用双眼关注着生命、用双手呵护着生命、用劳作体验着生命。

我们的孩子把亲近自然的感受通过充满感情的稚嫩笔触流淌出来。

黄婉彤同学在校园网上发表的《蚕宝宝吐丝》这篇文章充分表达了孩子们对动物的呵护与热爱。

星期五下午一放学，我就兴致勃勃地回到家，想看看蚕宝宝怎么样了。

没想到，蚕宝宝一个个都在摇头晃脑地仰望。老师讲过：如果蚕的头在转，嘴还会吐白色的丝，说明它要吐丝了。我赶紧做起了小丝架：先在一张纸上剪下一些小纸条，宽大约4厘米，将头与尾粘在一起，一个小丝架就做好了。

我拿起一个大箱子，插几个小洞，把蚕放进去，只见蚕肚皮呈现黄色、越来越透明，看见从蚕的嘴里冒出隐隐约约的白丝……

星期六上午，我看见5只蚕已经成了茧了。

蚕茧有点像小小的鸡蛋，只要你随手拿起一个照着灯看，有会感觉有一条小虫在里面蠕动。这是为什么呢？爸爸告诉我："原来蚕还在吐丝，只是边上的丝挡住了它，从外面不容易看到。"听了爸爸的话，我突然想起了"春蚕到死丝方尽，蜡炬成灰泪始干"的诗句来，内心顿时产生一种敬意。

（四）关心教师

教育是师生生命间的交往活动，任何一方生命的缺失，都是"非教育"的。因此，在呼唤关注学生全命的同时，我也极为关注教师的生命，切实促进教师生命的发展。

1. 帮助教师实现专业发展

大新小学教师队伍主要有两个来源，一是当年由深圳大学、深圳师专毕业直接分配来的大学生，相对年轻，资历浅，但对本地情况比较熟悉，会讲白话，善于和家长进行交流。他们和一些较早来到广东的外省教师一起，经过多年磨砺，积累了比较丰富的和流动人口打交道的经验。但由于工作时间较长，他们当中的少数人职业倦怠现象较为严重。

还有一部分是近年来招聘自全国各地的精英教师，大多出自内地享有盛名的重点学校，有名望、有资历，却对生活在最发达城市天空下的特殊学生群体感到陌生，甚至出现了极度的不适应。

大新小学的全体教师长期与缺乏管教的流动人口子女打交道，又缺乏有力的家庭教育支持，他们肩负着比重点名校教师更重的任务、更大的学校安全压力，也存在着更多的情绪困扰。而对外来工子女而言，因为家庭教育力量的薄弱，教师则在某种程度上担任着更重要的角色，给予孩子的影响力会更大。

要打造一个多元化的教育环境，相应的就要求有多元化的教学队伍。而来自全国各地的教育队伍，本身有着一定的优势。但是，如何建构、打造这样一支队伍，提高学校的教学教育质量，一直以来都是大新小学的重要课题。教师不仅是传授知识的“介质”，同时还要担负改革向素质教育转变的重任，并且在学生的成长过程中，最大限度地满足学生、家长及学校的需要。同时，来自各地的教师们也要逐渐适应来自社会不断变化的压力，包括家庭和自身生活的压力。

我主张把教师的自身发展当做打造教师队伍的基石。我认为教师队伍的健康发展，是保证有良好教育的前提，要提高学校的教育质量，首先要让教师们成为“千里马”，要具备健康的心理素质，同时立足于变革的最前沿，全面落实素质教育。

学校把读书交流和专家讲座作为稳定教师心理的重要方法，先后阅读了《给教师的一百条建议》《清风拂过的99个教育故事》《教育是慢的艺术》等书籍。学校利用博客平台进行交流，老师们撰写了大量随笔反思，在书籍中寻找工作的力量，慰藉疲惫的心灵。大新的教师博客平台得到了许多教育界人士的关注和好评。生命化教育专家张文质的《生命化教育与教师快乐人生》、深圳教育学院于淑云教授的《现代教师形象塑造》、北京师范大学陈锁明博士的《快乐人生与幸福团队建设》、南山区教科所副所长吴萌的《享受工作》等专家报告会时时浸润着教师们的心田。

除此之外，我还注意为教师提供外出考察活动机会，在这种活动中拓宽他们的专业视野。

我刚到学校不久，老师们向我讲述一个共同的愿望：多为老师们创造外出考察和学习机会。这种要求不高也不过分，因为他们外出的机会太少，或者说他们的心里很压抑，需要释放的空间。于是，在我上任之初，就郑重地向老师们宣布：在我的任期内，保证每个教师都至少有一次外出学习考察的机会。话音刚落，会场上响起了热烈的掌声，我知道这掌声意味着什么。

从那时起，我根据工作需要和教师实际有计划地兑现我的承诺。2003 年 11 月，听说著名语文特级教师于永正等教学专家要到广州讲学，我就安排全体语文教师前往广州听课学习两天，并亲自带队。学习间隙，大家参观了著名的“花城广州”，他们一路说笑非常开心。2004 年 3 月，在武汉举行全国数学课堂教学大赛，我毫不犹豫地派数学科组长和两位数学教师前往学习。2008 年 11 月，又派两位数学老师到海南参加全国数学课堂教学观摩活动，每次学习回来，他们都把带回来的新经验与全体教师分享。2004 年暑假，我们组织全体教师前往古城西安、兵马俑遗址、革命圣地延安等地参观考察，期间还游览了著名的壶口瀑布、临潼华清池、五岳之一的华山等，拜谒了黄帝陵……这次难忘的文化之旅，老师们那种激动而快乐的心情至今还在心中回荡。2006 年 5 月，大新小学与香港华德学校上午校缔结为姊妹学校，从此，老师们又有了另外一个学习交流的好机会。2007 年 1 月，学校应邀到香港姊妹学校参加教学和文化交流活动。这是一次难得的机会，于是，我们安排了 40 多位教师前往学习，选派一名语文教师在香港学校同台做课，学生篮球队与华德学校学生篮球队进行了友谊赛。在香港学习的 3 天时间里，老师们感受到香港教育的同时，也对香港的历史文化有了初步的认识。从此，两校之间建立了深厚的友谊，教学和文化交流频繁，教师乃至家长在和香港学校交流的过程中观念更新了，视野开阔了。为了进一步学习香港先进的教学和管理经验，2007 年 11 月，学校专门派了一位英语教师和一位语文教师到香港挂职交流。五年来，我们先后选派 6 位行政领导和教师前往美国、英国、德国、法国、新加坡等国家进行学习考察，多则半年少则一个月。还分别组织党员、工会委员、班主任、相关科组的教师到井冈山、北京、南京、成都、上海、大连、山东、云南、贵州、东北等地或者学习考察，或者参加学术交流活动，这些举措不仅仅是在兑现校长的诺言，更重要的是在提升教师的专业修养。

2. 实现教师的身心健康

初到大新，我便遇到一件事情：对照教师名单，听同事介绍基本情况，结果令我惊讶了：××老师长期生病好几年没有上班了，××老师有心脏病……我粗略一合计，没有上班、没有担任主要教学任务和不满工作量的教师不下 7 人。这对于一个只有 24 个教学班、64 个编制的普通学校来说，将是一个什么概念？这引起了我深深的思考：教师没有良好的身体素质，学校发展将举步维艰。

为了把教师从繁杂的教学和家庭事务中解脱出来，光是宣传号召还不够，须有一些措施来推进。于是，学校于 2003 年下半年制定了《大新小学教职工参加文体活动考勤制度》，并且规定：教职工参加文体活动纳入学校考勤制度，实行签到制；活动内容包括周五的集体活动、早操锻炼、临时组织的相关活动；周五活动时间安排在下午 4：30—5：30，每项活动由相关责任人负责签到和组织；凡是无故不参加相关活动者不得享受活动福利；等等。

首先，开展了一系列强身健体的活动。教师的体弱多病，与他们缺少体育锻炼密切相关。于是，我和学校工会根据教师身体状况及学校现有的体育设施条件，分别制订活动计划，以每周五下午的活动为主，主要包括篮球、乒乓球、羽毛球、跳绳、健身操、拔河、教师健身房器械锻炼、棋牌等。此外，学校还成立了大新小学教师业余登山队。每学期组织 1 次集体爬山活动。每天早上全体教师和学生一块做早操，这已经成为大新小学一道亮丽的风景线。随着锻炼热情的提升，根据老师们的要求，学校还在星期二下午为瑜伽爱好者聘请专门教练进行辅导、训练，在学校附近的羽毛球专业场馆租用场地组织教师参加锻炼。

其次，开展了陶冶情趣的活动。每个人长期从事某一项工作，都易患上职业倦怠倾向。教育工作压力巨大，以及课程改革的巨大挑战，使教师的职业倦怠现象更为严重，已经成为影响教师生命质量的硬伤。在对教师角色、教师交往、教师形象、教师心理等方面的探索中，我逐渐发现，要改变教师的职业倦怠状况，必须从教师文化建设入手，用文化陶冶他们的情趣。因此，建设积极向上、奋发有为的教师文化势必成为我必须要突破的重大课题。我以为构建教师文化主要应从以下几个方面做起。

第一，教师文化应从细节抓起。比如做操站队、时间观念、卫生习惯、礼貌礼仪等要求学生做到的教师自己得首先做到，这些看似简单的事情，其实能够完全做到实在不容易。作为人之师表的教师没有理由不做，也没有理由做不到。

第二，教师文化应强化教师责任。我们的老师经常批评学生没有责任感，并举出很多案例来教育学生一定要有责任感。那么，教师要不要责任感？回答当然是肯定的。什么是教师的责任感？我的理解就是把课备好，把知识传授好，把作业批改好，把课题研究好，把学校布置的各项任务完成好。

第三，教师文化需要人文关怀。人们常说，没有爱心的教师不可能成为好教师。所以，我们倡导人文关怀，就是希望教师有一种“大爱”的情怀，把学生当做自己的孩子，把单位当做自己的家，把同志当做自己的兄弟姐妹，把别人的困难当做自己的困难，能够从主观角度寻找自己的不足，能够为学校的发展和同事的成长献计献策。

第四，教师文化应构建学习共同体。教师被称做“文化人”，应不断加强自身学习，应当每天腾出至少 1 个小时的时间学习，学习的形式和内容可以自由选择，但必须学习与自己工作和成长有关的知识，这叫“有效学习”。教师生活在一个团队中，这个团队中的每个成员都是一个知识个体，如果把这些个体组织起来就是一个团队，在这个团队里，大家互相交流，取长补短，实现资源共享，经常性地开展研讨活动，共同研究课题，共同解决工作中的难题，这个学习共同体一旦建立，就能发挥出预想不到的效应，学校提出的所有奋斗目标就一定能够实现。

第五，教师文化崇尚志趣高雅。什么是志趣高雅？我的理解，主要指的是积极参与读书、旅游、锻炼、朗诵、演唱、舞蹈、演奏、收藏、劳动、公益活动等，无不良嗜好，如抽烟、酗酒、赌博、作息时间不固定、生活习惯邋遢等。为了使教师的心态平和，志趣高雅，积极进取，2007 年教师节前夕，我以校长的名义专门送给全体教职员工一张贺卡，表达对他们的祝福和期望。

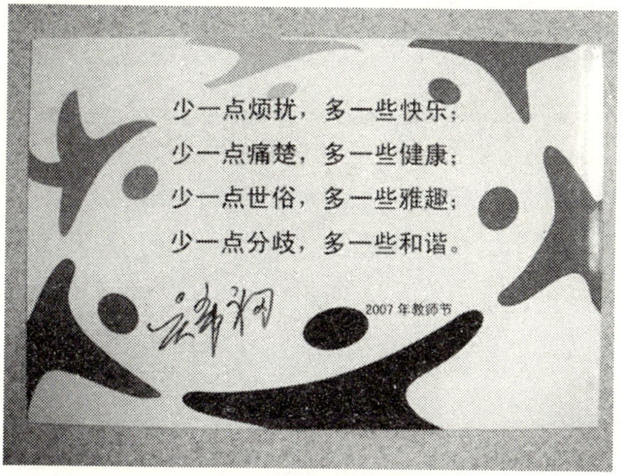

2007 年教师节送给教职员工的贺卡

3. 关心教师的生存境遇

（1）集体生日聚会

在中国，举办集体婚礼颇有创新，而且已经被推崇和认可。受其启示，我想，如果把全校老师的生日加以统计，以“月”为时间单位，为当月的老师举行一次集体生日聚会，将会产生怎样的效果？我把这个想法告诉了班子成员，再由工会委员在教师中听取意见，没想到这个想法得到了全校老师的交口称赞。于是，从 2006 年 1 月开始，大新小学教师集体生日聚会开始举办。由于是集体生日聚会，工会组织便对聚会的程序、参加人员、就餐地点、饭菜及酒水标准等都作了具体规定。在生日宴会上，大家互送祝福，同唱生日歌，同切生日蛋糕，共同憧憬美好的未来……这一刻，每一位教师都忘记了烦恼，忘记了痛楚！

教师集体生日

从刘旭老师的生日感言中，不难看出教师集体生日聚会的效果。

今天我们过生日了……吴校长虽是北方人，但是却将北方汉子的豪爽和南方男人的细腻集于一身。他为男老师点了“五粮液”（这是学校招待的最高标准，而且只针对教师生日聚会），为女老师点了红酒和饮料。中层干部在校长的带领下，给我们每一位过生日的老师送出祝福。连我这个滴酒不沾的小女子，在这感人的氛围下，也豪爽地将杯中的红酒一饮而尽。已经年过五十的女工委员彭莉老师吃得最少，她就像妈妈一样，忙着在一旁细心地照顾着我们这些孩子。点蜡烛、许愿、唱生日歌，好不热闹。看到学校领导和工会委员为我们这些过生日的教师忙碌的身影，心里却悄悄将那份大家庭的温馨珍藏。

王丽老师也记下了这样一段难忘的情景：

第一次离开家人过生日是初来深圳时。那时孤零零的一个人，觉得时间过得像蜗牛一样慢，为了打发时间，我给自己买了生日礼物——几本书，我用看书的方式来庆贺自己的生日。我想，书既可以阅读又可以收藏作个纪念，真是两全其美。当时渴望的是能收到同学的来信，能够有父母亲人在身边为我祝贺生日……

昨晚过生日是我人生中的惊喜，第一次在单位过生日。在烛光中，大家唱起了生日歌，我心里好感动，好开心，感谢大家给了我们这些闯荡深圳特区的游子第一次特殊的生日聚会！这个生日聚会，让我感受到了大新小学这个大家庭的团结和友情，组织的关心，同事的祝福将永远铭记在心！

（2）心灵预约制度

大新小学的老师大都有这样的经历，也许有一天，校长或者其他领导会邀请某一位教师到办公室去约谈，初次受到邀请，受约老师会惴惴不安。但是，当约谈结束走出办公室之后，每个人都会觉得轻松很多。这就是大新小学多年来坚持的“心灵预约”制度产生的效果。

我们建立“心灵预约制度”就是试图帮助教师克服困难，缓解压力。“心灵预约”主要针对教师在工作或者生活中出现的问题、突发的事件、遇到的困难等进行诊断，并帮助他们寻找解决问题的办法，或者如何巩固和发扬成绩等。这种“动之以情，晓之以理”的方法是对教师的尊重和关怀。

“心灵预约”的地点不一定都在办公室，可以是爬山的路上，也可以在篮球场上，生日聚会的餐桌上等；预约的形式不仅仅局限于面谈，也可以是信息、邮件、信件、电话等；可以真名真姓地交流，但为了方便或者保护个人隐私，也可以是匿名的。

案例1：（邮件交谈形式）

多年做校长的经历告诉我，安排老师们干工作并不难，最难的是如何客观、公正地评价一个人，以达到最佳化。比如，年度考核、职称晋升、评优评先、各类选拔等，都是老师们最看重的，也是学校管理中难度最大的工程之一。每个人站的角度不同、评价标准不同、主观认识不同等，导致每次考评都会遇到这样或那样的矛盾或不满。但是，出现问题并不可怕，重要的是作为管理者如何做好细致的思想工作，如何做到尽可能的客观公正。

2006年暑假前，我被公派前往英国学习。一个月后回来，学校一年一度的考核结果出来了。我的邮箱里就收到一位老师给我的信件，他在信中倾诉了自己没有被考核为“优秀”而苦恼和灰心。看了这封信后，我身上的担子沉甸甸的，身为校长，既要关注教师的工作状况，又要关注他们的内心需求，处理好了可以调动他们的积极性，否则会给他们带来伤害，甚至使其失去工作的信心。于是，我在整个暑假里通过电子邮件和他进行了3次沟通，直到开学前两周这件事情才得以解决。他在最后一封信里是这样写的：

吴校长：

您好！

开学在即，您一定又很忙碌地在工作了吧？要多注意身体。我假期想了很多，想通了很多，是我的想法出了问题，对事情的认识也太偏激了，所以造成自己的困惑和难过……还是您教育指导得对。您放心，我不会再去想这些，更不会因此影响工作的，至少也不能辜负了您对我的关心和照顾。

看到这封信，我悬着的心终于平静下来了，我为自己的付出而庆幸，也为他的宽容豁达而欣慰。8月19日我给他写了第三封回信。

××老师：

收到你的这次来信，我真的很感动！

你这样认识问题真让我为你而高兴，人生确实是复杂多变的，唯有不变的是我们一天天的工作和生活，以及需要面临的种种问题和困难，甚至挫折。说实在的，这个假期我一直在惦记着你。你真不容易，若思想上再有想不通的，我就觉得对不起你，没有当好这个校长，没有尽到一个校长应尽的责任。

你想通了，说明你境界高，思想豁达，认识问题有深度，更重要的是对我的理解和支持。

暑假结束的时间临近了，新的工作，新的生活又在等着我们，让我们一起努力为我们的人生多增添一些有意义的色彩！

那个暑假的交流，给了这位老师很大的触动，在新学期里，他的工作比任何一次都更有激情，教研组长和本学科老师常常夸奖他。看到老师的改变，我为自己的工作感到了一种成就感！这也许就是所谓的管理智慧吧。令人更加欣喜的是，在2008年年度考核中，他无可争议地获得了“优秀教师”称号。他开心，我也开心，大家都在为他开心！这是他个人努力的结果，我深深地为他祝福！

案例2：（匿名交谈形式）

在学校管理中，也常常遇到一些老师不愿意跟你当面交谈，又不得不谈的情况，他们想发泄自己的不满，想反映看到的情况，但又怕彼此伤了和气。于是，用匿名的方式交流便成为一种途径。这是2008年3月13日，我在邮箱里收到的一封匿名信：

校长：

百忙之中打扰您了！向您反映个问题，学校的财产是极个别人的还是学校的？××老师……居然没人管。如果是大新的福利，就应该每个老师都有才对，校长您说对吧？希望校长您亲自去查一下吧。

看到这封信，我知道这位老师很气愤，也很有集体感和正义感。我马上给他写了回信，告诉我本人的态度以及处理办法。

非常谢谢你的关注和反映的情况！

你反映的问题，我事先一点不知道。如果是真的，那绝不允许。在大新小学，任何人不得享受任何特权，包括我校长自己。

今天下午，我已经派人作了调查，具体情况我们已经公示在“校务公开栏”里了，请你留意一下。如果还有什么问题，我们可以再作调查和解释……

你是个有责任心和正义感的老师，相信你在工作中一定会非常出色，有你的关注和关心，学校的发展会更进一步。

再次向你表示感谢！

校长：吴希福

3月13日

第二天我就收到了他的回信：

校长：

您好！

非常感谢您的回复，您的工作态度是我最敬佩的，有您这样的校长我们干工作心里舒畅。

后来经过多次核实，虽然是一场误会（其中也有不妥的地方），但是，从这次的交流中让我感受到民主化管理的好处和“心灵预约”带来的特别管理功效。

（3）临聘教师的“待遇”

对于大新小学来说，关心每一位临聘教师，真诚地对待每一位临聘教师是格外需要注意的。

1979年的春天，改革开放的号角在深圳吹响，总设计师邓小平首先发起在深圳等地成立经济特区。一时间深圳由一个昔日的边陲小镇一跃成为中国改革开放的前沿。内地无数的追梦者便蜂拥而至。浩浩荡荡的追梦大军涌入鹏城，也由此产生了一支特殊的教师队伍——临聘教师。事实上，临聘教师与内地的民办教师无多大差别，只不过在待遇上比内地的教师稍高。但和深圳正式教师在待遇上反差较大，这给他们心理带来了很大压力。在大新小学，有近三十名临聘教师。他们与正式教师一样，为了学生的发展，为了实现自己的教育追求而默默地奉献着。

他们是学校发展的重要生力军，他们任劳任怨。但是回到家，却不得不承受着源于现实的巨大压力，一个挥之不去的难题时刻萦绕在心田：明天或者明天的明天他们会怎么样？我知道，在这些临聘教师当中有许多曾经是内地教育战线上的佼佼者，他们曾经也过着衣食无忧的惬意日子，只是由于种种原因，才到深圳这座移民城市闯荡。当然，更多的是希望在深圳这个改革开放的前沿寻找生命的价值，于是由以前的正式老师来到大新当临聘教师。在这些教师当中，许多人正面临着买房、子女上学等困难。许多教师心里自卑，他们中的少数人似乎已经失去了往日的朝气和闯劲。

作为校长，我和我的领导集体最想做的，就是在大新怎样让这些临聘教师的生命同样绽放出绚丽的光彩！

在按照有关规定保证这些临聘教师应得收入和合法权益的同时，学校尽量地给予临聘教师更多福利关照，例如，每年为他们免费体检、每学期送一本好书、组织他们外出学习考察、户外运动等。更为重要的是，全力为他们营造一种平等发展的平台。当时还是临聘教师的曹英洁在《我在大新的日子》中回忆道：

前段时间，因为有事我请假回了老家。在我离开大新的日子里，是学校领导和年级组老师共同分担了我的工作任务。特别让我感动的是，我班的语文由吴校长亲自授课。我这一走就是12天，如果没有体恤下属的领导，没有真诚相待的同事，我能这么安心地“享受”假期吗？

每年的生日宴会，都是学校这个大家庭为我们举办的。精美的蛋糕、柔和的烛光、真诚的祝福，我们每一个“寿星”都真切地体会到了“今天，是我的生日！”

过节了，学校总能替我们这些临聘老师着想，体谅我们远离家乡的孤寂，于是千方百计地想办法慰问我们，能为我们争取的利益，一点也不漏掉。特别是每年的“六一”儿童节，从彭老师手里领取给儿子的那100元过节慰问金时，我都鼻子酸酸的，想掉眼泪。100元也许并不算多，但是它在我眼里，却是无价的，什么都无法与之媲美。那是学校对所有老师一视同仁关爱的温暖呀！

教育因其本身的特殊性，从事教师这一职业是非常辛苦的，它甚至难以区分工作时间与非工作时间。当前，教师生存质量普遍不佳，他们当中普遍存在的心理健康问题和职业倦怠也是一个不争的事实。正是因为此，我一直主张对临聘教师予以格外的关照。

（五）心系家长

家长是通过孩子与学校产生关系的。那么，对孩子负责，就是对家长负责，我们按照家长要求、社会需要来培养学生就是对家长负责。我认为对家长负责最基本也最具实效性的表现就是孩子在家庭中能够表现优良，承担起家庭的责任。

自从“三礼”教育开展以来，学生最大的变化是每天回家能够主动向大人问好，逐渐养成了按时回家、按时完成作业、按时休息、按时起床的好习惯。过去有些学生经常向父母要零花钱，现在这种情况好多了。因为他们知道父母的钱是他们用汗水换来的，是来之不易的，这些钱要用在正道上，随便乱花钱是对父母的不尊重。过去有些学生不听从父母的教育，还经常在大人面前顶嘴，现在他们懂得尊敬别人首先从尊敬父母做起，父母所做的一切都是为了孩子好。

家长的满意是对我们工作的最高评价，也是对我们最直接的鼓励。多年来，我们不断地收到来自家长的感谢信。这是我们收到的一封家长匿名信：

尊敬的大新小学各位领导、各位老师：

你们好！首先我以一位家长的名义向你们致以崇高的敬意！感谢你们这些辛勤园丁们帮我培养了一位学习成绩优秀的女儿。

如今，我的女儿离开母校进入中学快一年了，但她仍然忘不了她的母校，她的小学生活。在中学里，她尝试到学习的艰辛，很怀念在母校的生活及学习，还有各位老师对她付出的辛勤教育。她常常对我说：

“妈妈，我如今还能保持这么好的学习成绩，这全归功于我读小学的母校——大新小学。”是的，正是她所敬爱的母校为她的学习打下了坚实的基础，才使她在读中学时始终保持着优异的成绩。我敢说，如果没有校领导的真抓实干和科学管理，没有各位教师的严格要求和耐心教导，她也不会有今天的成绩。今天的大新小学和以前有了本质的变化，有了这样的学校，我们作为家长，还能不放心自己的孩子在这里读书吗？

……

如今，我的女儿在新的学校又展露了她的才华，她为母校争了光，她不仅在班上每个学期成绩第一，而且在各个方面表现都很优秀。

我不仅主张通过教育孩子来让家长满意，对家长负责，而且还直接邀请家长来学校接受教育，通过多种形式对进行家长培训。重视家庭教育是我们提升教育质量的重要举措。我们每月都有家长开放日，家长可以随时推门听课，观摩教师课堂，观察孩子表现。我们每学期开设不同形式的家长培训班，由教师、教导主任、德育主任、校长等为家长开设讲座，帮助家长怎样为孩子的发展创造环境，列举一系列培养孩子的案例供家长参考，还经常性地聘请全国各地的专家来学校为家长作报告。通过报纸、网络、信件、书籍等形式向家长介绍育儿方法也是我们常用的做法。我们不仅让老师讲，还鼓励家长利用家长会、家长开放日、大型活动等来讲，与大家分享教育子女的经验。家长们就像重新回到课堂一样，认真准备材料，而且表现很踊跃，效果极佳。《家庭是孩子成长的摇篮》是周时铭同学的家长在一次本班家长会上的演讲：

孩子是一个家庭的希望。我们每一位家长都期待自己的孩子能成为天之骄子。如何教育好孩子，成了我们每个家长关注的焦点。我国教育家陶行知先生说过：“教人要从小教起，幼儿比如幼苗，必须培养得宜才能发芽滋长。否则，幼年受了损伤，即不夭折，也难成材。”孩子在家庭这所学校的基础打得好与坏，家长的早期教育是否成功，直接影响孩子今后的发展。家庭教育既是摇篮教育，又是终身教育。下面我就和大家一起来交流一下我们在家是如何教育孩子的。

一、良好的习惯一生受益

我认为家庭教育首先应该培养孩子良好的生活习惯、学习习惯。在养成习惯的开始会觉得很辛苦。但是，一旦习惯形成，你就会觉得你已经离不开他们了。例如，告诉孩子早上要按时起床，然后洗脸刷牙，喝一杯温水，这些看似很小的事，我们从幼儿园小班就已经开始让他慢慢地自己解决，一开始由我们家长督促着做，几个月下来，他就已经知道早上起床以后该做什么了。又如带着孩子外出玩耍，回家的第一件事我们提醒他的是把鞋子整齐地放好，马上洗手。渐渐地，习惯就有了。现在不管中午放学还是晚上回家，他的第一件事就是洗手……

二、兴趣是最好的老师

有了这些好的习惯，我最大的收获就是儿子做事都比较地认真。读书之前我让他参加了书法班，目的在于让他能写好自己的名字，学会正确的书写方式。孩子有了兴趣，在书法班里学得很认真，每天回家学着老师的样子在家里的小黑板上写……

三、创设和睦、平等、温暖的家庭气氛

和睦、平等、温暖的家庭气氛是孩子身心健康发展的良好基础。“喊破嗓子，不如做出样子。”孩子在长期的家庭生活中，接受的教育是潜移默化的。作为家长，我们要处处以身作则，言传身教，使自己的一言一行都能成为孩子的表率；作为家长，我们要以自己健康的人格影响孩子，从自己做起，从小事做起；作为家长，我们要不断学习，努力提高自身素质，加强自身修养……

利用休闲的时间多带孩子外出玩，比在家让他做很多的复习题要好得多。随着孩子渐渐地长大，我会经常带他去农村、乡间。在那里，我和他都能看到很多我们城市无法看到、体验到的东西。

阳光是爱，雨露也是爱。愿所有的家庭都能给予孩子一个幸福温馨的家，让孩子在充满阳光、充满爱心的家庭里健康成长！

结语　回首过去意在走向“未来”

2003年我来到大新小学时，学校正出现全面滑坡现象。彼时，好心的同事劝我：“我建议你如果能够离开大新小学就是最好了，这里的水太深，我担心你这个好人会陷入这个旋涡里，毁了你声誉。”也有人跟我讲，校内各种矛盾复杂，师生矛盾，家校矛盾，教师之间的矛盾……但是，我已别无选择，只能面对。“办法总比困难多”，我这样自我安慰道。“真正的勇士敢于直面惨淡的人生”，鲁迅先生在《记念刘和珍君》中的这句话在当时对我激励很大。2003年8月4日，我怀着信心、带着憧憬接受了南山区教育局的委任，开始担任学校校长兼党支部书记，这一干就是八年。如果说这八年真的作出一些成绩，从我个人的角度来说，主要得益于以下几个方面。

一、自强不息，永不言败

从担任大新小学校长第一天起，我就把“自强不息，永不言败”赫然写在学校门口的大屏幕上。我要用这两句话来激励学生、激励教师、激励家长、激励自己：虽然我们以前很差，但是并不代表我们永远差，只要我们肯努力，团结一心，自强不息，我们就会从失败走向成功！

有人说，改革是一件让人不愉快的事情，甚至伴随着痛苦，承担着风险：方向错了怎么办？目标不切实际怎么办？教师、学生、家长不接受怎么办？上级领导不认可、不支持怎么办？

我始终认为，只要方向正确、目标准确、措施得力，改革就一定获得成功。正是抱着这种信念，我开始了在大新小学的教育改革之路。

以“三礼”教育为例。在我刚来大新的时候，教师们抱怨孩子没礼貌。这正如胡庆鸿老师所记载的那样：“在开展（三礼）教育之前，我们这个以农民工子弟为主的学校里，孩子的‘学习、礼貌、礼节、礼仪、习惯’等方面做得很不好，很多人用‘野孩子’来形容我们的学生。”与此同时，许多家长也颇不知礼。至今我还记得到大新小学之后的第一次家长会。那次家长会，学校规定7点开始，我当时刚来，想看看学校家长会是怎么个开法，就提早到学校来观察。6：50的时候学校根本没有几个人，有的班级教室门还没有开，老师也没来，到了7：20，有的班才来了一半。7：30，家长会才正式开始，而下面的家长有的打手机，有的私下聊天，有的家长在会议进行一半的时候连招呼也不打就走了。还有，广东多生子女比较多，开家长会的时候家长通常是拉一个、抱一个就来开会，开会中间有的孩子就在教室里哭闹。家长穿短裤、穿拖鞋进校园的大有人在。

为了改变这种现状，2003年下半年新学期开学第一周，我们以年级为单位连续召开了6次家长会。在会上，我专门向家长就“三礼”教育作出了明确而很有操作性的细则规定。在以后的很长一段时间，还不定期开设家长培训班，向家长讲述基本的家庭礼仪，如个人礼仪：穿戴整齐、注意卫生、语言文明、言行一致等；亲子礼仪：尊重子女，孝敬老人，给孩子营养的膳食，教育孩子做一个对地球负责的公民等；学习礼仪：要与孩子一起制订科学的学习计划等；交往礼仪：要经常与孩子沟通，对孩子不轻易许诺等；尊师礼仪：要经常与老师沟通，重视家长会，支持老师的工作等；涉外礼仪：要衣着整洁，打扮得体，语言文明，注重礼节；等等。

通过“三礼”教育，家长们的精神面貌颇有改善。现在开家长会，提前10分钟家长们就把教室坐满了，他们主动记会议笔记，主动与老师沟通，主动遵守学校规定。凡是家长开放日，家长们都能积极参与。学校的这一举措，改变了学生、改变了教师、改变了家长、改变了学校，得到了中央、省市区领导的充分肯定，并在全区教育系统推广，先后接待了来自全国和海外来访者数千人次。

经过一系列改革，学校办学已经有了起色，出现了向上发展的良好势头。那个时候我又发现，周边学校都是省一级学校、市一级学校，我们学校办了20多年还是区级学校，于是，我在向教育局领导汇报学校工作的同时，也希望大新小学能够得到领导更多的重视和支持，帮助学校向市一级学校迈进。但得到的回答却是这样的：“吴校长，市级学校评估除了硬件以外还有软件啊，首先老师们讲课要达到优良，你那个学校老师的水平我都是清楚的，我建议你就放弃吧。”面对领导的谈话，是放弃还是坚持？我第一次站在学校发展的十字路口。我把这个消息告诉了班子成员，也向全校老师作了通报，想把包袱“甩给”大家。让我至今难忘的是，大家的意见竟然那么的一致！我们决不放弃！“自强不息、永不言败”的学校精神再次在大新小学显现出强大的鼓舞力量。

我把这个向上的团队作为我继续为学校发展而奔波的动力。为了这事我先后向教育局领导汇报请示了3次，直到第4次，领导才勉强答应说：“过几天我们派几个督学先去看一下，了解一下情况再说。”这是一次难得的转机，我们一定不辜负领导的期望。半天的“看、查、访”，督导室的领导惊讶了：现在的大新小学和他们印象中的截然不同，他们交口称赞：“没想到，真的没想到！”从此，大新小学得到了更多的支持，有了更好的发展空间。

今天的大新小学克服了重重困难，实现了由区一级学校向市一级、省一级学校的飞跃，近年来又先后被评为南山区“三八”红旗集体、南山区先进党支部、深圳市先进职工之家、深圳市绿色学校、深圳市文明单位、全国德育实验学校、广东省综合实践活动样本学校，荣获国家、省市区级各类奖励500余项。这些成绩的背后，凝聚了全体师生员工和家长的汗水、泪水和智慧。

有一位同事曾经问我，难道你一生中都没有过不去的坎儿吗？我告诉她，我童年的时候差点就饿死了。1961年我出生的时候正赶上自然灾害，1968年我上小学时又赶上“文化大革命”，1976年打倒“四人帮”不久，我高中毕业，你看看我这个人生是怎样度过的？我上学时常常因为肚子饿而昏倒在体育课上，几次放牛的时候饿昏在树林里，那么艰苦的环境我都扛过来了，现在工作上遇到些困难算什么？只要我命还在，我就可以做事情，就有把事情做好的可能。

永远不服输是我的个性，40 多年来我一直坚持着，所以我来到大新小学之后提出“自强不息，永不言败”的学校精神来鼓舞大家。一个人，只要不服输，他就会去想办法克服面对的困难，正面解决不了，可以侧面解决；这条路走不通，可以换条路来走。

二、追求卓越，执著忠诚

（一）在事业中精益求精

我一直坚持一个原则，凡事不做则已，要做就要做到最好。初到大新，我就提出了一个五年计划，提出了“4321”工程，即“四个一流”：省级一流学校，校园一流环境，教师一流素质，教学一流质量；“三个现代化”：教育思想现代化，教育管理现代化，教育手段现代化；“两个显著”：科研成果显著，办学特色显著。“一个目的”：为社会提供优质教育。这些要求，对于当时的大新小学来说，是比较高的。

在大新小学的六年，学校从区一级学校发展为省一级学校。但是，省一级学校已经成为了过去，我们应该有新的目标，踏上新的征程。针对新情况、新问题，我们又制订出了学校未来五年的发展计划。

2007—2011 年大新小学发展规划（发展目标部分）

三、发展目标

（一）学校规模

保持现有的 24 个教学班，每个年级为 4 个教学班，教师编制 68 人，学生人数控制在 1200 名以内，平均每个班人数不超过 50 人。

（二）硬件建设

1. 每年计划投入 80 万—100 万元用于校舍维修、功能室配备、报刊图书订购、教师专业发展、学生能力提高等方面的支出。

2. 加强绿色学校建设。增加校园绿化面积，倡导校园绿色文化，创建节约型校园，力争在两年内争创广东省绿色学校，在四年内争创全国绿色学校。

3. 充分发挥原有功能室的作用，增加几个有利于实现学校教育现代化的功能室。主要包括少儿合唱室、英语活动室、红领巾电视台、学生体质测试室、书法室等。

4. 改造大新小学直饮水设备，节约开支，提高卫生质量。

（三）学校定位

学校办学水平不断提高，在保持“广东省一级学校”“深圳市文明单位”称号的同时，向广东省名校和全国名校看齐，努力创办具有一定国际影响力的学校。

坚持以科研为先导，以教学为中心，德育和美育有机统一，建立完善的科研体系和工作机制，加强课题研究，以教育科研推动素质教育发展。

正是这种不断精益求精的精神，引导着全校师生不断地取得一些成绩。

（二）在教育中一路前行

我在教育这片热土上的辛勤劳作，源于我对教育事业的热爱。对学生、学校我从没有放弃过希望，从没有放松过要求。一个人一辈子能够从事自己喜欢的事业，是一件很愉快的事情。可以说，我不是在工作，而是在享受工作，享受迎接挑战的激情澎湃、享受面对困难的豪情万丈、享受收获成功的欢欣鼓舞。

我从小的愿望就是走上讲台，成为一名教师。如今我已经在教育这片土地上耕耘了20多年，曾经有很多机会我可以转到为我提供更大上升空间的其他行业，但是我毫不犹豫地留在了校园里。学生是我最喜欢的人，学校是我最舒心的地方。不知不觉中我已经和学生、学校连接了血脉，我的生命音符只有在校园中才能这么有力地跳动。从一名普通的小学教师到特级教师、到中学高级教师、再到校长；从内陆陕西到沿海经济特区深圳，我的生命之河贯穿教育的热土，跳动着校园的旋律。

我经常和老师们讲，首先你要热爱自己的事业；其次，你要对自己的事业忠诚，十个地方挖一尺，不如一个地方挖十尺。曾经有一个重点大学毕业生到大新小学来联系工作，经过考察我觉得这个学生素质还不错，我问他：你为什么来大新小学？如果你只是把大新小学当做你事业的跳板，在这个学校过渡一段时间再作打算，那么我劝你还是去从事其他的事业。因为教育是个慢的艺术，教师要学会等待。如果对教育没有发自肺腑的热爱，没有对教育的高度忠诚，于人于己都不会是一件好事情。

其实，从我们个人的生命历程来说，我们百分之九十的努力都是徒劳的，而正是这貌似徒劳的努力，使我们拥有百分之九的接近成功的机会，而正是这“百分之九的接近成功的机会”，最终使得我们有百分之一的取得成功的可能。

今天的大新小学已经站在一个新的起点上。面向未来，大新小学该如何定位？在工作实践中，我反复思考这个问题，一幅未来的画卷在头脑中逐渐显现。

未来的大新小学将进一步提高教育现代化水平，努力建设学习型学校；努力实现学生的全面发展，处理好学生发展过程中的文化知识学习与思想品德修养、理论学习与社会实践、全面发展与个性发展的关系；坚持以人为本，坚持教育公平，切实解决进城务工人员子女平等接受义务教育问题，努力为进城务工人员子女提供更加丰富的优质教育资源，教好每一个学生，不让一个学生因家庭经济困难而失学，让每一个学生的生命在大新焕发出更绚丽的色彩。

未来的大新小学将是课程特色更加鲜明的学校，努力实现国家课程的创生实施，校本课程开发更加彰显移民城市和外来工子女的特性，每一个孩子都有自己喜欢的课程。

未来的大新小学将着力提高学生的学习能力、实践能力、创新能力，让学生学会知识技能、学会动手动脑、学会生存生活、学会做事。

每堂课都是精品，每一门学科都形成了自己的特色，每一个活动都有内涵，“减负提质”将不再是一句空话。

未来的大新小学将是现代学校制度基本完善的学校：民主化、契约化、扁平化管理成为学校管理的基本特色，每一位大新人都是学校管理的主人翁。

未来的大新小学将坚持德育为先的战略，努力把大新小学办成一所公民教育有效开展的学校：公民意识教育全面加强，公民能力培训逐渐展开，公民美德修养基本形成，每一个孩子都具备良好的公民素养。

未来的大新小学将进一步建设一支高素质的教师队伍。教师应做到关爱学生，严谨笃学，淡泊名利，自尊自律。进一步完善教师培训体系，优化队伍结构，提高教师专业水平和教学能力，努力造就一批现代教学名师。

未来就是使命，吾将上下而求索。

出 版 人　所广一
责任编辑　吴莉莉
版式设计　杨玲玲
责任校对　贾静芳
责任印制　曲凤玲

图书在版编目（CIP）数据

构筑生命之基：深圳市大新小学教育创新研究／吴希福著. —北京：教育科学出版社，2011. 11
（“守望者的凝思：读懂学校、读懂校长”系列论丛／裴娣娜主编）
ISBN 978-7-5041-6079-9

Ⅰ. ①构…　Ⅱ. ①吴…　Ⅲ. ①小学教育—研究—深圳市　Ⅳ. ①G62

中国版本图书馆 CIP 数据核字（2011）第 213471 号

“守望者的凝思：读懂学校、读懂校长”系列论丛
构筑生命之基——深圳市大新小学教育创新研究
GOUZHU SHENGMING ZHI JI——SHENZHENSHI DAXIN XIAOXUE JIAOYU CHUANGXIN YANJIU

出版发行	教育科学出版社		
社　址	北京·朝阳区安慧北里安园甲 9 号	市场部电话	010-64989009
邮　编	100101	编辑部电话	010-64981252
传　真	010-64891796	网　址	http://www.esph.com.cn
经　销	各地新华书店		
制　作	北京金奥都图文制作中心		
印　刷	保定市中画美凯印刷有限公司	版　次	2011 年 11 月第 1 版
开　本	169 毫米×239 毫米　16 开	印　次	2011 年 11 月第 1 次印刷
印　张	20	印　数	1-3 000 册
字　数	273 千	定　价	39.80 元

如有印装质量问题，请到所购图书销售部门联系调换。